W0266990

La vie sans lui

PASCAL SEVRAN

La vie sans lui

JOURNAL

ÉDITIONS FRANCE LOISIRS

Édition du Club France Loisirs,
avec l'autorisation des Éditions Albin Michel S.A.

Éditions France Loisirs
123, boulevard de Grenelle, Paris.
www.franceloisirs.com

Le Code de la propriété intellectuelle n'autorisant, aux termes des paragraphes 2 et 3 de l'article L. 122-5, d'une part, que les « copies ou reproductions strictement réservées à l'usage privé du copiste et non destinées à une utilisation collective » et, d'autre part, sous réserve du nom de l'auteur et de la source, que les « analyses et les courtes citations justifiées par le caractère critique, polémique, pédagogique, scientifique ou d'information », toute représentation ou reproduction intégrale ou partielle, faite sans le consentement de l'auteur ou de ses ayants droit ou ayants cause, est illicite (article L. 122-4). Cette représentation ou reproduction, par quelque procédé que ce soit, constituerait donc une contrefaçon sanctionnée par les articles L. 335-2 et suivants du Code de la propriété intellectuelle.

© Éditions Albin Michel S.A., 2000.

ISBN : 2-7441-4054-6.

Morterolles, 1er janvier 1999

Doux ! ce mot, mou comme du beurre au soleil. Ils disent : doux, les gens de la météo, avec délectation. Temps doux ! Comme si c'était une bonne nouvelle, comme si cela était normal un premier janvier. Comme s'ils étaient chargés de se réjouir pour nous de cette mauvaise manière de la nature.

J'ai fait changer la nuit dernière mes numéros de téléphone. On ne pourra pas me joindre à l'heure des vœux. Ce rituel obligé n'a pas de sens. L'année qui s'achève fut la pire de ma vie. Mon testament est à refaire. Stéphane n'est plus là.

Je ne l'attendais pas. Je n'attendais personne. J'étais bien décidé à ne pas tomber amoureux. Je voulais vivre tranquille avec mes livres et mes chansons.

Il est entré dans ma vie par effraction, sur la pointe des pieds, il ne marchait pas il dansait, il s'envolait même à chaque pas comme un basketteur dans l'élan du but. Il avait des cheveux partout qui tombaient en boucles brunes sur ses yeux verts et des dents plantées dans tous les sens, des longs cils de fille et des fesses de nègre dans un pantalon rouge trop étroit pour les contenir. Longtemps, Stéphane ne fut pour moi qu'un pantalon rouge. Il en a usé beaucoup pour me plaire.

Il débordait de santé, il allait avoir dix-huit ans et moi bientôt le double. Je n'ai pas fait le compte ce jour-là, j'avais autre chose en tête.

Il est arrivé à Montmartre à midi en automne au volant d'une 4L sale et cabossée comme un tracteur d'occasion, il était accompagné d'un copain qui se prenait pour Gérard Philipe, c'est lui d'abord que j'ai vu. Stéphane, qui l'aimait, ne voulait pas me laisser approcher de lui. Il avait raison de se méfier et du copain et de moi.

Ils venaient pour habiter ensemble dans l'appartement du rez-de-chaussée qu'un autre avait quitté la veille. Figurant la nuit au Théâtre de la Madeleine, Stéphane dormait jusqu'à une heure de l'après-midi et traînait toute la journée en peignoir, un chat sur les genoux, une cigarette au bout des doigts dès le réveil. Il m'agaçait énormément. Son copain, plus docile, m'intéressait davantage. Je ne le laissais pas indifférent.

Très vite Stéphane nous gêna. Jaloux, il cassait tout dans l'appartement, je l'entendais hurler et se battre avec E. par ma faute.

Et puis le cirque s'est calmé, quand j'ai décidé de faire entrer Stéphane dans mon jeu. Quand ai-je chaviré ? Je ne sais plus. Je ne veux pas faire du roman, je me souviens seulement l'avoir emmené d'urgence à l'hôpital Rothschild pour une crise d'appendicite qui faillit mal tourner. C'est bien là, quand il a rouvert ses beaux yeux verts en sortant du bloc opératoire, que je l'ai vu enfin et que je l'ai aimé définitivement. Il devait y avoir hélas beaucoup de chambres d'hôpitaux dans notre histoire d'amour à venir.

La première fut celle-là, rue Marcadet à Paris, où j'allais le retrouver chaque jour car déjà je m'ennuyais de lui, déjà je tremblais de peur. Lui sautait dans les couloirs pour amuser les infirmières et m'embrassait distraitement alors que j'aurais voulu l'avaler tout nu. J'avais un peu trop d'avance. Stéphane a traîné les pieds encore six mois avant de me sauter au cou pour ne plus jamais lâcher prise. Quand je ne lui donnais pas mes lèvres aussi tendrement qu'il l'espérait, il me disait :

– Je lécherais tes plaies s'il le fallait pour te guérir… lépreux je t'embrasserais encore.

Cette preuve d'amour suprême il n'a pas eu à me la donner, mais je ne doute pas qu'il l'eût accomplie sans dégoût.

« Aimer quelqu'un, c'est lui tenir la tête sur la cuvette quand il vomit, et n'en être pas dégoûté ; ou plutôt, l'en aimer davantage. » Montherlant m'a fait sursauter la nuit dernière. J'ai eu cent fois la douleur d'aimer Stéphane davantage.

Comment oublier maintenant les heures que nous avons passées l'un contre l'autre, nos joues collées, nos têtes baissées dans des lavabos de hasard où ses cris résonnaient si fort ? Je l'aidais à se vider ; vaincu un instant, il se redressait aussitôt pour me dire : « Ce n'est rien, ça va mieux… »

Morterolles, 2 janvier

Morterolles ce n'est rien, juste un nom qui s'envole et qui chante même quand on l'écrit, un village de France semblable à beaucoup d'autres, ni plus beau ni plus laid, groupé autour d'une église du douzième siècle et d'un monument aux morts proprement entretenus. Morterolles n'existe pas, c'est une invention de Stéphane.

Il n'y a rien à en dire que de banal : on le traverse par la nationale 20 qui mène en Espagne, le pays de ma mère, mais on ne s'y arrête pas. Il n'y a rien à visiter, pas de musée, pas de sorcier, pas d'usine heureusement, un café qui s'appelle Le Provençal – ce qui étonne quand même au nord du Limousin –, une coiffeuse pimpante et un camping vide ou presque.

Autour : des prés, quelques ruisseaux oubliés, et des vaches qui s'ennuient, mais les vaches s'ennuient partout ; et des moutons que l'on mange, et des lilas qui s'éternisent dans des jardins d'autrefois, des pensées devant la poste et des maisons aux volets clos à vendre. Dans l'une d'elles, on raconte que le pape Pie VII passa la nuit du 27 janvier 1814. On raconte beaucoup de choses, Morterolles bavarde mais je ne l'entends pas, c'est le silence qui domine. Les plus jeunes auront bientôt soixante ans, l'âge de se tenir tranquilles en regardant passer les enterrements. Il n'y a plus grand monde à la messe, mais on la dit encore et c'est bien. On peut regretter que les enfants de chœur ne courent pas les rues, mais c'est ainsi, tout est fini. Rien ne nous menace ici que l'éternité.

Martine et Jean-Claude s'en vont ce matin. Je n'aime pas quand les gens partent, je n'aime pas quand ils arrivent. J'aime qu'ils soient déjà là, au même rythme que moi.

Hier avec Sheila et Yves, son fiancé si jovial et qui m'embrasse si gentiment, nous avons dîné chez Françoise au Moulin sur la Gartempe, une belle rivière qui inspira Giraudoux. Il y a des bougies partout et du vin en carafe chez Françoise. J'ai parlé. J'ai parlé de Trenet qui va bien, de François Mitterrand qui me reprochait de ne pas connaître par cœur tout le répertoire de Fragson à Johnny Hallyday. Prudy, ma forte et blonde Marseillaise, a tenté de chanter à ma demande ce chef-d'œuvre de Bernard Dimey qui commence ainsi : « Ma sœur avait un cul quasiment historique, même les vieux du quartier n'avaient jamais vu mieux, il était insolent, il était poétique... » Alléchés par un si beau programme nous avons attendu la suite en vain, Prudy n'a pas plus de mémoire qu'une carafe de vin. Stéphane aurait pu lui souffler les paroles, il les chantait souvent pour m'amuser.

Vais-je pouvoir chanter sans lui ? Vais-je tenir debout ?

Rien ne pouvait m'atteindre vraiment quand il était là, rien ne me touche depuis qu'il n'est plus là. L'affection de quelques-uns sans doute et c'est déjà beau, déjà beaucoup.

J'ai choisi l'endroit où l'on plantera le premier sapin de Noël qu'il n'aura pas vu. Combien de sapins me reste-t-il à planter sans lui ? Pour qui ? Pour quoi ? L'idée que d'autres après moi les verront grandir ne me console pas. Pire, elle m'accable. Ils passeront devant en riant peut-être. Je ne crois pas à l'éternité des sentiments, j'ai sans doute fait couper moi-même des arbres sacrés. Je n'ai d'émotion que pour les miens et les siens.

Oui le monde tournera sans nous, il tourne déjà sans lui et c'est un scandale.

Nous avons dîné ce soir à l'Hôtel de la Vallée. Cet endroit sans grâce m'enchante, il sent la province bourgeoise des années soixante, les portemanteaux en plastique rouge et vert ont l'âge du premier disque de Sheila. Il n'y a jamais personne le soir dans la salle à manger où l'on croisait autrefois des notaires et des conseillers municipaux socialistes.

Il y a des trophées et des coupes en fer-blanc alignés dans une vitrine éclairée aux néons, et des petits drapeaux souvenirs de troisième mi-temps pour des footballeurs grands-pères aujourd'hui.

Madame Moreau, la patronne, sourit en trottinant comme une souris grise, son mari est en prison mais elle assure le service avec une bonne humeur entraînante. Elle est contente de voir son idole, le champagne est au frais.

Stéphane naissait quand Sheila chanta la première fois. Elle est allée lui porter des fleurs cet après-midi. L'été dernier il était son partenaire aux boules sur la place de l'église, elle s'était baignée avec lui au lac de Vassivière.

Que l'on ne me dise pas que la vie continue, je le sais.

Stoïque, je ne vois que cela. Me tenir droit, stoïque comme lui qui n'a jamais eu d'autre attitude que le courage et la dignité. Stoïque comme ma mère que j'ai beaucoup regardée.

Il l'appelait mémé, il lui écrivait parfois, il lui tenait le bras toujours. Elle a peur aujourd'hui que ce soit moi qui tombe.

Je suis comme elle, je ne tomberai pas. Pas tout de suite.

Morterolles, 3 janvier

Je n'aspire plus qu'au silence qui me rapproche de lui. Nous savions nous taire ensemble.

La tentation de Morterolles deviendra bientôt irrésistible. Il est partout ici. C'est lui qui allume le feu dans la cheminée, lui qui arrange les fleurs du salon, lui qui prend son bain à l'étage et qui laisse couler l'eau indéfiniment ; je l'entends de ma chambre, la tuyauterie est indiscrète, quand elle ne grondera plus c'est lui que j'entendrai chanter.

Le bruit des pas de son cheval claque dans ma tête, il va passer, il passe, il est passé.

J'aurais tant voulu qu'il me laisse passer avant lui, lui seul m'aurait encore aimé vieux et bougon, il aurait été là le moment venu. Je n'ai aucun doute. Il va me falloir passer sans lui, seul comme un grand. Ce ne sera pas facile.

Sheila et Yves sont partis, ils reviendront sûrement. Quelque chose de naturel et de gentil émane d'eux. Ils ont pris la cadence de Morterolles, plus vite et mieux que je ne le craignais. Il y a ici des rites, des rythmes et des habitudes auxquelles je ne saurais renoncer.

Jeune homme, Stéphane s'y pliait en riant ou en ronchonnant mais toujours avec bonheur, c'est lui l'été dernier qui me reprochait de n'avoir pas vidé mon cendrier assez vite.

Ici on dîne à l'heure dite, on accroche son manteau dans le vestibule, on dort la nuit, on marche au bord de l'eau, on donne du pain aux ânes, on lit, on écrit, on joue aux cartes en écoutant Billie Holiday, on s'aime. Il y a des gens que cela étonne, mais je ne laisse pas mon adresse à n'importe qui.

Dans sa chambre Anny Gould lit deux Jouhandeau par jour, elle m'aura bientôt rattrapé. Prudy ma chanteuse de beuglant est sortie promener ses chiens. Je les lui reproche sans cesse. Elle a deux chiens ! Pour quoi faire ?

Je lui pardonne beaucoup, elle me garde quand j'ai peur le soir dans la grande maison. Elle couche sur le canapé du salon pour que je ne l'entende pas ronfler. Je savais qu'un jour il n'y aurait plus qu'elle pour me supporter.

Tandis que je veillais sur ses jours, Stéphane descendait parfois me regarder dormir. Nous n'avons jamais couché au même lit, il me l'a souvent reproché. Je dors maintenant avec un ours en peluche mariol et sage à la fois.

Comme lui.

Morterolles, 4 janvier

Stéphane aurait eu trente-six ans aujourd'hui, il est mort le 16 octobre dernier à l'hôpital Saint-Antoine, le jour même de mon anniversaire, à deux pas de la rue Trousseau où je suis né, dans ce quartier populaire qui est la vie même, près du square où j'ai laissé ma petite enfance.

Mon premier livre *Le Passé supplémentaire* se terminait ainsi : « Je suis mort discrètement le jour de ma naissance. Personne ne peut croire cela. » Stéphane c'était moi. Je ne cherche pas d'autres explications à cette troublante prémonition. Il n'y en a qu'une : Stéphane c'était moi.

Je vais devoir choisir le matériau, la couleur et la forme de sa pierre tombale. Je ne peux pas différer plus longtemps cette épreuve. Prudy a convoqué le marbrier à seize heures au cimetière de Saint-Pardoux, elle s'occupera des détails d'intendance. On va me montrer des photos, je poserai mon doigt sur l'une d'elles et nous n'en parlerons plus. Faire les choses simplement, comme il l'aurait voulu, voilà mon obsession. Il y a là quelque chose d'invraisemblable et pourtant je vais choisir la pierre sous laquelle nous le rejoindrons un jour mes parents et moi. Dans quel ordre ?

Ma mère hier au soir au téléphone :

– Je voudrais avant de partir pour toujours revoir mon fils sourire comme avant, malgré tout.

J'ai promis du bout des lèvres. Je ne suis pas sûr de

moi mais je vais faire un effort. Je lui dois cela, un sourire pour terminer. Mon père ne dit rien ou presque. Il n'en pense pas moins. J'irai dîner avec eux à Antony la semaine prochaine pour leur anniversaire.

Ma mère s'inquiétera de ma santé, elle me reprochera de trop aimer la pluie et le froid, mon père s'intéressera aux chiffres d'audience de mon émission de télévision, et puis nous parlerons de tout et de rien, l'essentiel est derrière nous maintenant. Nous sommes « grands » mes sœurs et moi, ils sont âgés, ce qui nous attend dans le temps qui nous reste est trop facile à imaginer.

Stéphane écrivait beaucoup aux uns et aux autres sans me le dire. Georgette Plana me fait parvenir ce matin la dernière lettre qu'elle a reçue de lui. « J'espère qu'elle n'ajoutera pas un nouveau chagrin à celui que tu traînes. Garde-la ou brûle-la, il vaut mieux brûler c'est plus joli quand ça part en fumée. »

Je la garde, mais je ne la lis pas. S'il était malheureux quand il l'a écrite je ne le supporterais pas, s'il était heureux je ne supporterais pas qu'il ne le soit plus. Je la touche, elle me déchire le cœur. Je proposerai demain à Annie J. de la lire si elle le veut, si elle le peut. Elle lui a fermé les yeux, elle l'aimait. Il reste entre nous deux, constamment.

Je suis allé déposer une rose sur sa tombe, vite, presque à la sauvette, il n'aimait pas me voir pleurer. Et puis je me suis promené entre les allées de ce cimetière si beau où nous marchions parfois ensemble quand il avait vingt ans.

Un peu par bravade, beaucoup pour rassurer mon

père, j'avais acheté cette concession perpétuelle le 20 octobre 1978, vingt ans jour pour jour avant qu'on ne l'ouvre pour lui.

Ce coin de terre près des sapins bleus où il dort avant nous, je l'ai payé cent quatre-vingt-cinq francs, ce chiffre est inscrit sur l'acte que la secrétaire de mairie de Saint-Pardoux vient de me remettre.

On compte en euros depuis ce matin partout en Europe. Stéphane était né avec le nouveau franc, il meurt avec l'euro. J'apprendrai à les convertir sans lui.

J'ai hésité entre deux gris, et j'ai finalement choisi le plus clair sur un modèle existant repéré dans une allée. Le marbrier aurait voulu d'autres précisions, sur la forme, le matériau, les dimensions. Il aurait voulu parler longuement « de l'œuvre d'art » que je lui commandais. C'était trop pour moi. J'ai donné quelques consignes en m'éloignant, que Prudy et Anny Gould auront transmises, et j'ai pressé le pas vers la sortie.

– Non je ne veux rien qui rappelle mon métier et le sien, je ne veux rien, qu'on m'envoie le devis à Paris.

Je rentre maintenant faire chanter Gloria Lasso. L'idée d'y renoncer ne m'effleure même pas.

Paris, 5 janvier

Je suis au volant, je la connais par cœur cette route qui m'éloigne de lui, qui me ramènera vers lui bientôt.

Pas un champ, pas un étang, pas une station-service, pas un sous-bois qui ne me rappelle un souvenir, une cachette pour nos amours. Dans quelques jours le dernier tronçon d'autoroute sera ouvert à la circulation, je traverse pour la dernière fois ce village, à cinquante kilomètres de Morterolles où nous poussions un cri de joie en l'abordant. Il symbolisait la porte de chez nous, il s'appelle « Les Ardillets ». Je me cramponne au volant, je serre les dents, je passe.

Il y a du soleil partout, je le maudissais avec lui, je le déteste sans lui. Aïda m'attend à Montmartre, la maison sera en ordre. Voilà vingt-cinq ans qu'elle s'occupe de tout très bien, même de ce qui ne la regarde pas. Cela m'arrange au fond, elle devine, elle pressent, elle prévoit, elle embrouille les situations pour avoir l'avantage de les débrouiller. Elle repasse mes chemises admirablement, elle est honnête, je ferai probablement la suite du chemin avec elle.

Michel va reprendre le volant. Il a tout vu, il sait tout, il a vécu les mois d'hôpital, les espoirs, les désespoirs. Il conduit trop distraitement à mon goût, mais il aurait fait n'importe quoi pour sauver Stéphane. Impuissant comme nous, il se contentait de me prendre la main.

Chacun guette mes réactions et se conforme à ma tristesse, à mes espiègleries provisoires.

Ils sont cent artistes, danseurs, chanteurs, musiciens, techniciens, je ne veux pas faire peser trop de gravité sur cet endroit lumineux où l'on chante, où l'on danse, où l'on joue de l'accordéon.

Ils m'aiment enthousiaste et conquérant, coléreux aussi. Je ne leur fais plus peur depuis longtemps. Mais je ne trouve plus de force pour ces fameuses colères qui me faisaient tant de bien, et les amusaient beaucoup.

Je suis le garant de leur unité, si je baisse les bras ils se déchireront, au mieux ils se sépareront. Ils ont, je le sais, besoin de moi. Ai-je encore besoin d'eux ?

Sébastien n'a pas trente ans, il est beau, il sera peut-être comédien, il chante dans un groupe en attendant. Il m'appelle au secours, j'allais dormir.

– Je me sens laid, inutile, encombrant depuis six mois que tu ne me souris plus.

C'est vrai, je ne souris plus que pour les caméras. Stéphane n'aimait pas que je sourie à Sébastien. Demain je vais quand même le consoler.

Paris, 8 janvier

Troisième anniversaire de la mort de François Mitterrand. Mon chauffeur s'étonne qu'il n'y ait pas plus de monde rue de Bièvre et à Jarnac pour rendre hommage à cet homme qu'il a finalement beaucoup aimé à travers moi qui me réfère sans cesse à lui.

– Nous ne sommes rien, Michel. Les morts ne comptent pas très longtemps.

Je m'entends répondre des choses banales à son étonnement et je me laisse pourtant entraîner sans résistance à une logique de vie.

Demain je commence l'enregistrement de nouvelles chansons.

Au courrier ce matin un virement de la SACEM et le devis du marbrier. Le prix de mes chansons d'amour et celui de la pierre qui va recouvrir Stéphane et nous, mes parents et moi, un jour. Je ne sais pas quel ressort en moi me permet de signer des chèques sans émotion, d'appeler froidement des banquiers qui me confirment que l'année boursière fut très bonne. Ce n'est pas moi qui compte, ce n'est pas moi qui signe, je suis le spectateur docile, provisoirement docile, d'un monde qui ne m'intéresse pas.

Est-ce trop d'écrire cela puisque j'allume la radio, que je lis les journaux ?

C'est une dame blonde qui ressemble à mes chanteuses qui vient d'être élue présidente de la région Rhône-Alpes, ils vont d'ailleurs la faire « chanter » maintenant ces beaux messieurs de Paris qui ne voulaient pas d'elle.

Et Clinton, encore Clinton !

Qu'il arrête de s'excuser, s'il n'avait pas répondu aux questions vicieuses de ses juges, il ne serait pas dans cet état. Il aurait dû savoir qu'on ne régale pas ses confesseurs impunément et les envoyer paître. « Je fais ce que je veux avec qui je veux comme je le veux, et si Dieu n'est pas content de moi il me le dira le moment venu. »

C'eût été trop simple, apparemment.

Quelle histoire quand même pour une petite tache blanche sur une robe bleue. Il peut faire la guerre Clinton, quand il veut, mais pas l'amour, enfin presque l'amour. Il appelle cela « relation déplacée ». Pitoyable ! Déplacée, il a dit déplacée. Par rapport à qui et à quoi ?

Elle a mauvaise mine la morale américaine.

Il a bonne mine, le Président.

Jacques Attali, invité ce soir chez Bernard Pivot, parle de Charles Quint, il évoque en savourant ses mots le tempérament fort de ce grand politique et chacun l'écoute en pensant à quelqu'un d'autre, moi aussi. Pivot ne résiste pas.

– Vous parlez de François Mitterrand ?

Attali admet les ressemblances même s'il les retrouve aussi chez de Gaulle et Staline. François Mitterrand avait c'est vrai « la passion de l'indifférence », c'était son expression même.

« La passion de l'indifférence » cela me convient parfaitement. Je cultive la mienne désormais, sans décourager des tendresses à venir, sans renoncer à l'essentiel : lui, qui n'en finit pas de dormir sans moi.

Paris, 9 janvier

Le fax sonne, c'est Pierre S.

– Cette mort, comment allez-vous l'apprivoiser ? Vous allez tout dire, n'est-ce pas ? C'est une charge et un devoir immenses qui vous attendent. Ces premières pages sont déjà une victoire. Mais vous irez assez vite, je pense, parce qu'à certaines dates du « journalier », des pans entiers de votre vie vont s'engouffrer...

« Vous allez tout dire n'est-ce pas ? »

Son interrogation anxieuse me glace. Peut-on jamais tout dire ? J'ai l'intention d'aller aussi loin que possible. Je navigue à vue entre l'impudeur, la peur et le besoin impérieux d'hurler que je l'aimais et qu'il m'aimait.

Je ne hurlerai pas. Je ne hurle que de bonheur ou de colère.

Que sont aujourd'hui devenus mes bonheurs et mes colères ?

Paris, 10 janvier

J'ai chanté tout l'après-midi, sans jamais cesser de penser à lui, dans ce petit studio du quinzième arrondissement où il passait me voir autrefois, là où il enregistra ses dernières chansons.

Le film continue sans lui, tous les acteurs sont là, il manque le héros.

Martine, la fiancée de mon chef d'orchestre, est venue nous rejoindre. Quand il n'y a qu'une femme parmi nous c'est elle qui s'impose naturellement. Elle a aimé Stéphane comme il le méritait, en le regardant vivre et se battre, et pas seulement à travers moi.

C'est elle qui était assise près de moi dans ma voiture le 16 octobre dernier. Nous foncions sur Paris pour arriver à temps. Il était un peu plus de midi quand le téléphone a sonné. Pendant dix ans je m'étais demandé quand et comment j'apprendrais que c'était fini.

– Ne vous pressez plus, m'a dit Annie J., il est parti sans souffrir.

Stéphane est mort. Je n'avais jamais voulu croire que cela fût possible, pas lui, pas si vite.

Nous avons pleuré doucement Martine et moi, longtemps sans douleur, la violence du choc nous laissait hébétés. Martine ne m'a pas dit « la vie continue », elle ne m'a rien dit de bête, elle pensait à lui intensément. Stéphane l'aurait choisie pour m'accompagner ce jour-là.

Paris, 11 janvier

Ils me connaissent bien mal ceux qui prétendent que « ça passera avec le temps ». S'ils savaient ce qui les attend, ils seraient moins sûrs d'eux.

Je pense exactement le contraire, le plus dur est à venir, bientôt la douleur d'aujourd'hui me paraîtra douce.

A l'heure qu'il est sa voix résonne encore à mon oreille, son souffle est sur mon ventre, ses doigts sur ma peau. A l'instant où j'écris je pourrais faire l'amour avec lui, je sais son rôle par cœur et les mots et les gestes qu'il soumettait à mon désir avec la perversité de l'enfant qu'il redevenait pour s'abandonner totalement. C'est moi à sa demande qui menais le jeu, mais il avait imposé ses rites à la cérémonie.

La gourmette que je porte désormais au poignet droit c'est la sienne, il ne l'enlevait pas pour s'accrocher à mon cou. Elle me gêne constamment mais elle m'attache à lui, nu et flamboyant, beau à faire pâlir le jour.

Ses fesses, comme dessinées par Michel-Ange, gardent la marque de mes dents, non, « ça ne passera pas avec le temps ».

Je dors dans son tee-shirt, je m'enroule dans ses pull-overs… je marche à son pas dans les chaussures jaunes qu'il avait achetées à Québec pour aller avec sa chemise jaune que j'aimais tant.

Il faut que je m'arrache à lui qui est sur mon épaule quand j'écris. Une cinquantaine de jeunes gens, filles et garçons qui chantent et dansent une évocation des années soixante, m'attendent au studio, Sheila viendra nous rejoindre, je ne l'ai pas revue depuis le réveillon de Morterolles ; et nous allons chanter, et je vais bondir comme un diable entre juke-box et flipper pour entraîner les populations émerveillées dans un twist couleur menthe à l'eau. Bon ! puisque je n'ai pas le courage de renoncer à tout cela, j'y vais.

Je suis fait ainsi, de désespoir et d'énergie mêlés. Je me regarde sans me détester, sans complaisance non plus. Combien de temps encore vais-je supporter ce décalage entre moi et moi ?

Paris, 12 janvier

Il faut que je rappelle Line Renaud. Elle a laissé un message très tendre sur mon répondeur ce week-end. « Je pense à Stéphane, je pense à Loulou, ça fait trois ans qu'il m'a quittée, il me manque chaque jour un peu plus… parlons-nous. »

Elle est partout Line Renaud, à Las Vegas ou en Corrèze, à l'Elysée ou à Armentières, entre deux shows, trois médecins, quelques ministres et un président. A la télévision, resplendissante. Elle rit aussi vite qu'elle pleure.

Je l'aime, mais tout le monde l'aime. Aime-t-elle

tout le monde ? J'espère que non. Nous nous sommes beaucoup croisés l'automne dernier à l'hôpital Saint-Antoine, sans nous voir. Elle venait de repartir quand j'arrivais.

Les vigiles qui voulaient des autographes avaient repéré nos chauffeurs. Je signais machinalement, elle signait aussi sans doute, et nous montions retrouver, moi Stéphane, elle sa chère maman, la peur au ventre, bien loin des lumières du music-hall.

La dernière fois que Stéphane a chanté c'était pour l'inauguration du square Loulou-Gasté à Rueil-Malmaison, il était beau dans sa chemise à carreaux bleus qu'il porte maintenant pour l'éternité. J'étais assis au premier rang à côté de Charles Pasqua qui marquait la cadence en tapant dans ses mains.

J'appelle Line Renaud. Où est-elle aujourd'hui ? A La Jonchère peut-être, avec sa mère qui va mieux, me dit-on. La vieille dame lumineuse a gagné le combat que le jeune homme a perdu.

Encore une lettre pour lui ce matin au courrier, un ami d'autrefois le félicite pour son passage samedi soir dans mon émission sur France 2 et lui propose « une bonne bouffe pour la nouvelle année ».

Pouvoir magique et illusoire de la télévision, Stéphane chantera encore un peu. Je le veux mais je ne le regarderai pas, je ne l'écouterai pas avant longtemps, il y a des limites infranchissables pour moi, déjà sa photo dans ma chambre m'oblige chaque nuit à un insupportable face à face. Elle est là où il l'avait mise, je ne l'enlèverai pas, mais je ne l'affronte pas sans douleur. Je la fuis parfois.

Paris, 13 janvier

Je n'ai rien changé à mes habitudes, son absence m'obsède mais sa présence aussi m'obsédait. La différence est impalpable ce matin, je sais seulement que le téléphone va sonner et que ce n'est pas lui qui prendra de mes nouvelles.

Je ne me raconte pas d'histoires, il ne me voit plus, il ne m'entend plus, je ne peux plus rien pour lui mais je m'applique malgré tout à respecter nos rites. Je joue la pièce tout seul, comme j'imagine qu'il l'aurait jouée sans moi. Je me dédouble, je suis l'acteur et le spectateur de ma vie, j'applaudis à sa place comme il le faisait pour se moquer de moi quand il me voyait affairé à classer sans cesse mes factures EDF ou mes bordereaux de banque. J'adore cela, classer, ranger, trier des formulaires administratifs. Cela me repose, me rassure, j'aime l'ordre passionnément.

– Tu n'es pas normal, mon petit Jean-Claude ! Il m'appelait par mon vrai prénom les jours où il m'aimait plus encore.

Puis il me promettait de ranger son bureau, « demain », et s'en allait au cinéma, me laissant seul à mon occupation favorite. C'était bien, j'avais l'éternité devant moi, devant nous. Il me reste les factures, les miennes, les siennes qui arrivent encore ce matin au courrier. A Montmartre, il avait son appartement à l'étage au-dessous du mien. Je ne le vendrai pas, je ne le louerai pas, je n'y descendrai pas avant longtemps. Je ne m'arrête jamais plus devant sa porte, je passe vite, j'ai peur. C'est à Morterolles seulement que nous étions chez nous. Là-bas nous avons tout choisi ensemble, il y aura au printemps les fleurs qu'il a plantées.

Ses chevaux s'ennuient en l'attendant, je ne sais pas parler aux chevaux, moi. Il faudra bien que j'apprenne.

Il aurait su, lui, parler à mes ânes, s'il avait dû les consoler de moi. Les animaux ont-ils une âme ? Je ne le crois pas, il n'empêche que je dois m'en occuper comme il s'en occupait, avec amour. Je viens d'écrire amour, est-ce le mot qui convient ? Je n'en trouve pas d'autres, ni passion ni tendresse ne conviennent, mais amour c'est trop. L'amour, ce sentiment fragile et encombrant, il me l'a réservé toujours. Il me l'a écrit, prouvé et crié mille fois. Je n'ai qu'un geste à faire pour le vérifier noir sur blanc sur le papier quadrillé où danse son écriture d'écolier amoureux. Je ne ferai pas ce geste qui me coûterait si cher en larmes : ouvrir ses lettres qui sont là, dans le sous-main de mon bureau.

Je refuse de nourrir mon chagrin, de me regarder pleurer, je n'ai aucun goût pour mes larmes.

Je vais descendre maintenant retrouver mes chanteurs, mes musiciens, un hommage à Barbara, ce sera beau et triste.

Ma plus belle histoire d'amour c'est lui.

Paris, 14 janvier

Je vais aller dans un salon de beauté Carita, du côté de la porte Champerret, où une jeune femme posera sur mon visage des petites éponges chargées d'électricité pour en raffermir les muscles et adoucir les rides d'expression. Pourquoi pas ? Il n'y a que la foi qui sauve, dit ma mère en parlant d'autres choses.

Dans les yeux de Stéphane je ne voyais pas mes rides, il prétendait que je ressemblais à Robert Redford. Rien que ça ! Je faisais semblant d'y croire et tout allait bien. Personne ne me regardera plus comme il me regardait, alors je cède à l'amicale pression des femmes qui m'entourent, Martine m'achète des crèmes qui sentent bon et Annie J. m'accompagne chez l'esthéticienne.

Docile, je me laisse faire, ce n'est pas un supplice. Je vais me faire beau sans entrain. Pour qui ? Pour moi ! Ce n'est pas une motivation très exaltante.

Paris, 15 janvier

Et la nuit ?

Dominique Dimey, la fille du chansonnier de Montmartre, qui chantait hier après-midi une chanson de Barbara dans mon émission s'inquiétait :

– Et la nuit comment fais-tu ?

Je devine aussitôt dans ses yeux clairs des insomnies interminables, l'homme de sa vie, le père de ses enfants, n'est plus là lui non plus pour la protéger.

La nuit, moi, je m'arrange avec, je l'apprivoise doucement. Deux verres de vin à table suffisent à dissiper mon angoisse, quelques pages de Jouhandeau pour apaiser mon âme et je dors, ni mieux ni moins bien qu'avant.

Je ne fais pas de beaux rêves. Mais qui en fait ? Le

mot rêve, au sens où l'entendent les enfants et les poètes de patronage, n'a aucune signification pour moi. Ce n'est pas mon genre de rêver ma vie ou mes nuits, les princes charmants ont des sales gueules dans mes cauchemars.

Stéphane n'avait pas bonne mine ces dernières années quand je « rêvais » de lui, mais les réveils étaient moins durs qu'aujourd'hui puisqu'il dormait dans la chambre en dessous. Je collais mon oreille au plancher pour m'assurer qu'il respirait bien et je fermais les yeux de soulagement. Son cœur battait, le mien avec.

La nuit ça va encore, ce sont les matins qui pèsent lourds, qui m'annoncent encore un jour sans lui. Le matin, le soleil me nargue, et même la neige, seule preuve de l'existence de Dieu, ne me console pas de l'absence de Stéphane. Alors j'écris pour le retrouver, j'écris pour oublier tout ce qui n'est pas lui, j'écris le dos au mur pour ne pas reculer devant la vérité, si violente le matin. Je me bats seul et les mains nues contre elle qui s'impose et qui gagne forcément. Il n'est plus là, il faut quand même que je me lève.

Paris, 16 janvier

Je suis allé répondre hier après-midi aux questions pernicieuses d'un beau jeune homme brun sur Canal +. Marc-Olivier Fogiel produit et présente une émission de télévision sur les coulisses de la télévision. Il ne manque pas d'insolence, moi non plus, il le sait.

Nous voilà face à face une fois de plus, dans le seul

studio que je connaisse où l'on gèle, un truc à lui pour déstabiliser ses invités. Ça ne marchera pas avec moi, je suis loin à l'intérieur de moi, insensible à la température ambiante. Qui saura jamais de quel bois je me chauffe ? Je vais jouer le jeu sans me faire prier, je n'ai rien à gagner, rien à perdre, alors bille en tête je lui propose de venir s'asseoir sur mes genoux, le ton est donné, je ne le lâcherai plus. Je m'amuse une vingtaine de minutes, les techniciens aussi ; je rends coup pour coup en souriant, il rend les armes le jeune homme et s'exclame : « Je vous trouve en pleine forme Pascal Sevran ! » Que croyait-il ? Que j'allais me laisser manger tout cru ? Non, il est plus malin que cela, il se taille une jolie réputation dans le rôle de l'agneau qui n'a pas peur du loup. Ce n'est pas un agneau, je ne suis pas un loup. Nous nous embrassons le match terminé, ni lui ni moi ne sommes dupes. Nous venons d'amuser la galerie. Il ne restera plus rien demain de nos babillages. Ils couperont l'essentiel au montage et le tour sera joué.

Et si j'arrêtais de me prêter à ces comédies inutiles ? Je ne peux pas tout refuser toujours ou alors j'en tire les conséquences : je me retire et je les laisse débattre entre eux. Je n'y suis pas prêt. Le spectacle est un sport de combat qui m'oblige à rester sur mes gardes. Je choisis donc la facilité, c'est le renoncement qui serait courageux.

Cela fait trois mois aujourd'hui que je m'épuise à tenir sans lui, debout contre le monde entier. Trois mois sans l'entendre éclater de rire, et cette photo de lui sur mon bureau qui me regarde écrire et qui me fait baisser les yeux. Je ne l'enlèverai pas, elle est là depuis quinze ans, le trèfle à quatre feuilles que nous avions glissé sous le verre a pâli, mais Stéphane a encore les joues rondes de l'enfance et le sourire vainqueur de celui qui ne sait pas que le temps presse.

Ma tête brûlée, mon amour, tu as foutu le bordel dans ma vie ; je la range maintenant, avec application, entre mes factures de téléphone et tes lettres que je n'ouvre pas.

Ceux qui te pleuraient avec moi dans le parc de l'hôpital Saint-Antoine ce jour-là, où sont-ils ? Leur vie n'est pas devenue une cérémonie funèbre, je le sais, je le comprends. Prudy promène ses chiens à Alfortville, Annie J. se fait faire des piqûres de magnésium, Aïda vient de changer l'eau des mimosas du salon, Jérôme le journaliste présente le journal sur LCI, Jacqueline, ma sœur, est avec nos parents à Antony où nous irons dîner ce soir avec Jean-Claude et Martine qui accompagnent sans défaillance mon chemin vers lui.

Trois mois à pas comptés, je ne veux surtout pas me laisser étourdir par le vacarme de la vie publique. Je ne m'abandonnerai ni au vin ni aux somnifères, ni aux flonflons du bal, je les connais ces vertiges clinquants qui vous réduisent en esclavage.

Je dis non déjà aux tentations et aux tentatives de ceux qui voudraient me voir danser. Je me ferai applaudir à l'heure que j'aurai choisie et je prendrai le temps qu'il me faudra pour nourrir mes rêves d'enfant.

Des maçons et des menuisiers font du bruit depuis ce matin dans le jardin, sous les fenêtres de la chambre de Stéphane, un vent violent s'engouffre dans l'immeuble, des portes et des volets claquent sans répit ; une fraction de seconde, le temps d'un éclair, j'ai craint que ce remue-ménage ne le réveille.

J'aimais qu'il dorme tard pour me laisser le temps de puiser en moi l'énergie dont j'avais besoin pour lire des bilans sanguins et décrypter des pourcentages d'hémoglobine et des taux de lymphocytes sur les feuilles d'analyses biologiques que le fax crachait tous les quatre matins ; et partir chanter quand même, la peur au ventre ou l'espoir revenu.

Nous nous retrouvions alors dans les toilettes d'une salle polyvalente, devant la glace d'un lavabo bouché où je l'invitais à rajouter du fond de teint à ses joues et à sortir un peu sa chemise de son pantalon pour cacher sa maigreur. Il ne cédait pas forcément à ma demande. Par défi ? Par orgueil ?

– Je m'assume ainsi puisque je n'ai pas le choix.

Je l'aimais plus qu'il ne s'aimait lui-même. Nous nous sommes déchirés pour cela l'été dernier, quelques jours à peine avant qu'il n'entre en clinique pour une « sinusite ». Je lui avais reproché de ne pas teindre ses premiers cheveux blancs. Annie J. son amie devait le trouver très bien ainsi. Elle avait tort et je n'avais pas raison.

La veille d'un drame on est toujours dans la futilité. Mais comment savoir ? Nous n'avions rien vu venir, ni elle ni moi. Ni lui ? Stéphane est descendu de son cheval un 22 août pour monter dans une ambulance.

« Une sinusite », a dit le docteur.

Et moi qui ne crois personne, je crois les docteurs.

Paris, 17 janvier

Le montage de l'émission diffusée hier au soir sur Canal + n'était pas malhonnête. Nous l'avons regardée ensemble Jean-Claude, Martine, mes parents et moi.

Mon père n'aime pas qu'on me bouscule, il devrait pourtant être rassuré sur ma capacité à encaisser les coups. Mais non, il faut sans cesse que je lui explique que tout cela c'est pour rire et que, d'ailleurs, je m'en fous absolument. Nous avons dîné, tendrement groupés dans cette salle à manger où j'ai passé mon enfance, impatient et heureux.

Le champagne était glacé comme nous l'aimons ma mère et moi, le premier verre m'a aidé à surmonter l'absence de Stéphane si loin et si présent ici entre nous, qui parlons d'autre chose pour ne pas parler de lui.

Martine a pris sa place à table, à ma gauche, du côté où les caméras sont interdites. Je n'avais pas de mauvais profil pour Stéphane pour elle non plus qui me regarde doucement et dit à ma mère que je suis gentil. Il n'est pas de compliment qui me touche plus que celui-là. Il n'en est pas un qui me qualifie mieux. Personne ne sait que je suis gentil, sauf ceux qui m'aiment au-delà de mon image. Combien sont-ils ? Martine m'aime sans battre tambour, mais sans défaillir. Moi qui déteste la douceur du temps j'ai besoin de celle des femmes pour m'endormir sans lui.

Je devais chanter à Cannes cet après-midi. Le spectacle a été annulé pour des raisons qui m'échappent. Tant mieux, je peux écrire tranquille. Cannes ne fait plus rêver que les starlettes et les promoteurs immobiliers. Cannes, je voulais y aller à quinze ans pour voir Brigitte Bardot. Il est trop tard maintenant !

Je vais faire mon lit, laver mon bol de café, Aïda ne vient pas le dimanche, l'eau des mimosas attendra demain. Je ne sais pas disposer des fleurs dans un vase, Stéphane faisait cela très bien. Il n'avait rien de féminin, rien, simplement un don inné pour les choses de la vie.

« Les enfants s'ennuient le dimanche », chante Charles Trenet, les parents aussi, qui font d'autres enfants pour passer le temps. Que faire de tous ces dimanches à venir sans lui ? Ecrire sur lui. Je lui dois cela : des mots d'amour sur sa tombe.

Je les ramasse ici et là, en me déplaçant lentement pour ne pas le déranger, tant d'habitudes prises avec lui dont je ne peux pas me défaire et qui rythment mes jours et mes nuits.

Tant d'élans de tendresse qui se heurtent au néant. Que puis-je faire de l'amour qui me reste à donner ? Suis-je même capable de recevoir celui que me proposent certains ? Non, car je ne peux pas m'empêcher de faire la comparaison. Elle ne tourne pas à leur avantage. Stéphane m'a rendu très exigeant. Je ne me contenterai pas des violons, je veux le bal avec. Je donne tout mais je veux tout, ou rien.

Ils me désolent ceux et celles qui sont prêts à vendre leur âme, à se renier même pour ne pas rester seuls un instant, qui partagent une salle de bains avec le premier venu parce qu'ils ne peuvent pas se laver les dents sans témoin, comme si c'était convenable, comme si c'était ça l'amour : le même shampoing et le même bidet.

Je suis entré parfois pour embrasser Stéphane sous la mousse, quelques bulles de savon dans mon souvenir et sur son nez, c'est déjà bien mais ce n'est pas tout.

Il n'était pas là comme un chat dont les braves gens disent qu'il leur tient compagnie. Non, je n'ai pas besoin de chat pour me tenir compagnie, ni de témoin pour mes ablutions. Stéphane posait des anémones sur mon bureau et descendait attendre en chantant que je finisse mes chansons d'amour pour Dalida.

Il n'est pas né celui qui saura attendre que je finisse mon livre sur Stéphane. Je n'en finirai jamais de l'enrouler dans mes mots pour décourager les chats et les rats. La solitude il faut en être digne, je préfère la mériter que la subir.

– Si tu ne m'aimes plus un jour, il faudra que tu partes...

Stéphane, qui n'a jamais envisagé de partir, prenait mon pessimisme pour une insulte. Il avait tort. Je n'ai jamais douté de la sincérité de ses sentiments. Jamais, pas un jour, pas une heure, pas une seconde. Je ne pourrais pas écrire cela d'un autre que lui.

Il avait rayé beaucoup de gens dans ma vie qu'il soupçonnait de m'aimer mal (à tort parfois). Je raye maintenant ceux qu'il avait oubliés.

Paris, 18 janvier

Je revendique les sentiments que j'inspire, pas ceux que l'on me prête. Je préfère qu'on m'aime. C'est la faiblesse majeure de la condition humaine. Je n'y échappe pas, mais si on ne m'aime pas, ou mal, je m'arrange avec moi et lui. J'étais invulnérable parce qu'il était là, je le suis parce qu'il n'est plus là. J'ai trop à faire avec l'amour de Stéphane pour dissiper mon cœur en des chagrins médiocres.

A l'heure qu'il est, quelque part en Haute-Vienne, un marbrier taille la pierre du tombeau de Stéphane. Peut-être qu'il chantonne en travaillant ! Et l'on voudrait que je m'impose d'autres tourments ? Sait-on ce qu'il m'en coûte d'écrire cela sans trembler, presque détaché, comme s'il s'agissait d'une autre vie que la mienne ?

Paris, 19 janvier

Mon cœur bat normalement ; un jeune médecin me l'a confirmé la nuit dernière après m'avoir fait un électrocardiogramme. On n'est jamais trop prudent avec ce muscle fragile soumis par intermittence au meilleur et au pire.

Qui s'occupera de mon cœur maintenant sinon un médecin de passage trouvé par hasard dans le fascicule des urgences que distribue régulièrement la mairie du dix-huitième arrondissement ?

J'avais très mal, le Doliprane ne produisait pas son effet, Stéphane, mon premier recours, n'était plus là pour poser ses longues mains sur ma poitrine comme il l'a fait cent fois pour me soulager.

– Vous êtes particulièrement stressé en ce moment ?

J'ai répondu non. Ça a étonné le jeune médecin que je ne sois pas « stressé », il y a beaucoup d'artistes à Montmartre qui sont « stressés ».

Il était très gentil, il avait le temps, je le sentais disposé à s'occuper aussi de mon âme. J'ai failli la lui livrer, l'heure était propice, mais non, je m'en occupe moi-même de mon âme ; je la ramasse chaque matin pour la mettre à l'abri, ici, entre les pages de ce journal pour donner un sens à ma vie qui n'en a plus beaucoup.

J'ai dormi, finalement.

Lulu vient d'arriver, il va habiter au troisième étage.

– Comme ça tu me protégeras.

Et lui, va-t-il me protéger ? Suis-je vraiment en état de me laisser protéger par un jeune homme de vingt ans qui m'appelle papa en découvrant ses dents blanches de bébé ?

Il veut de la tendresse, c'est beaucoup me demander, en reste-t-il au fond de moi ? Stéphane l'a épuisée jusqu'à son dernier souffle.

Je n'attends plus rien de personne ou alors si peu. Je pars demain pour Montréal, j'aurais eu besoin de la valise de Stéphane, mais Aïda ne parvient pas à l'ouvrir, il l'avait codée. En revenant de Prague l'hiver dernier ? Peut-être Annie J. qui l'accompagnait connaît-elle le bon numéro ? Lulu n'a pas de valise, rien que ses baskets et un téléphone mobile. Pour parler à qui et de quoi ? Cette génération pendue au téléphone comme à une bouée de sauvetage, je ne l'envie pas.

Il ne pouvait rien me cacher très longtemps, Stéphane, j'ai trouvé le code de sa valise : 1.2.3. dans l'ordre, trois chiffres aussi simples, aussi gentils que lui. Il n'y avait pas entre nous de combinaisons introuvables.

Paris, 20 janvier

Ma mère a quatre-vingts ans ce matin, mon père soixante-dix-neuf depuis hier. Il y aura soixante ans en juin qu'ils sont mariés. Que leur souhaiter ? Sinon que cela dure encore un peu. Celui des deux qui finira le chemin seul n'ira pas loin, les souvenirs qu'on ne peut plus partager sont trop lourds.

Il n'y a plus que la vérité qui m'intéresse. Elle s'est imposée dans ma vie, implacable depuis le 16 octobre dernier. Moins que jamais je ne suis prêt à me satisfaire de faux-semblants et de mondanités.

La vérité, je dois m'arranger avec elle puisque je n'ai ni l'intention ni la possibilité de la fuir. Je pars pour Montréal avec elle qui maintenant prendra beaucoup de place dans la valise de Stéphane.

Montréal, 21 janvier

Le voyage m'a fatigué ; le décalage horaire a dérangé mon organisme réglé comme une mécanique à la seconde près. Je me sens mal. Depuis la nuit dernière j'ai perdu mes repères, je suis au seizième étage d'une tour immonde d'où j'aperçois derrière des vitres sales qu'on ne peut pas ouvrir des gaillards en bras de chemise qui dégagent les trottoirs du peu de neige grise qui résiste à ce qu'ils appellent ici aussi le redoux.

C'est bien ma chance ! On nous avait promis moins quarante degrés, je rêvais de promenades au mont Royal dans l'air vivifiant du Grand Nord, et nous étouffons, oui nous étouffons. En me réveillant j'ai même cru avoir la fièvre, cette ville n'est pas faite pour la tiédeur, tout est prévu au contraire pour accueillir des symphonies sibériennes.

J'en rêvais, des aubes blanches et glacées qui firent si bien chanter Félix Leclerc et Maria Chapdelaine. Je suis là, dans une chambre si triste que je pourrais mourir d'ennui, moi qui pourtant ne m'ennuie jamais avec moi. Je veux partir. Julien et Annie J. sont allés au hasard des rues pour chercher un hôtel qui conviendrait mieux à mon impatience ; ils n'aiment pas plus que moi ce building prétentieux qui voudrait avoir l'air d'un palace alors qu'il n'est qu'un empilage de tombeaux. J'expliquerai à François F. que je ne peux pas écrire ici, ni dormir, ni pleurer, rien ; je veux partir.

Il ne se fâchera pas, François, il voudra me voir heureux, en colère même ; mais je ne sais pas me mettre en colère par politesse. Il m'a invité dans son pays avec mes amis pour me remercier de m'être beaucoup intéressé ces deux dernières années à une jeune chanteuse très inspirée dont il dirige la carrière. Lynda Lemay, blonde, le teint et les yeux clairs, commence en effet à conquérir la France comme elle a conquis le Canada. Elle écrit des choses terribles et tendres, drôles aussi, comme seule Barbara chez nous savait le faire. Nous irons demain entendre son récital, place des Arts, elle ne sait pas que je suis venu l'applaudir.

– Tu seras sa belle surprise, dit François F. qui a des joues roses et de la malice dans les poches de sa canadienne.

Je ne veux pas lui compliquer la vie, nous allons nous organiser, Julien, Annie J. et moi pour que ce voyage tant attendu ressemble à celui dont j'ai rêvé pour nous.

Si seulement il pouvait neiger, même une heure ou deux, le temps pour moi de retrouver mon enfance et le goût salé du bonheur que j'ai laissé sur les lèvres de Stéphane. Qu'il neige, et j'irai avec ses chaussures jaunes laisser la trace de ses pas sur les trottoirs de la rue Sainte-Catherine où il rêvait de danser et chanter avec nous. J'ai glissé dans mon passeport les vingt-cinq dollars qu'il avait posés sur son bureau en souvenir de cette ville qu'il aimait tant.

Vingt-cinq dollars, une fortune mon amour, comment as-tu fait pour ne pas la perdre ? Je vais la garder pour toi maintenant.

Montréal, 22 janvier

Il a neigé hier après-midi et aussitôt mon humeur a changé, mon corps s'est détendu. Julien m'a dit :

– Regardez ! Montréal ressemble à Montréal à l'instant même où vous l'avez voulu.

Il est content, Julien, que je sois content, il me prête un pouvoir magique que je n'ai pas, mais enfin il a neigé sur notre promenade. C'était presque trop beau pour être vrai, nous avons marché beaucoup ; une ville se prend par les pieds, le nez en l'air.

Montréal n'est pas faite pour le soleil, tant mieux car je déteste les cités alanguies sous les palmiers. Non, Montréal se dresse blanche et froide, debout les bras au ciel entre des tours et des blockhaus d'une lourdeur admirable de vulgarité pour s'échapper aussitôt en des allées charmantes bordées d'hôtels particuliers d'opérettes.

Nous sommes installés maintenant dans une auberge de famille face au parc La-Fontaine, là où Stéphane était venu courir après les écureuils et faire des photos avec son copain Zinzin, heureux ensemble et bien décidés à conquérir l'Amérique sur un air d'accordéon. Il en parlait souvent de ce voyage au Canada qui lui avait inspiré quelques jolies chansons. Revenir ici avec moi, il me l'avait promis.

Annie J. et Julien sont fiers d'avoir déniché cet endroit délicieux tenu par une cousine de province qui s'appelle sûrement Marguerite de Maisonneuve. Elle écoute doucement des valses viennoises en mangeant du miel et préfère que je ne fume pas dans ma chambre.

Nous sommes très bien ici, comme à la maison, en chaussons pour descendre à la cuisine préparer nous-mêmes nos thés au citron de quatre heures.

François F. n'en revient pas de la « simplicité » de mes goûts, il ne savait même pas que ce genre d'endroit existait au cœur de sa ville.

– Jean-Claude est très espiègle, disait ma mère.

Je vois bien que mes espiègleries enchantent François.

Nous sommes allés dîner tôt, au Piment Rouge, la plus élégante des tables chinoises du Québec ; et puis, pour répondre à ma curiosité supposée et à l'impatience de Julien, François nous a emmenés d'office boire un verre avant de dormir quelque part dans un endroit « chaud » où des garçons au ventre plat et aux fesses rondes enlèvent leurs chemises, leurs pantalons et finalement leurs slips, tout cela de façon charmante pour amuser les jeunes filles.

Annie a passé l'âge des amusements de jeunes filles, mais elle n'a pas bronché quand un jeune homme avenant lui a montré ses avantages. Julien aussi s'est amusé, mais il s'amuse de tout, Julien, derrière ses lunettes « d'intello » mal débarbouillé. On aurait tort de lui donner le Bon Dieu sans confession, il trompe son monde comme il veut avec ses sourires de séminariste fripon.

Je l'appelle Jules quand je l'aime, lui me vouvoie pour se distinguer.

Montréal, 23 janvier

Je suis parfaitement réveillé depuis sept heures ce matin. On se lève tôt ici. En attendant de descendre déjeuner avec Julien et Annie J., je parcours un *Libération* d'avant-hier où il est question des yeux si bleus de Guy Béart « enfileur de vérités plates en colliers de chansonnettes », de Jacques Attali et Gérard Depardieu, nouveau couple de théâtre à Paris, de Nathalie Sarraute aussi, presque arrivée elle aux portes du Ciel : « J'ai peur d'avoir conscience de la mort, dit-elle, comme dans tout ce que j'écris ça commence par rien et ça finit par rien, ça retombe dans le rien. »

Au réveil, même à Montréal, tant de détachement me tue. Faut-il avoir cent ans pour n'avoir plus peur de rien ?

Il flotte dans l'air quelque chose de gentil, la neige apaise nos âmes fragiles, il ne peut rien nous arriver de grave depuis que Stéphane n'est plus là, nous avons perdu le goût du risque, celui du bonheur aussi même quand il se propose à nous, décoré comme un arbre de Noël au pied d'une banque de trente étages où dorment des dollars derrière des vitres bleu marine. Je la trouve belle cette ville laide au moindre rayon de soleil, belle dans son incroyable anarchie ; un tel désordre d'architecture finit par donner l'illusion d'une œuvre d'art.

Des églises aux toits verts résistent ici ou là au cœur de la ville, encerclées, dominées, humiliées par des tours de verre et d'acier, des parkings de béton gris et des pharmacies multicolores où l'on achète des frites et du Coca-Cola. Qui les voit encore ces églises oubliées de Dieu lui-même ?

Montréal, 24 janvier

Dimanche, le dégel annoncé est là, désolant. Je vois de ma fenêtre les belles allées blanches du parc La-Fontaine se couvrir maintenant de rigoles et de flaques d'eau sale qui dégoulinent. Demain il fera moins douze. Ce matin il y avait quelques clients dans la salle à manger pour le petit déjeuner, des couples plutôt jeunes qui lisaient le journal en silence. On ne les entend ni partir, ni arriver, ni marcher, les visiteurs de l'auberge, ici on vit sans impatience, pas de chats, pas d'enfants, pas d'équipe de base-ball... c'est une maison bien tenue. Marguerite de Maisonneuve ne plaisante pas avec les bonnes manières. Elle veut la paix pour écouter ses valses viennoises. Moi aussi je veux la paix. Interminable ce dimanche. Je reste affalé sur mon lit, sans force, sans envie, incapable d'écrire, de lire, de penser.

Cette mollesse me dégoûte.

Hier au soir, à table, j'ai parlé du bonheur et de l'illusion du bonheur, plus attrayante pour qui est pressé, pour qui seule l'apparence compte.

Montréal, 25 janvier

Je suis incertain ce matin, désemparé. Stéphane ne m'a pas laissé dormir. Je le cherche depuis l'aube en vain. Je me suis dissipé la nuit dernière, se venge-t-il ? Je ne le crois pas du tout, il joue seulement à cache-cache pour me surprendre, pour que je ne m'échappe pas trop loin.

François nous avait promis quelques bars louches, nous n'y tenions plus. Julien a dit : « Couchons les filles et allons-y ! » Il a fallu ruser pour fausser compagnie à Julie, la jeune star de la télévision québécoise. Vive, très jolie, elle voulait que je lui parle de Dalida et de la France tandis qu'elle buvait du sancerre en mangeant du chèvre chaud. Julie Snyder pétille d'intelligence et d'appétit, nous nous sommes séduits, ce soir elle me recevra dans son émission, je lui ferai le show qu'elle attend de moi.

Nous l'avons raccompagnée non sans mal vers sa voiture avant de déposer Annie J., complice de nos projets, à l'auberge de La Fontaine. « Les filles sont interdites là-bas », nous avait dit François, je craignais que cette bizarrerie n'effarouche Julien, mais non, il ne s'effarouche pas pour si peu.

Il a commandé une bière et il a ouvert ses grands yeux verts pour ne rien perdre de l'étrange ballet qui nous entoura aussitôt.

A l'ombre de ce bar où rôdent des garçons complaisants, nous nous sommes donc laissé frôler par des danseurs de rap entreprenants et nus qui étaient disposés à tout, y compris à nous parler d'amour si nous l'avions voulu. Chacun leur tour, comme au manège, ils montent, dociles et nonchalants, sur un podium surélevé et se déhanchent avec application, offrant leurs fesses à nos plus folles imaginations.

Julien a-t-il de l'imagination ?

Au fond, c'est lui qui m'intéresse ici, lui qui m'inspire de beaux sentiments et quelques tendresses, je glisse ma main dans ses cheveux, je l'embrasse dans l'oreille et je me lève pour rejoindre un petit brun ténébreux qui doit m'entraîner un peu à l'écart dans une arrière-salle rouge plus discrète. François F., notre hôte empressé, a tout organisé pour qu'il soit très aimable, le petit. Il le sera.

Il ne s'agit pas du bonheur ni de son illusion, il s'agit d'un jeu, d'une cour de récréation, rien de grave en somme. Je me laisse aller et Julien dit que j'ai raison de me laisser aller, il sait mes larmes constamment ravalées et il ne veut pas que je pleure, Julien ; il a repéré un petit blond tout nu en socquettes blanches qui fera très bien l'affaire, alors il le suit, sûr de ne pas rater son effet. Cela m'attendrit d'entrevoir Jules dans un coin sombre avec un petit blond en socquettes blanches à ses genoux.

– Alors ?

– Alors nous avons parlé, c'était très bien, il fait des études de psychologie à l'université de Toronto.

– Mais oui bien sûr, et du strip-tease en prime !

– En quelque sorte !

Ils sont charmants ces étudiants canadiens. Nous rions, nous sommes détendus.

– Il faudra écrire cela demain, me dit Julien, ce sera drôle… rien ne me gêne, vous savez.

J'aime qu'il ajoute ce « rien ne me gêne, vous savez » qui éclaire son comportement si naturel et m'invite par avance à ne pas trafiquer le scénario. Il ne se force à rien, Julien, il profite de sa jeunesse. Il pourra écrire un jour : « J'ai connu à Montréal autrefois des étudiants en psychologie qui dansaient nus pour me distraire, je n'avais pas trente ans et c'était bien. »

Montréal, 26 janvier

Jacques Chardonne devait ranger son bureau, se raser de près et mettre un nœud papillon avant d'écrire, cela donne à son style une tenue incomparable. J'ai lu la nuit dernière le *Journal interrompu* où il évoque Eva, sa femme, une personne plutôt austère, semble-t-il, qui se couche à neuf heures du soir.

« Elle n'a pu supporter longtemps que je partage son lit, mais il faut que je sois auprès d'elle. Cela m'oblige à me coucher de très bonne heure. Je reste étendu sur le dos, tâchant de ne pas bouger. Je suis d'un tempérament nerveux, irascible, autoritaire : cela n'apparaît point dans ma vie. Je montre une douceur et une complaisance qu'on voit chez les benêts sans nerfs. J'étais un homme frivole, indépendant et le moins fait pour supporter une femme. Apparemment il n'en reste rien. Si Eva était parfaite, elle serait une autre femme. Cette douceur amie, cette compréhension, cette faiblesse illimitée c'est l'amour. »

Quand il écrit cela Chardonne n'a pas quarante ans, et il est prêt à tous les renoncements, à ne plus respirer même pour ne pas déranger le sommeil d'une dame à qui il a quand même fait deux enfants. On se demande comment et à quelle heure ? Au fond les écrivains français s'arrangent très bien avec les emmerdeuses. « Eva était un type de jeune fille invraisemblable », écrit-il pour se réjouir qu'elle ait fait de lui « un benêt sans nerfs ».

Ce relâchement de soi dont Chardonne se vante m'étonne de lui. Il y a de la passivité aussi chez Jouhandeau devant Elise, mais elle est d'apparence, lui ne renonce à rien, sa main gauche posée sur son missel et sa main droite sur la braguette d'un garçon boucher, il se console gaiement en attendant le jugement dernier.

L'amour n'est pas l'amour s'il n'est pas entendu par celle ou celui à qui il s'adresse. Je n'ai jamais transigé, il faut qu'on m'aime pour que j'aime à mon tour. Je n'ai pas la vocation des amoureux transis, ni la patience des femmes de marin. Je ne me fais pas attendre mais je ne suis pas disposé à attendre longtemps. Attendre implique un minimum d'espoir, je n'en ai plus au cœur. Stéphane était mon seul espoir, ma seule réalité.

Il neige de nouveau sur le parc La-Fontaine. Voilà deux heures que j'hésite à noter ici la couleur du ciel ce matin de peur que ce journal ne devienne un bulletin météo. Si je m'y résous finalement c'est pour dire que mes plaisirs ne seront plus jamais parfaits sans lui. Je ne détestais pas les plaisirs solitaires quand il était là, à deux pas de moi, endormi ou prêt à bondir, c'était mon luxe, c'est ma douleur aujourd'hui.

« Ne sois pas triste mon petit Jean-Claude, il neige. »

Montréal, 27 janvier

Demain je serai à Paris. Je vais rester seul chez moi, dans mon bureau, pour reprendre doucement mon corps et mes habitudes. Aïda aura ramassé le courrier que je vais ouvrir méticuleusement, je vais classer, trier, jeter des prospectus et des factures, répondre à quelques lettres, bref mettre de l'ordre, ma distraction favorite.

Demain je vais me glisser dans le peignoir si doux de Stéphane et j'appellerai mes parents pour leur dire que c'est beau Montréal sous la neige, mais je ne leur dirai pas que je suis triste, ils le savent. S'il paraît un jour, je leur demanderai de ne pas lire ce livre, je ne voudrais pas qu'ils me voient mourir entre chaque ligne ou presque.

Annie J. et Julien vont rentrer de leur dernière balade matinale à travers les rues, les avenues et les places de cette capitale qui reste aussi un village pour qui sait l'apprivoiser. Nous avons aimé marcher rue Saint-Denis où il y a de l'élégance aux devantures des magasins, des odeurs de cannelle dans les bars, et des escaliers emmêlés les uns aux autres dont on voit bien la particularité soigneusement entretenue.

Mais nous n'aurons pas détesté pour autant ce quartier où les Américains font des affaires au sommet des tours gigantesques qu'ils ont posées là sans demander la permission à qui que ce soit. Et d'ailleurs qui signe les permis de construire à Montréal ? Personne n'a su répondre à cette question que mes hôtes trouvent amusante. A deux pas de l'hôtel Ritz-Carlton, face à l'entrée du parc du Mont-Royal il y a là, sur Sherbrooke, un endroit où s'enchevêtrent une quarantaine de cathédrales de verre au pied desquelles s'agitent les paroissiens du capitalisme, et quelques femmes du monde qui attendent le Père Noël.

A l'heure indécise où clignotent des millions d'ampoules multicolores que les banquiers ont fait accrocher aux arbres et aux portes de leurs coffres-forts, j'affirme que moi aussi j'ai guetté le Père Noël.

Paris, 28 janvier

Quand une jeune fille pose sur moi un regard extatique, ce n'est pas forcément parce qu'elle m'a vu la veille à la télévision. Non, quand une jeune fille me fixe comme hier dans l'avion c'est parce qu'elle sait, parce qu'elle croit savoir ou qu'elle veut avoir une confirmation : Suis-je bien l'auteur de la « si belle » chanson de Dalida *Il venait d'avoir dix-huit ans* ?

Je confirme, et là tout peut arriver. C'est un peu comme si j'étais le Bon Dieu en personne, on me prend les mains, on m'embrasse parfois, et moi je reste là, ému de voir une jeune fille dans l'éclat de ses vingt ans pâlir d'émotion en pensant déjà à l'automne de ses amours et au beau jeune homme qui la fera pleurer bientôt.

Elle est magique cette chanson écrite il y a longtemps déjà, quand c'était moi le jeune homme et que tout encore était possible.

Paris, 29 janvier

Il ne faudrait pas partir. Ne pas revenir non plus. Il faut rester chez soi avec des livres et du thé. Cette agitation n'est pas faite pour moi. Bientôt je ne bougerai plus de Morterolles.

La cérémonie des bagages, des douanes, des passeports, des aéroports nuit gravement à la santé mentale de ceux qui s'y adonnent. Il faut les voir, les pauvres, hagards avec des sacs et des enfants sur le dos, courir après des avions qui auront de toute façon quatre heures de retard, pour aller où et faire quoi ?

Les gens qui bougent tout le temps ne sont bien nulle part.

Paris, 30 janvier

Je suis seul à présent, le silence qui tombe sur Montmartre en fin de semaine ne me va pas, il me rend plus sensible encore à l'absence de Stéphane.

On vient de sonner à ma porte. Qui ? Je ne me lève même pas pour le savoir, on ne s'invite pas à l'improviste dans ma vie.

Ce journal est mon refuge, je m'y abrite, solitaire et nu, sans autre projet que de le rejoindre, lui qui n'est plus nulle part que dans mon cœur.

A certains moments de mes jours, de mes nuits, je me demande vraiment si je vais tenir longemps, si c'est possible de vivre avec un mort ? Questions inutiles, des curés ou des psychanalystes en feraient leur bonheur, mais moi, pauvre de moi, à l'âge que j'ai et à l'heure qu'il est, je suis assez grand pour savoir que non ce n'est pas possible.

Il faut que je m'invente autre chose que la vie.

Ni Dieu ni Freud ne sont compétents.

Les Gets, 31 janvier

Un village d'autrefois en Haute-Savoie où nous venons pour la quinzième année consécutive chercher la neige.

Me voilà à la même place devant une table de bois, un thé et du cake préparé spécialement pour moi. C'est un rite. Reprendre mes habitudes sans lui, refaire le chemin, suivre sa piste entre les sapins dès demain. Il va falloir que je trouve le courage d'être là où il n'est plus et présent partout.

Zinzin, son copain, reviendra dans la nuit, il joue de l'accordéon à Amiens, Alexandra sa jeune femme est là depuis huit jours, Jean-Claude et Martine sont arrivés hier, avec Lulu et Aïda qui m'accompagnent nous serons sept, le compte n'est pas bon.

L'ambiance est triste, au bord de l'ennui, ensemble nous finirons bien par trouver le ressort qui nous rendra heureux ou presque ; cela dépendra beaucoup de moi, je ne peux pas les contraindre au chagrin constamment. Ils veulent continuer à vivre près de moi et moi près d'eux, cela nous demandera de l'imagination et de la tendresse.

Allez ! Nous boirons du vin blanc ce soir en dînant et Lulu me fera une bise pour me voir sourire un peu.

Lulu c'est le fils de la bande, j'ai compris que mes amis souhaitaient qu'il soit là avec nous. Pour l'entendre rire entre mes silences ? Je n'ai pas le droit de décourager les rires d'un jeune homme qui m'a choisi pour le protéger.

Les Gets, 1er février

Prendre les jours comme ils viennent. Sans impatience, ne pas leur demander l'impossible, se résoudre à leur monotonie. Moi qui n'ai jamais cessé de décider, je me laisse porter au gré des circonstances, je n'ai plus envie de me distinguer pour plaire, cela m'éloigne trop de lui.

Je signe ma photo à qui me le demande, mais je ne suis prêt à aucun effort pour entretenir une modeste notoriété qui me pèse ces temps-ci. Tenir en équilibre dans ma tête, et sur des skis tout à l'heure, voilà mon projet ce matin.

C'est à lui d'abord que j'écris puisque je ne peux plus lui parler sans risquer la folie. Avant c'est lui qui m'écrivait le plus souvent et moi qui lui parlais toujours. Avant nous avions toujours quelque chose à nous dire, je continue tout seul à me parler de lui.

Je le vois surgir entre les skieurs qui dévalent la piste devant l'hôtel de la Marmotte, j'avais peur qu'il tombe, il est tombé et j'ai peur de tomber à mon tour. Je passe ma vie à avoir peur, pas une peur d'enfant qui s'apaise dans le regard de sa mère, non, une peur d'homme, de celle qu'on ne montre pas au premier passant venu. A qui d'ailleurs ? A Stéphane seulement je pouvais avouer mes peurs, lui seul savait les comprendre et les raisonner.

J'ai voulu briller dans ses yeux, j'ai voulu trembler dans sa main. Il a grandi dans la mienne qui s'épuise aujourd'hui à ne retenir que du vent.

Les Gets, 2 février

Les femmes qui rient fort comme les poules caquettent me tapent sur les nerfs. Elles étaient quatre hier au soir au bar de l'hôtel, insupportables de vulgarité, s'entraînant l'une l'autre à l'hystérie. Un instant d'abandon ? Non, il suffisait de les voir écraser leurs cigarettes et s'avachir sur leurs fauteuils pour n'avoir pas envie de leur pardonner tant de relâchement. J'ai une trop haute idée de la femme pour accorder mon indulgence à celles qui se vautrent ainsi. D'une manière générale le rire m'a toujours paru suspect, celui des femmes indécent. Le rire est un maquillage qui fait de nous les clowns de notre vie. Il ne faut rien attendre des gens qui rient à tout propos, ils ne vous entendent pas, ils s'écoutent rire.

Je crois, avec Emmanuel Berl qui répondait à Bergson, que « quand on est mort on est mort ». Cette lapalissade qui faisait ricaner monsieur Renaud Matignon me convient parfaitement, c'est le contraire qui serait terrifiant, l'idée que ceux qui nous ont quittés charnellement soient prisonniers derrière une vitre et qu'ils assistent impuissants à nos joies et à nos peines sans pouvoir les partager est insupportable.

Stéphane ne me voit pas, c'est mieux ainsi. Il dort, c'est l'hypothèse la plus jolie.

Nous ne dormions pas ensemble, je l'ai dit déjà, nous vivions ensemble. On n'a pas besoin d'être deux pour dormir. Elles nous ont très peu occupés ces histoires de lit, Stéphane et moi. C'est debout l'un contre l'autre que nous nous aimions.

Les Gets, 3 février

Je n'envie rien ni personne. Depuis l'enfance j'ai toujours voulu être moi, pas un autre. On aurait tort de ne voir que de l'orgueil dans cette attitude, il y en a certes, mais quand on ne demande pas l'impossible à la vie, la modestie n'est pas loin non plus.

Les bravos que j'inspire parfois ne vont pas de soi, je fais ce qu'il faut faire pour les mériter, je sais aussi leur fragilité et leurs dangers. Ils m'entraînent sans m'étourdir, quand je ne les entendrai plus je n'aurai rien à regretter. Je trouverai d'autres parades au temps qui passe et qui passera sans lui. Nous étions prêts, Stéphane et moi, à prendre des routes moins encombrées, j'aurais tant voulu qu'un jour ce soit lui qu'on applaudisse plus que moi. Cette idée le laissait rêveur, il n'avait pas assez d'ambition pour y croire vraiment. Il lui suffisait que je l'aime pour être content et voir venir sa vie, il préférait que je passe devant, que j'ouvre le chemin.

Je raconterai au fil du temps qui me reste comment ce rebelle a tant aimé me suivre, et pourquoi j'ai tant aimé qu'il me suive.

Les Gets, 4 février

Définir l'essentiel ne doit pas devenir non plus une obsession, il faut que je cesse de me poser trop de questions. « Occupez-vous d'abord de la vérité », me disait Emmanuel Berl. Me voilà aux prises avec elle dans sa splendeur, impérieuse et glacée.

Dans *Le Figaro littéraire* ce matin, Nicolas d'Estienne d'Orves rend compte des *Années cavalières* de Jules Roy : « On s'y engouffre dans des tunnels ternes et saumâtres où l'auteur noie ses humeurs dans des considérations sans surprise ni intérêt. Mais c'est le propre d'un journal. On y parle de soi-même, pour soi-même. Les curieux y piocheront ce qu'ils voudront. »

Mes pages n'échapperont pas à ce genre de critique. Comment nier, en effet, que j'écris sur moi-même, même si c'est pour Stéphane avant tout ? Il n'est pas mon alibi, il est mon héros.

Quand il était là, le regarder vivre, l'entendre chanter ne me laissait pas le temps de m'intéresser à moi aussi violemment que je le fais désormais. Je me rattrape.

Ceux qui s'empressent autour de moi ici, je les aime. Martine est une femme qui aurait pu être la mienne, Lulu un garçon qui aurait pu être mon fils ; je les embrasse volontiers, leurs joues sont tendres à mes lèvres closes.

Martine est une grand-mère attendrie, mais elle possède l'élégance précise des Parisiennes qui ne renoncent pas à plaire pour si peu. Et puis Martine lit des livres, il y a trop peu de femmes dans ma vie qui lisent des livres. Lulu ne lit pas, que faire ? Rien. On n'attrape pas les oiseaux en leur mettant du sel sur la queue, Lulu est un oiseau de passage qui s'envolera quand il le voudra.

Je ne pouvais pas supporter l'idée que Stéphane n'ait pas un livre en main avant de s'endormir.

Les Gets, 5 février

« Les rapports physiques ne sont pas du tout nécessaires à l'Amour, voire ils lui sont funestes. Dans l'Amour le corps n'est qu'accessoire. »

Jouhandeau, encore lui, qui dit les choses comme elles sont, calmement. Je pourrais le citer sans cesse. Je trouve chaque jour dans les milliers de pages qu'il a laissées de quoi nourrir ma réflexion.

Je crois n'avoir jamais confondu l'amour et le désir, je l'ai écrit avant même de l'avoir lu chez Jouhandeau, mais je me sens moins seul. Ma logique est implacable : répondre à l'appel du corps est une chose, répondre à l'élan du cœur en est une autre. C'est la confusion des genres qui engendre les plus grands malheurs.

Oui, on peut faire l'amour sans amour, et l'on peut aimer sans livrer son corps à des gesticulations souvent décevantes.

Les femmes qui croient le contraire s'exposent à des déconvenues cruelles, les hommes aussi, mais dans une moindre part. Nous sommes faits ainsi, pas moins vulnérables mais plus réalistes.

À la mine déconfite de mes proches quand ils m'entendent énoncer ces évidences, je vois bien qu'ils me jugent scandaleux. Ils m'aimeront ainsi, affreusement lucide et scandaleux.

Stéphane, lui, m'écoutait sans broncher, sûr d'avoir le dernier mot bientôt, et il me faisait mentir quand nous étions seuls, nus face à face.

Mais on aura compris qu'il était l'exception qui pourtant n'infirme en rien mon raisonnement, puisque je l'ai aimé avant l'amour et que je l'aime après.

Quelqu'un vient d'allumer la télévision dans le salon de l'hôtel, j'entends ma voix de loin annoncer un programme enregistré il y a plus d'un mois. Ce dédoublement entre moi et moi me laisse indifférent. L'habitude ? La lassitude ? En tout cas la curieuse impression de n'être plus nulle part vraiment. Un jeune couple me regarde écrire, d'autres clients me regardent et m'écoutent parler à la télévision, le barman n'ose pas bouger et moi à l'intérieur de moi je reste au chaud avec Stéphane.

« Il neige mon petit Jean-Claude, tu devrais être content. » Il y a des instants où le souvenir de sa voix me ravage l'âme et le cœur, d'autres où il m'élève au-dessus du chagrin. Comment prolonger ces courts moments de grâce ?

Les Gets, 6 février

Je sors d'une suite de cauchemars brûlants. Stéphane vivant était partout à la fois. Je ne me souviens de rien précisément, une vague impression de malaise me noue le ventre.

Aïda me demande si j'ai bien dormi, je lui réponds que oui, c'est plus simple. Elle fait les bagages, je n'ai pas à l'encombrer de mes cauchemars.

Paris, 7 février

Un dimanche entre parenthèses. Chacun chez soi et moi assis à ce bureau où il m'a laissé seul définitivement.

J'ai remonté de chez lui la photo de moi qu'il préférait, prise au printemps 81, au milieu d'un pré à la lisière du bois qui entoure la propriété de Mireille et Emmanuel Berl à Cauvigny, dans l'Oise, où nous allions le dimanche justement tondre les moutons, ramasser des pommes, et puis prendre le thé. Mireille, d'origine anglaise, m'a appris le cérémonial du thé, je le respecte tous les après-midi et je pense aux jours anciens, quand j'avais les cheveux longs et le regard décidé de ceux qui veulent croquer le monde, comme sur cette photo en noir et blanc que Stéphane avait choisie.

Je ne la trouvais pas vraiment remarquable, mais je la regarde différemment aujourd'hui. Avec ses yeux.

– Baisse un peu la musique, Stéphane, j'écris !

Aussitôt la voix de Montand ou de Patachou s'estompait et je pouvais reprendre mon stylo et mes idées, distraites un moment par le chant magnifique des artistes que je lui avais fait découvrir et qu'il écoutait inlassablement, avec d'autres de sa génération que je subissais parfois pour me tenir informé des nouvelles tendances qui ne lui échappaient pas.

Stéphane passait allégrement du répertoire de Maurice Chevalier à celui de MC Solar. Il nous sidérait par sa capacité à retenir les textes des chansons les plus méconnues qui soient. Je l'ai vu cent fois souffler, depuis la salle ou la coulisse, la rime oubliée par l'un ou l'autre de nos amis en scène.

Sur son lit d'hôpital, quelques jours avant de nous quitter, comme je fredonnais pour lui une très belle œuvre, presque inconnue, hélas, de Pierre Delanoë, *Soirée de Prince,* Stéphane a remis dans l'ordre les vers que j'inversais. Ce fut sa dernière chanson, murmurée à bout de souffle.

Il se souvenait, tout était encore possible, croyais-je... non, une hémorragie cérébrale allait bientôt emporter sa mémoire avec lui. Je n'entendrai plus jamais Montand le dimanche à Montmartre, il n'y aura plus de géraniums à la fenêtre de son appartement, personne n'ira chanter sous sa douche.

Quand j'aurai tout quitté ici, on pourra faire trembler les vitres et les murs avec des musiques de fous ou mettre le feu si l'on préfère.

Après Stéphane, plus rien.

Paris, 8 février

Je vais donc remettre tout à l'heure mon habit de lumière et m'en aller retrouver les caméras de la télévision, dans ce studio de la porte Saint-Ouen, à deux pas du boulevard périphérique où j'ai mes habitudes.

Plus d'une centaine de personnes m'attendent là-bas pour une nouvelle série de tournages de cette émission inventée il y a quinze ans bientôt, « La Chance aux chansons ». Ce titre emprunté à Charles Trenet aura marqué, quoi qu'il arrive maintenant, et ma vie et celles de milliers d'artistes, danseurs, chanteurs et musiciens qui n'auraient pu s'exprimer sans elle. C'est ma gloire et mon honneur. Au-delà de ma personne et de ce qu'on peut en dire, on ne pourra pas nier son utilité, son éclat et sa durée.

J'ai mis beaucoup d'énergie et de passion pour réparer quelques injustices, pour faire découvrir des inconnus et rendre à nos aînés la place qui leur revient. Voilà, c'est tout, mais ce n'est pas si mal. Je ne sais ni quand ni comment tout cela finira, je sais seulement que cela finira, qu'il faudra bien que je pose ce micro aussi simplement que je l'ai pris. Je préférerais que ce soit moi qui choisisse le jour et l'heure. Nous verrons bien.

Aujourd'hui le plus difficile c'est d'affronter la foule et de me laisser emporter par la musique et le mouvement qui va m'entourer.

Je me rétracte déjà. Je ne sais plus ce qui est bon pour moi, si j'ai le droit de sourire, de m'abandonner, ne fût-ce qu'un moment, à la fête et aux chansons.

Je ne me sens ni coupable ni innocent. Je n'aurais

qu'un mot à dire pour que cesse cette valse-hésitation que je danse à contrecœur : coupez !

Non, pas de cinéma, pas de décision solennelle, « laissez le temps au temps », selon la formule célèbre et rabâchée de François Mitterrand.

Suivre encore un peu le chemin tracé avec Stéphane sans m'y perdre, j'ai quelques repères et quelques bons amis qui m'éviteront de trébucher.

Paris, 9 février

Comme je le craignais, je dois régler ce matin des problèmes divers liés à l'organisation du travail, à la répartition des tâches au sein du bureau de la production qui gère l'émission, je dois répondre aux questions des uns et des autres, décider sans plus attendre quelle sera la couleur des robes des danseuses et le nombre de musiciens qu'il faut convoquer pour une série consacrée au tango, je dois prendre en charge aussi les états d'âme des uns et des autres (comme si les miens ne suffisaient pas à m'occuper), sûrs qu'ils sont de trouver en se tournant vers moi la solution à leur chagrin d'amour, leur découvert bancaire ou leur mal de dents.

J'exagère à peine, je n'aurais pas dû les habituer à tant de sollicitude. Ils ne me permettent pas la moindre défaillance, ils veulent mon avis sur tout, quitte pour certains à me le reprocher plus tard.

Je navigue à vue entre les emportements de l'un, la susceptibilité de l'autre et mon découragement à devoir toujours remettre de l'ordre dans les cœurs et du baume sur les plaies.

Je suis loin des matins calmes de Montréal, il faudrait que je téléphone à Brigitte Bardot pour la convaincre d'honorer de sa présence le tournage du quinzième anniversaire de mon émission, comme Aimé Jacquet qui viendra peut-être, comme Aznavour qui sera là. Bardot m'aime bien, elle céderait peut-être à mes avances, mais vraiment aujourd'hui je n'ai pas l'allant d'un séducteur.

Annie J. est venue tout à l'heure reprendre dans l'appartement de Stéphane des disques, des livres, des photos, des coussins, des pull-overs, bref des morceaux de vie que nous emmènerons à Morterolles. Du courrier arrive encore que j'envoie au notaire sans l'ouvrir, les ramoneurs sonnent à la porte, il y a son nom sur la boîte aux lettres, je ne l'enlèverai pas.

Lulu qui s'installe m'a dit :

– Mon père va venir poser des étagères.

C'est la troisième fois qu'un garçon de vingt ans me dit « mon père va venir poser des étagères », l'histoire continue mais elle ne se répète pas.

Que va-t-il ranger sur ses étagères, Lulu ? Il n'est pas encore encombré de souvenirs lui, ni des bibelots qui vont avec.

Hier au soir en allant dîner au Grand Véfour nous sommes passés devant le 36 rue de Montpensier et j'ai montré à Annie L., une amie belge, la porte que je poussais tous les jours, quand j'avais l'âge de Lulu, pour monter parler avec Emmanuel Berl et dénicher sur ses étagères des livres dédicacés à lui par Proust, Colette sa voisine ou François Jacob son savant préféré.

Les étagères de Berl hier, celles de Lulu demain, un monde entre-temps s'est écroulé.

Je suis debout parmi les ruines.

Paris, 10 février

La voix d'un accordéoniste ce matin sur mon répondeur. Il me demande de le rappeler d'urgence car il voudrait que je mette des paroles sur la musique qu'il vient de composer pour son prochain disque.

Ecrire « d'urgence » des chansons joyeuses pour faire danser les amoureux, je n'en suis plus capable, je n'en ai surtout pas envie. Je vais lui faire dire que je suis en voyage.

Je ne veux faire de peine à personne, rien expliquer non plus.

Paris, 11 février

Il y avait de beaux danseurs en habit, des dames aux violons, des musiciens en smoking et il y avait moi, devant eux, suivi de près par une maquilleuse et un coiffeur payés pour me faire beau. Il y avait dans l'air un parfum de valse, dans l'ambiance surannée d'un bal chic des années trente.

C'était hier dans un studio de télévision à Saint-Ouen où j'ai fait l'artiste cinq heures durant, et j'ai chanté pour des gens de Nantes ou de Montluçon, de Maubeuge ou de Vancouver qui me verront dans quelques semaines tourner sur la piste et embrasser les danseuses en riant. Je n'ai pas crié : coupez ! Je laisse le film se dérouler comme prévu, je tiens encore le rôle principal, les caméras s'organisent autour de mon meilleur profil, mais elles ne peuvent pas remettre dans mon regard l'éclat magique du bonheur.

Cet après-midi je n'ai pas besoin de sourire, ni de me coiffer ni même de me laver, je reste enfoui dans ma solitude, libre de me taire pour ne plus entendre que lui.

Paris, 12 février

Les sénateurs américains n'ont finalement pas osé destituer Bill Clinton. Encore heureux ! La tartuferie était à son comble. La comédie est enfin terminée. Mademoiselle Lewinsky peut aller faire nettoyer sa robe bleue et le Président déclarer la guerre à qui il voudra. Tout est pour le mieux dans le meilleur des mondes.

Des tangos maintenant et des jambes de femmes avec des bas noirs, et pour moi la chemise rouge que je préfère. Je vais ouvrir le bal puisque le bal continue.

Paris, 13 février

Pierre S. ce matin au téléphone, je l'attendais, il a lu. Alors ?

– Ce livre, mon cher Pascal, qui est en train de naître, ce n'est pas un journal, vous avez choisi cette forme mais elle n'a que peu d'importance. Vos commentaires sur l'actualité sont bien vus, votre agacement sur le temps qu'il fait, amusant ; vos échappées chez les garçons de Montréal très réussies, mais… (il hésite sur les mots pour ne pas me bloquer, il bafouille presque) mais… c'est Stéphane que l'on attend, que l'on cherche à chaque page, où, quand, comment l'avez-vous connu, aimé, qui est-il ?

Il s'impatiente Pierre, il veut les baisers et les larmes, le sperme et le sang, il veut notre vie mon amour. Je la ramasse ici et là en miettes sur les chemins que nous avons suivis ensemble, dans les chambres que nous avons partagées, dans les loges de music-hall où nous avons chanté, partout où ton regard s'est posé. Je n'écris pas pour les voyeurs, j'écris pour te voir mon amour.

Pierre n'a pas de mauvaises intentions, il veut m'entraîner le plus loin possible.

– Ce livre sera ce qu'il sera, mon cher Pierre, ce que Stéphane aurait voulu qu'il soit, et personne moins que lui n'avait peur de la vérité. Je l'ai vu l'affronter avec la détermination d'un amant face à une maîtresse exigeante.

« Ecris ce que tu veux mon amour, ce sera bien. »

Voilà ce qu'il me disait, voilà ce qu'il me dirait.

Paris, 14 février

La Saint-Valentin aujourd'hui, les marchands sont à la fête. Les amoureux ? Cela ne dépend pas du calendrier, chacun le sait bien, mais il manque un bouquet d'anémones sur mon bureau, celui que Stéphane n'oubliait pas de me porter ce jour-là.

Qui d'autre que lui aura pour moi de ces attentions qui disent l'amour mieux que l'amour ? Qui ? Des fleurs, j'irai en déposer la semaine prochaine sur sa tombe.

En attendant, aujourd'hui comme hier, je vais enregistrer des chansons joyeuses que j'ai écrites l'été dernier juste avant que tout bascule. C'est Stéphane qui les a rentrées sur son ordinateur de Morterolles, le disque s'appellera *Chanter la vie,* quelle dérision ! Ce sont les derniers textes de moi qu'il aura lus, je vais donc les chanter pour lui. Jean-Claude sera là pour me soutenir, François, le preneur de son, fera au mieux pour que ma voix soit la plus chaude possible, et moi je vais mettre tout mon cœur pour réussir l'impossible : chanter le bonheur et l'amour heureux.

Paris, 15 février

Je viens de m'entretenir avec mon banquier du CAC 40, je n'y comprends pas grand-chose mais je surveille quand même les plus et les moins, comme un jeu. Le CAC 40 faisait rire Stéphane, il écoutait parfois le monsieur volubile qui en parle à la télé et qui porte une pochette bleue quand ça va bien et jaune quand ça va mal.

– Ça monte, me disait-il, ton père va être content !

L'argent ne l'intéressait pas, il dépensait ce qu'il gagnait en chantant et l'idée d'être un jour mon héritier le scandalisait. Il faut que je raye son nom ce matin et que je signe de nouveaux formulaires pour désigner un autre bénéficiaire pour mes assurances-vie. Qui ? Et pourquoi ? L'héritage entraîne la haine dans les cimetières, on ne pleure pas les poches pleines. On compte. Cela me dégoûte, mais c'est ainsi.

Personne ne mérite impunément des sous qui tombent du ciel, ce n'est pas normal, pas moral. On peut se transmettre des maisons, des livres, des chansons, des arbres, que sais-je ? des bijoux, mais on ne peut pas répandre des billets de banque sur un cercueil.

Il n'y en aura pas sur le mien. Je les dépenserai avant avec ceux qui m'aiment vivant. Le reste ira à ceux qui souffrent et aux médecins qui les soignent.

Paris, 16 février

Quatre mois aujourd'hui. Il y a déjà un siècle qu'il me manque, je le cherche partout, j'attrape ici un sourire de lui, là un geste de ses belles mains dans ses cheveux, je sens ses bras autour de mon cou. Je chasse comme je le peux d'autres images sombres qui me sautent au visage et au cœur, en rafales. Je m'accroche à ses chemises, à son peignoir, à des riens qu'il avait posés là sur son bureau ou dans sa chambre. Je n'ai pas le courage d'ouvrir son agenda où il aimait tant noter ses rendez-vous d'artiste et nos départs à Morterolles.

Son écriture désordonnée, ses ratures comme autant d'hésitations furent ses derniers signes de vie sur son lit d'hôpital.

– J'ai un gala en décembre, à quelle date exactement ?

Annie J. mentait pour répondre à son attente, à son espoir de retrouver la scène et les projecteurs. Moi je sortais dans le couloir pour qu'il ne me voie pas pleurer.

Quatre mois que nous nous sommes embrassés pour la dernière fois, derrière un masque de tissu blanc censé le protéger des microbes de l'extérieur.

Quatre mois que sa voix s'est éteinte juste après m'avoir murmuré je t'aime dix fois de suite. Je vais lui répondre ici indéfiniment.

Paris, 17 février

Sauvé de justesse par un interne agacé qui venait de lui faire subir un lavage d'estomac, c'est aux urgences de l'hôpital Fernand-Widal une nuit de l'automne 1983 qu'il m'a pris la main et qu'il m'a dit je t'aime la première fois. J'étais penché sur lui quand il a rouvert les yeux après avoir avalé quelques somnifères de trop.

Je t'aime ! J'attendais ces mots-là depuis des mois. Je n'avais pas renoncé mais nous vivions trop vite, lui dans le désordre de sa jeunesse, moi dans l'exaltation de mes premiers « succès ».

Nous nous cherchions sans nous trouver, il courait parfois le matin vendre du café sur un trottoir devant la Samaritaine, il suivait des cours d'art dramatique et s'en allait le soir faire de la figuration au Théâtre de la Madeleine.

Emportés, nous étions emportés par le bonheur ou

quelque chose qui lui ressemblait, je prenais malgré tout le temps de terminer mon troisième roman et j'espérais que Stéphane finirait par m'aimer comme je l'aimais déjà.

Avait-il voulu mourir ou faire semblant ? Stéphane ne faisait pas semblant.

– Je ne recommencerai plus, je te le jure.

Il n'a pas recommencé, et nous n'en avons plus jamais parlé. Notre histoire d'amour a vraiment commencé sur un lit d'hôpital pour s'achever sur un autre.

Quel romancier, pour imaginer un aussi mauvais mélo ?

Qui, pour se pencher sur moi et me prendre la main à l'heure où tout sera dit ?

Si l'on ne peut rien contre le destin je m'en accommoderai, mais je refuse de me résigner au malheur pour autant. Je m'arrange avec lui comme je le peux depuis le 16 octobre dernier, il n'y a plus d'autres urgences dans ma vie que d'apprendre chaque jour à marcher sans Stéphane.

J'aurais tant aimé vieillir dans ses yeux, n'avoir plus que lui pour miroir.

Paris, 18 février

Dîner hier au soir à Antony chez mes parents, chez moi. Ils vont bien.

– A notre âge il y a pire, dit mon père, et toi ?

Je leur raconte Montréal et les sports d'hiver pour parler d'autre chose. Ils ne sont pas dupes. Mon père me demande évidemment comment va la Bourse, et nous rions en pensant à Stéphane. Ma mère est contente que je remarque sa nouvelle robe, elle se plaint que mon père mange trop, lui prétend qu'elle ne lui donne qu'un œuf dur et un peu de salade pour dîner. Il n'a pas vraiment l'air d'un martyr, plutôt d'un bouddha les mains sur son ventre rond, il se laisse maintenant docilement aller à l'amour vigilant de sa femme.

Il bougonne pour la forme ; non, il n'ira pas chercher le courrier au bout de l'allée, et finalement il y va.

Je leur dis que j'écris un livre sur Stéphane, sur ma vie avec et sans lui, mais je préférerais que vous ne le lisiez pas, ce sera trop triste. Ils ne répondent pas, ils ont compris. La douleur muette de ma mère, je la connais depuis l'enfance, avant moi ils ont perdu un fils et une fille. Ils ont gardé le pire pour eux, entre eux. Mes sœurs et moi n'avons pas été élevés dans les allées d'un cimetière, mais dans un jardin joyeux avec une balançoire sous un cerisier. Ils n'ont pas mis leurs larmes sur nos joues d'enfants, je dois retenir les miennes. Ils m'ont donné l'exemple.

Ma mère a fait des crêpes, elle veut que j'en emmène une pour mon petit déjeuner.

– Ne roule pas trop vite, surtout ne prends pas froid…

Ce fut tout, mais ce fut bien.

Visite de mon comptable ce matin pour que je lui remette les documents qui lui serviront à établir ma déclaration d'impôts sur le revenu pour l'année 1998.

Monsieur J. ressemble définitivement à Maurice Papon, je n'ose pas le lui faire remarquer. Le sait-il ?

Fière allure donc, petite casquette de feutre gris semblable à celle que portait Maurice Chevalier quand il se promenait à Marnes-la-Coquette, cravaté impeccablement, monsieur J. est pointilleux comme l'inspecteur du fisc qu'il était avant d'accepter de venir débrouiller pour moi les formulaires « simplifiés » de l'administration. Rien n'échappe à ce bon monsieur J., code des impôts sur les genoux, il veut toujours en savoir plus. Déformation professionnelle sans doute. C'est à un interrogatoire en règle qu'il me soumet, le moindre centime est traqué.

– Vous n'avez rien oublié dans vos poches ?

– Non monsieur l'inspecteur, je n'ai rien oublié.

– Parfait, je vais calculer mais je vous préviens, ça va faire lourd...

Je m'en doutais un peu, mais comme le dit si bien l'inspecteur : un homme averti en vaut deux. La garde à vue est terminée, Maurice Papon peut rentrer déjeuner chez lui, il m'apportera la note dans quelques jours.

Paris, 19 février

Descente de police cette nuit sous mes fenêtres à Montmartre. Rien de grave, la routine. Triste spectacle quand même. Ces femmes en uniforme de flic une arme à la ceinture qui jouent à se faire peur sont, au mieux, ridicules. Je détourne la tête pour ne pas les voir, elles dégradent l'image émouvante de la femme qui s'incarne pour moi dans celle de ma mère d'abord mais de Marilyn aussi, de Coco Chanel ou de Marie Curie.

Non, vraiment je ne suis plus de ce monde où les femmes s'abaissent à nous singer.

Dîner avec Jack et Monique Lang hier au soir dans un restaurant italien du côté de la porte Maillot. Une adresse choisie au hasard par leur secrétaire. Je n'aime pas ce quartier, eux croyaient que c'était moi qui avais mes habitudes ici. Les pâtes étaient bonnes, le vin aussi. Nous avons évoqué brièvement le souvenir de Stéphane et nous avons parlé politique. J'ai conseillé à Jack de ne pas accepter un strapontin sur la liste socialiste pour les élections européennes : « Attends encore un peu, lui ai-je dit, Jospin aura bientôt besoin de toi, ta popularité te protège. » Sa moue dubitative pour seule réponse m'indique qu'il en doute. Il ne reniera pas François Mitterrand pour autant. Sa fidélité à l'ancien président dérange certains. Que veulent-ils au juste, un traître ?

– Moi je voterai Chevènement, lui dis-je.

– Il ne fera pas de liste, et pourquoi Chevènement ?

– Parce qu'il aime la République en ordre... (Je m'échauffe un peu et j'élève la voix :) L'école de Jules Ferry ne doit pas tolérer des jeunes filles en tchador.

– Arrêtons là, me dit-il, je ne suis pas d'accord. La paix civile passe par l'intégration, pas par l'exclusion, ou alors il faut revenir aux blouses grises pour tout le monde, c'est ça que tu veux ?

– Oui, pourquoi pas ? Les mômes adorent l'uniforme, ils s'habillent tous pareil, regarde-les...

Il en convient, même s'il me trouve un peu trop radical à son goût. Les blouses grises de la Troisième République, l'égalité en somme. Je rêve, hélas ! Je délire même, ils n'oseront pas. Tous les gouvernements se couchent devant les cours de récréation.

Jack Lang sera grand-père dans un mois, ça ne l'amuse pas énormément, il se fera une raison, il a l'air d'un jeune homme.

Paris, 20 février

Je préfère me taire, j'écris pour n'avoir plus à parler que le moins possible. Paul Morand a raison, « les mots sont faits pour ceux qui n'ont rien à se dire ». Je les entends ceux-là, bavarder sans cesse jusqu'à s'étourdir de leurs propres paroles, ils ont peur du silence alors ils font du bruit avec leur bouche. Indécent.

J'en devine quelques-uns autour de moi qui s'étonnent ou s'inquiètent de mon mutisme, je ne suis plus très abordable en effet, mais qu'attendent-ils de moi ? Un cri ? Une plainte murmurée ? Non. Même sur l'épaule de ma mère je ne veux pas pleurer.

– Que puis-je faire pour toi ? me demandent-ils parfois.

– Rien, vous ne pouvez rien !

J'ai choisi ceux qui ne me posent pas de questions mais qui sont là, disponibles quand j'ai besoin d'eux, comme je suis là quand ils me cherchent. Mais je vois bien que tout cela n'est pas simple et qu'il suffirait d'un rien pour que chacun s'éloigne de son côté et que je reste planté là, devant la grille du cimetière de Saint-Pardoux, incapable d'avancer jusqu'à lui.

Lui mon étoile, mon point fixe, mon obsession.

Faire le vide autour de moi n'est pas dans mes intentions, mais j'y serais prêt si le vacarme du monde me rendait sourd à Stéphane.

Tout ce qui n'est pas lui m'indiffère.

« Tant de choses ne valent pas d'être dites. Et tant de gens ne valent pas que les autres soient dites. Cela fait beaucoup de silence. »

Je vois avec Montherlant qu'il faut aimer le silence et lui donner ce qu'on voudrait qu'il nous rende.

Morterolles, 22 février

Juste le bruit de l'aspirateur de Christiane et celui du vent qui bouscule les sapins et fait frissonner les étangs. J'ai repris ma place à mon bureau au premier étage de notre maison, j'ai posé sur le sien son téléphone portable qu'il gardait sur lui, même à cheval, pour pouvoir me joindre et me rassurer quand il partait se promener avec Tarzan.

Prudy est allée sortir ses chiens sur la place de l'église, elle reviendra vers midi me demander si j'ai bien dormi, si je n'ai besoin de rien. Elle me donnera des nouvelles du village, je me régale de ces rumeurs pas vraiment capitales pour l'avenir du monde mais qui m'enchantent justement pour cela.

Nous sommes à quarante kilomètres du Chaminadour cher à Jouhandeau. Rien n'a changé depuis le début du siècle, les Pincengrain sont partout ; Prudence Hautechaume est embusquée derrière ses rideaux, elle sait à quelle heure je sors donner du pain à mes ânes. Il y a de l'eau dans le bénitier, elle s'en charge. Tout va comme avant, comme toujours ou presque, mais Stéphane n'ira plus porter des fleurs à sainte Anne, elle n'a pas été gentille avec lui.

Que le rythme de Morterolles reste celui-là, lent,

cadencé seulement par les saisons. Ne pas déranger l'ordre éternel des choses, qu'on ne m'entende plus passer même avec mes sabots, que l'église sonne quand il est l'heure, que rien ne bouge plus que lui.

Je le guette.

« L'amour c'est beaucoup plus que l'amour. Il y entre toujours autre chose, l'esprit après les sens et puis l'âge, la douleur… »

L'âge, je le vois venir, la douleur est déjà là. Chardonne me rattrape ici, entre Barbezieux et Guéret, à part les jeunes filles peu de choses me séparent de lui. A part Dieu, beaucoup de choses me rapprochent de Jouhandeau.

Il faut que je résiste à la tentation constante de les citer trop et pourtant cette page de monsieur Godeau marié : « Réaliser la solitude en soi. Etre seul partout et avec tout le monde. Ne plus prendre garde à la maison, au cadre, à la table, au siège, être partout nulle part dans l'infini. Ne plus prendre garde à la minute, ni à l'heure, ni au jour, ni à l'année, ni au siècle. Se retirer du temps dans l'éternité, comme dans sa propre demeure. Couper les ponts, établir des barrages, brûler les vaisseaux. Ni amis ni ennemis. Rien. »

C'est ce que je voulais dire aujourd'hui.

Morterolles, 23 février

Quand le désamour s'installe, la séparation est une délivrance. Je n'aime pas les ruptures, je les provoque rarement, mais je les préfère à la dérive des sentiments.

Je ne peux plus reculer, j'irai demain sur la tombe de Stéphane, le marbrier a terminé son travail, je vais lui signer un chèque et lui dire merci. Mes héritiers n'auront pas de soucis à se faire, tout sera réglé. Mon testament sera un chef-d'œuvre de précision.

Je retrouve dans mon portefeuille une photo d'identité prise il y a cinq ans. Mon sourire ce jour-là ! Stéphane est caché derrière.

– Embrasse-moi !

– Mais enfin Stéphane, tout le monde nous regarde.

– Justement...

Quel entrain, quel bonheur de vivre, d'aimer !

Cette provocation mille fois répétée m'aide à écrire, à surmonter la pudeur qui m'étouffe.

Il avait la passion de la vérité, ce don de lui il le voulait éclatant et public.

– Embrasse-moi !

C'était l'évidence même que nous nous aimions, mais il avait besoin de le crier sur les toits. A mon tour maintenant de lui crier ici : « Embrasse-moi ! » devant qui voudra m'entendre, me comprendre ou me juger. Cela m'est égal.

Je suis insensible aux regards des médiocres, personne n'a jamais réussi à s'imposer entre Stéphane et moi, personne n'y réussira aujourd'hui.

Ceux qui l'aimaient ont au bord des lèvres des secrets partagés avec lui, doivent-ils me les révéler ? Dois-je les y inviter ?

Annie J., Anny G., Zinzin, Martine, Prudy espèrent un signe de moi pour parler, ils ont envie de me répéter ce que Stéphane leur disait de moi quand je n'écoutais pas. Je brûle parfois de les interroger mais je me ravise au dernier moment, par crainte d'en savoir trop ou pas assez, de succomber à l'émotion. Je me contente d'attraper au vol des bribes de mots ou des soupirs, des silences chargés – je le devine – de beaux secrets tendres.

Morterolles, 24 février au matin

Quand tu iras mieux nous irons marcher sous la pluie...

Cette promesse à lui faite sur son lit d'hôpital je vais la tenir seul, les poings serrés dans les poches de mon manteau, mon feutre noir sur la tête, déguisé en épouvantail à moineaux je pars pour Saint-Pardoux, résigné à l'insupportable cérémonie qui m'attend. Aller là-bas fut longtemps notre plus belle promenade, c'est aujourd'hui un supplice que la beauté des lieux n'adoucit pas assez.

Au soir

Je n'ai pas fait peur aux moineaux, il n'y a plus de moineaux.

J'ai fait peur au marbrier qui me guettait pour savoir

si j'étais content et qui ne partait plus, espérant me débusquer au détour d'une allée. Alors j'ai hurlé qu'il s'en aille, oui j'ai hurlé au milieu du cimetière, pas comme un fou, comme un désespéré, et c'est Prudy qui a pris la tempête, celle que je couvais sans doute depuis des jours à l'idée de ce rendez-vous obligé devant sa tombe juste refermée. J'ai hurlé qu'il fallait qu'on me laisse, que je ne voulais pas qu'on me pose de questions ici, je lui ai reproché de ne pas savoir faire les choses simplement, de trop bavarder. Elle est née à Marseille, c'est sûrement une excuse.

Je n'ai pas pu me retenir. Je ne veux pas qu'on mette mon chagrin sous surveillance. Quand je hurle c'est que je vais un peu moins mal, Stéphane le savait mieux que personne. Prudy finira bien par le comprendre.

Le marbrier est finalement parti, sans son chèque, pour la commande du bac à fleurs en pierre du pays avec un emplacement pour glisser une photo de Stéphane.

Rien ! Il n'a plus besoin de rien, Stéphane. Que chacun fasse comme il croit, moi je ne veux rien savoir. Ce cirque morbide ne va pas avec le recueillement. Stéphane détestait le cirque, ses infirmières et ses médecins pourraient en témoigner, qu'il renvoyait sans ménagement quand ils s'affairaient trop visiblement autour de lui.

Je n'ai même pas osé retirer mon chapeau devant sa tombe, de peur qu'il me voie et trouve ce geste trop théâtral. Je l'ai imaginé debout à ma place, moi à la sienne, je ne suis pas sûr qu'il aurait retiré sa casquette. Rien ! Je ne veux rien dire, rien faire de trop. Je voudrais lui ressembler.

Son nom, qu'il rêvait d'accrocher au fronton de

l'Olympia en lettres de feu, je vais le faire graver en lettres d'or sur le marbre, en laissant un espace pour ajouter le mien le moment venu. Sur les affiches j'avais l'avantage, là nous serons unis pareillement, pour toujours.

25 février

Aller-retour à Paris pour l'enregistrement de cette fameuse émission de télévision à laquelle Thierry Ardisson voulait tellement que je participe. J'ai dû subir une chanteuse évanescente (que je n'ai jamais entendue chanter) qui marmonnait sa rancœur de n'être pas reconnue à sa juste valeur. J'ai cru devoir ne pas m'en mêler. Chacun des invités réunis autour de la table ronde parlait pour ne rien dire, Ardisson transpirait pour mener à bien son débat, et moi j'étais consterné. Je n'avais qu'une idée : fuir.

– Et vous, Pascal Sevran, que pensez-vous de tout cela ?

– Rien, absolument rien.

Les spectateurs présents dans le studio m'ont applaudi. Un beau succès pour rien. En vérité Ardisson se fout absolument de la chanson française, il m'a donc interrogé sur ce qui nous intéresse lui et moi, l'amour, la nostalgie, Berl, François Mitterrand. Je fus plus concerné. Sur ce terrain-là, on me trouve facilement.

J'ai croisé ce bon monsieur Robert Hue, perdu là entre une nymphomane et un chanteur de rap. Cela m'a fait plaisir de lui serrer la main, Stéphane l'aimait bien, il disait : « Quoi qu'il arrive ce bon monsieur Hue est ravi. » C'est vrai qu'il a toujours l'air ravi, le chef des communistes, et Ardisson aussi était ravi de le questionner sur la sexualité des femmes. Ils furent à la hauteur du sujet. Mais fallait-il vraiment que je fasse huit cents kilomètres dans la journée pour entendre Robert Hue s'exprimer jovialement sur l'orgasme des femmes et constater que décidément les chanteuses sont faites pour chanter, pas pour philosopher ?

Ardisson brûle d'envie d'écrire des livres, c'est ce qui pourrait lui arriver de mieux.

Morterolles, 26 février

Il faudrait faire venir le vétérinaire, un de mes ânes s'est blessé le pied. Faut-il ferrer les chevaux maintenant que Stéphane n'est plus là pour les monter ou simplement parer leurs sabots ?

Où doit-on stocker le gravillon que l'on va nous livrer cet après-midi ?

Ah oui ! j'oubliais ! Le voisin du pré sur la route de Fromental demande si vous allez faire tailler les thuyas qui dépassent la hauteur réglementaire...

Tout ne va pas simplement, et comme je ne veux rien laisser à l'abandon je dois répondre quotidiennement aux questions d'intendance que me posent les jardiniers pour organiser leur travail.

Cela m'occupe l'esprit quelques instants, même si c'est triste et difficile pour moi de décider pour Stéphane de ce qui est bon ou pas pour ses chevaux. Impossible de caresser Tarzan sans que les larmes me montent aux yeux, impossible d'être heureux à sa place. A l'impossible pourtant je suis tenu, à chaque pas que je fais, à chaque regard que je pose sur les choses et les gens.

Stéphane était le héros flamboyant de ce village, son sourire faisait courir les femmes du voisinage et des alentours, le facteur et le curé le trouvaient si gentil et les grands-mères si bien élevé.

Stéphane était la jeunesse de Morterolles. Nous allons vieillir plus vite sans lui.

Morterolles, 27 février

– Redresse-toi, mon petit Jean-Claude, tu marches voûté comme ton père…

Il me disait cela quand il me voyait partir avec ma canne et mon chapeau à travers les chemins d'ici, me croyant préoccupé seulement de l'alignement des pelouses alors que je l'étais de lui d'abord, parce qu'il toussait trop ou qu'il avait visiblement mal et prétendait que non « tout allait bien ».

« Redresse-toi mon petit Jean-Claude. » Je me répète inlassablement son tendre conseil et je vais le suivre, même si personne ne me regarde comme il me regardait.

Sébastien est arrivé hier au soir à Morterolles, transi de froid pour avoir voulu goûter aux charmes d'un voyage à moto en hiver.

Les soirées ne sont pas très dansantes ici, je l'avais prévenu mais il n'avait pas très envie de danser, un whisky près du feu de cheminée a suffi à le détendre. Il m'a demandé si j'allais mieux, je lui ai dit que non.

– Oui, il faut tenir. Le suicide c'est de la lâcheté, tu ne crois pas ?

– Non, je ne le crois pas, la décision ne doit pas être simple à prendre… Je ne veux pas juger…

Il m'a paru soulagé puis il a avoué :

– Ma mère nous a laissés ma sœur et moi, j'avais douze ans, je lui en ai voulu… ça aide d'imaginer qu'ils nous voient peut-être, non ?

– Non Sébastien, ils ne nous voient pas. Ceux qui croient cela ont bien de la chance.

Il a furtivement levé les yeux vers la photo de Stéphane et nous avons parlé de la vie pour que la mort s'éloigne un peu. Il comprend mieux maintenant pourquoi je ne souris plus que sur commande. Je le sens impatient malgré tout de me retrouver insolent, voire coléreux, fidèle à l'idée que lui et ses copains se font de moi.

Aïda est apparue dans ma vie il y a vingt-cinq ans aujourd'hui, avant Stéphane. Elle l'a vu grandir, elle l'a aimé, nous voilà au point de départ sans lui, face à face, en chiens de faïence parfois. Elle sait tout mais elle veut en savoir plus encore, elle devine tout, c'est l'intelligence qui la caractérise. Cela me rend indulgent et puis j'aime qu'elle s'occupe de tout, de mes chaussettes et de mes larmes, de la poussière et de mes banques.

Elle est austère et maniérée comme une *mater dolorosa*. Voilà vingt-cinq ans qu'elle m'explique chaque matin qu'elle n'a pas dormi de la nuit pour s'affairer aussitôt sans défaillir. Elle a également toutes les maladies que son cher Bon Dieu a inventées, ce qui fait d'elle une miraculée perpétuelle quand on sait qu'elle n'a pas arrêté de travailler huit jours en un quart de siècle.

Elle a une maison à Morterolles à côté de la mienne, nous finirons ensemble ici, elle ira à la messe se plaindre à qui de droit.

Personne ne l'impressionne, pas même le président de la République quand il venait dîner à Montmartre, même pas Dieu, même pas moi.

Morterolles, 28 février

Anny G. hier au téléphone, petite voix lasse, bouleversée :

– Je viens de relire des lettres de Stéphane, c'est trop dur.

– Arrête ! lui dis-je. Je ne veux pas en savoir plus.

Je ne les connais pas ces lettres mais je les devine, de la tendresse à toutes les lignes pour cette femme qu'il adorait, pour moi aussi sûrement, c'est à elle qu'il se confiait, des chagrins d'enfant peut-être…

Insupportable de ne plus pouvoir le consoler.

Georgette Plana a raison, il faudrait les brûler ces lettres. Je ne peux pas m'y résoudre mais je ne les ouvre pas, je les tiens au chaud à portée de ma main qui hésite dix fois par jour. Un jour peut-être j'oserai, mais je crains qu'il soit toujours trop tôt ou trop tard pour surmonter l'épreuve. Anny G. n'aurait pas dû. On ne soigne pas le mal par le mal.

Envie de rien. Christiane et Prudy discutent à n'en plus finir sur le choix des vases les mieux appropriés pour recevoir les roses et le mimosa qu'on vient de nous livrer. Qu'elles se débrouillent ! Il me suffit de les savoir là, occupées à fleurir le salon. Elles voudraient que je sois content ce soir quand je descendrai les rejoindre.

Je feuillette négligemment des catalogues de voyages que m'a envoyés Annie L., mon amie belge. Je lui ai demandé de repérer un pays où il pleuvra la première semaine du mois d'août. Annie L. prend mes désirs pour des ordres, ce qui m'enchante, évidemment. C'est elle qui cherche et déniche pour moi des Jouhandeau introuvables à Paris. Son amitié est désintéressée, elle travaille à la Commission européenne de Bruxelles et n'a pas l'intention de faire carrière dans la chanson.

Elle connaît mes livres mieux que moi, cela me touche beaucoup. Nous en parlerons au mois d'août sous la pluie par une température qui ne dépassera pas dix degrés, dans un hôtel isolé au bord de l'eau, interdit si possible aux enfants et aux chiens.

Je la sais déjà penchée sur Internet pour répondre à ces modestes exigences.

L'Islande ? L'Irlande ? Plutôt l'Ecosse, si les photos ne mentent pas ce sera parfait, en harmonie avec mon âme.

Morterolles, 1er mars

Ma vie avec Stéphane ressemblait beaucoup au bonheur. Je redoutais d'avoir un jour à en payer le prix. C'est fait. Quand on est pessimiste on est sûr d'avoir raison finalement.

Depuis trois jours, écrire ce journal ne suffit pas à m'apaiser. Est-ce la lune montante qui me malmène ? Berl croyait à l'influence de la lune. Elle finira bien par redescendre.

Ce que je crois moi, c'est que l'amour est une proposition du diable, il faudrait savoir lui résister. Je suis resté assez longtemps insensible à ses avances, décidé à ne pas « tomber » amoureux, laissant cela aux jeunes filles perdues d'avance, et puis le diable l'emporte toujours. Souffrir toute la suite de ma vie pour dix-sept ans d'amour fou, la balance penche vraiment trop du mauvais côté.

Il faut rester tranquille, seul : « Quand on poursuit le bonheur, on court après le reflet d'un mot. » Je ne suis pas fait pour les grandes tragédies que sont l'amour et la mort, je suis fait pour la vie et je vois bien pourtant que la vie c'est l'amour et la mort.

– Arrête mon petit Jean-Claude, va dire bonjour à tes ânes, ça ira mieux après…

Stéphane savait m'arracher à mes tourments car il ne doutait pas que l'amour vaut d'être vécu. Tu étais le diable mon amour !

Morterolles, 2 mars

Il y a des photographes, des journalistes et leurs assistants partout dans la maison, une maquilleuse aussi. C'est bien fait pour moi, si j'avais su dire non il n'y aurait pas toute cette agitation qui me dérange. Il faut donc que je me prépare à sourire (au minimum trois heures ont-ils prévenu), ils me veulent heureux dans l'intimité de ma résidence secondaire comme ils disent dans les magazines en couleurs qui font rêver Margot. Je vais jouer le jeu, prendre la pose la plus avantageuse et sourire. Le photographe fera son métier, moi le mien.

Je me demande bien pourquoi je les intéresse. Qui voudra publier ces photos dans des hebdomadaires réservés plus spécialement aux princesses et aux actrices excentriques ?

Que leur raconter d'amusant ou d'original ? Comment leur expliquer que je suis seul ici dans cette grande maison ? Que vont-ils écrire pour justifier les images d'un bonheur qui n'est qu'apparent ? Ils mentiront, moi aussi, et nous aurons raison de l'indicible.

Pour que les photos soient vraiment romantiques il me faudrait une fiancée genre top-model suédois, un bébé aussi serait le bienvenu. On nous installerait tous les trois sur le grand lit bleu de Stéphane, un plateau de petit déjeuner sur les genoux, avec des jus d'orange, une cafetière en argent et des fleurs de toutes les couleurs.

Le peignoir blanc mal fermé de ma fiancée laisserait apparaître la naissance d'un joli sein blond, bref tout cela serait beaucoup plus émouvant et pourrait figurer entre Stéphanie de Monaco et Laetitia Casta.

Mais voilà, la vie ce n'est pas comme ça, la mienne moins encore, la vie d'un homme qui parle à la télé tous les jours, ce n'est pas forcément du roman-feuilleton.

Je descends les retrouver, je n'aime pas me faire attendre. Ils feront de leur mieux avec ce que je suis, ce que je suis devenu. Que les photos paraissent ou pas est sans importance, mais si elles paraissent je préférerais qu'elles soient bonnes.

Je vais donc sourire.

Morterolles, 3 mars

Des cris d'oiseaux ce matin à ma fenêtre. Stéphane, lui, savait parler aux oiseaux, il les reconnaissait en plein vol. Attentif au moindre mouvement du ciel et de l'eau, je l'apercevais depuis mon bureau le nez en l'air ou penché sur les étangs, guetteur émerveillé de la nature. Son bonheur était le mien. Nous n'en demandions pas plus. Ici, loin du vacarme du monde, il ne pouvait rien nous arriver de méchant. Je voulais le croire, lui aussi.

Les sapins de Noël, les bouleaux pleureurs, les peupliers d'Italie que nous avons plantés grandiront sans lui, rien ne s'arrêtera mais Morterolles n'est plus Morterolles.

J'y suis selon les heures mieux ou moins bien qu'ailleurs.

Le silence s'impose d'emblée, ceux qui viennent me rejoindre doivent savoir le supporter. Que les autres me laissent, je ne les entends plus.

Maître D., notaire à Bessines, s'en va avec trente kilos de documents sous le bras. Nous avons fait le point sur les dossiers en cours et sur mon testament. Il m'a écouté sans broncher lui fixer l'heure de mes obsèques.

– Vous avez bien dit quinze heures ?

– Oui maître, quinze heures. L'heure de ma promenade.

– Très bien.

Il aurait pu me demander le jour et l'année, nous aurions peut-être souri, mais non il a noté scrupuleusement. Un notaire ça note sans s'émouvoir, sans plaisanter.

Notaire de père en fils, maître D. en a entendu d'autres, il sait ce que valent les larmes dans les cimetières des environs, il les connaît les héritiers qui rangeront vite leurs mouchoirs pour sortir les couteaux.

– Que voulez-vous, les hommes sont ainsi faits !

Maître D. ne s'étonne pas, il constate, il coche des numéros sur des cadastres et, sans élever la voix, sur le ton d'un chanoine, me conseille de ne pas révéler mes intentions à ceux que j'ai choisis.

– On ne sait jamais, vous pourriez changer d'avis.

– Oui, bien sûr que je changerai d'avis.

Certains ne mériteront pas demain l'amitié voire l'amour que je leur porte. Les méritent-ils aujourd'hui ?

– Je vais rédiger sous forme juridique vos dernières volontés, vous n'aurez qu'à les recopier et vous aurez tout le loisir par la suite de les revoir au gré des circonstances…

Tout le loisir ! Et si je vendais tout, et si je brûlais mes livres et mes chansons, mes lettres d'amour et mes ours en peluche, et si je donnais ma chemise au premier qui passe, et si je partais sans laisser d'adresse ni de comptes en banque ?

Aurai-je tout le « loisir » et le courage « au gré des circonstances » de jeter par-dessus les moulins mes habits de lumière et mettre le feu au lit où je mourrai ?

Qu'il ne reste plus rien de moi, ne plus encombrer personne et te rejoindre mon amour, toi qui m'as aimé pour moi, démaquillé, dépossédé, nu comme je l'avais été sur le ventre de ma mère et comme je l'étais sur le tien.

Morterolles, 4 mars

Je n'irai pas à Saint-Pardoux aujourd'hui, je poserai ma main sur l'écorce d'un arbre comme nous le faisions ensemble les jours d'espoir ou de doute. Je ne veux pas céder à la douloureuse habitude du cimetière.

Les femmes qui m'entourent ici (Prudy, Anny G. et Reine la voisine qui lui tricotait des pull-overs) y sont passées hier avant d'aller acheter des soutiens-gorge à bon prix dans une fabrique des environs. Si j'ai bien compris l'essayage fut cocasse. Cela n'est pas incompatible avec le chagrin, Stéphane, qui les accompagnait souvent ici ou là pour d'interminables visites dans les magasins, aurait ri en me racontant la scène et les palabres qui s'ensuivirent. Il avait un don très sûr pour contrefaire les expressions de ces dames, il faisait paraît-il un très bon numéro également en imitant mon impossible jeu de jambes ou mes crises de colère. Même déformée, elle était belle mon image dans ses yeux.

Ici les veilles de départ sont toujours des crève-cœur. Stéphane avait l'humeur sombre ces jours-là. C'était un déchirement pour lui de s'arracher à cette terre qui l'avait vu renaître à l'automne 93. C'est là qu'il avait puisé la force qui devait lui permettre de déjouer tous les pronostics alarmistes. Sa joue contre celle de Tarzan il n'avait jamais cessé d'espérer.

Quitter Morterolles impliquait pour lui le plus souvent son retour chez les médecins de Saint-Antoine, les perfusions et les scanners, les endoscopies et les fibroscopies, les kinésithérapeutes et les acupuncteurs... Je pourrais décrire cela minute par minute. C'est lui qui souffrait mais je passais les visites avec lui. J'ai connu certains jours, dans les couloirs de l'hôpital, les plus grandes joies de ma vie quand les résultats étaient encourageants et les radiographies normales, les plus grands désespoirs aussi, assis par terre devant la porte de sa chambre, accroché à la main d'Annie B., l'infirmière, qui m'assurait que rien n'était perdu.

Non, je ne serai jamais plus aussi heureux que je l'étais en pleurant de soulagement quand les médecins me disaient : « Stéphane sera sur son cheval dans trois jours. »

J'ai employé le mot joie et l'adjectif heureux, je n'en trouve pas d'autres, ces bonheurs d'un instant, à la merci d'un taux de lymphocytes, étaient à la mesure de mon désespoir permanent. Je n'ai jamais été heureux ou malheureux que par lui et pour lui.

Morterolles, 5 mars

Insidieusement les jours rallongent. Je redoute ces débuts de soirée de mars qui hésitent encore entre l'hiver et le printemps. Stéphane aimait le printemps, il courait vite me cueillir les premières jonquilles. Moi, je m'en méfie. Ce n'est pas une saison franche, l'alternance du soleil et de la pluie est signe d'inconstance et l'inconstance ne me va pas.

A tout choisir, je préfère l'été, même brûlant, car il sera bientôt rattrapé par les brumes d'automne. Non, je ne tombe pas à genoux devant les bourgeons, les bonnes gens d'ici me prennent pour un original. Peut-être le suis-je un peu ?

Ma mère, elle, m'engueule carrément. Ai-je vraiment du sang espagnol dans les veines pour maudire à ce point tout ce qui ressemble à ce que les autres appellent « les beaux jours » ?

Ce n'est pas vrai qu'il fait beau seulement quand les gens de la météo le décrètent. Il fait beau quand il pleut, il fait beau quand il neige, il faisait beau d'abord quand Stéphane le voulait.

De toute façon « les beaux jours », comme ils disent, sont désormais derrière moi. Mon avenir c'est l'instant qui suit, celui d'après c'est déjà trop loin.

Je vais donc détester plus encore ce premier printemps sans lui. Il me dérange déjà alors qu'il n'est inscrit au calendrier que dans trois semaines. Je voudrais l'avaler d'un coup et revoir la Toussaint sous un ciel plus conforme à ma mélancolie.

Paris, 6 mars

J'ai retrouvé mes troupes hier après-midi en ordre de marche, tout était prêt pour que la fête recommence, chacun à son poste, attentif au moindre détail de l'énorme machine. Ils me savent impatient, tourmenté, je ne sais plus sur quel pied danser. Eux non plus.

Emouvant pour moi de les voir s'affairer, l'empressement de certains relève de la tendresse. Elle m'aide à reprendre mon micro plus légèrement, j'ai même plaisanté avec les uns et les autres, ma façon à moi de les remercier. Il y avait de la sensualité autour des caméras, ces garçons et ces filles qui se frôlent me rappellent que j'ai un corps. A Morterolles, je l'oublie.

Je renonce sans difficulté aux plaisirs de la chair, sans même y penser, et puis se réveillent en moi des élans oubliés, d'étranges tentations. Tout cela est bien. Je n'ai pas fait vœu de chasteté même si rien ne presse. Au contraire de mon âme, mon corps n'est pas très exigeant. L'idée me suffit le plus souvent. Passer à l'acte demande un minimum de préliminaires qui me lassent par avance. Parler avant, et pire encore après, me demande trop d'énergie.

Je suis dans ce domaine partisan du moindre effort. Avec Stéphane les choses étaient simples, nous nous regardions et nous avions compris. Je ne découvre pas aujourd'hui que cela s'appelle l'amour.

Nous en avons parlé, de l'amour, hier au soir à table, Zinzin adore que j'aborde ce sujet. Il écoute très attentivement ce que je dis et il fait exactement le contraire. Mais je l'aime ce gaillard normand, taillé comme un taureau et qui joue de l'accordéon si sensuellement qu'on dirait qu'il l'a inventé.

Je l'ai rencontré à la terrasse d'un café des Halles où il faisait la manche voilà quinze ans, depuis il ne me quitte pas. Prêt à tuer si on me touche, lui qui pleure comme un bébé si je suis malheureux, lui qui a veillé Stéphane, surmontant sa douleur en serrant ses poings de boxeur.

Cela aussi s'appelle l'amour.

Paris, 7 mars

Quand tout le monde m'aura oublié, quand ni mon père ni ma mère ne seront plus là pour penser à moi, quand je verrai s'éloigner de dos la silhouette du dernier garçon de ma vie, il me restera quelques factures EDF à contrôler.

J'ai terminé hier après-midi l'enregistrement des chansons de mon prochain disque, celle que je préfère s'appelle *Comme on change.* Nous l'écoutions dans la voiture en rentrant à Montmartre, Michel a lâché son volant pour passer son bras autour de mes épaules, et j'ai fait semblant de ne pas voir qu'il pleurait. C'est grâce aux larmes de Michel et de Zinzin que je suis un peu moins malheureux ce soir.

Paris, 9 mars

Je vis maquillé, entouré de caméras et d'appareils photo, je n'en tire aucune vanité, je ne m'en plains pas non plus. De ce tourbillon je peux sortir quand je veux, mais ceux qui m'encerclent en chantant, en dansant, en m'interrogeant, en me filmant, y mettent tant de cœur que je me laisse emporter. Jusqu'à quand ?

L'entraîneur que je suis ne pourra retarder indéfiniment l'heure du choix. Faire semblant ne me ressemble pas. Je vais souffler les bougies du quinzième anniversaire de l'émission, après je verrai.

« Si on pense à l'avenir, on arrive tout de suite à la fin du monde. » Comme Jacques Chardonne je crois qu'il ne faut pas prendre de risque avec le temps qui passe et celui qui vient.

A l'heure où j'écris ces lignes on me propose de chanter sur un paquebot en juin 2002. Mes rêves et mes chagrins au fil de l'eau !

Partir ? Je partirai bien sûr mais où et quand ?

Paris, 10 mars

Roland Dumas pourra-t-il échapper au complot des femmes qui veulent sa perte ? Elles lui demandent des comptes maintenant, à lui qui est chargé justement de ceux de la République. L'ironie du sort ! Un séducteur contraint de déposer le bilan cela ne peut amuser que les don Juan de bistrot. Nous sommes tous invités chaque matin au carnaval des hypocrites. Je n'irai pas.

Je suis, c'est vrai, plus facilement ému que scandalisé. Le seul vrai scandale c'est la mort, le reste n'est que péripéties mais les hommes ne croient pas à la mort.

Moi-même je fais comme si elle n'existait pas, elle me hante depuis l'enfance, mais c'est à celle des autres que je pense. Celle de Stéphane c'est juste un instant d'inattention que je me reproche chaque jour. Elle me l'a pris à la seconde même où j'ai tourné le dos, la seule fois où j'ai cru qu'elle n'oserait pas. Pas si vite, pas si fort.

Line Renaud, croisée hier au soir au *Fouquet's* dans l'éclat de sa beauté :

– Ce sera de plus en plus dur, me dit-elle.

Paris, 11 mars

– J'ai réalisé tous mes rêves d'enfant, au-delà même.

Elle n'en revenait pas la journaliste qui m'interrogeait pour informer les lecteurs du *Nouvel Observateur* de mes états d'âme. Pourquoi mentir ? Je sais bien qu'on me préférerait malheureux et d'ailleurs je le suis, il n'empêche que je n'ai ni remords ni regrets.

Ma douleur je la dépose ici avant d'aller chanter tout à l'heure dans une cantine de briques rouges où un millier de gens charmants m'attendent en mangeant du bœuf en croûte et du moka. Ils vont sans doute m'applaudir, je ferai ce qu'il faut pour cela et nous serons contents, eux et moi, le temps de quelques chansons.

Elle est incroyable ma vie, mais elle a plus d'unité qu'il n'y paraît. Je finis toujours par me ressembler, me rassembler. C'est moi qui chante et c'est moi qui pleure, je ne me cherche pas dans les miroirs que l'on me tend, je me retrouve où il faut, quand il faut.

C'est Stéphane que je cherche partout, c'est lui que j'appelle et qui ne m'entend plus. Lui qui ne bouge plus que dans mes cauchemars. Je vais chanter. C'est invraisemblable !

Paris, 12 mars

Etrange perversion que la mienne qui me fait me scandaliser que mon chauffeur ne raisonne pas comme Spinoza. Il est très gentil, cela devrait me suffire, mais non je mets la barre très haut avec ceux qui m'entourent. Trop haut ?

Michel est allé à l'école avec Stéphane du côté de Meudon, il a porté son cercueil en terre, il prend ma main plus souvent qu'un autre quand il me voit sombrer. Dois-je tout lui pardonner pour cela ?

Non, ce serait lui faire injure, il n'y a pas d'équivoque avec moi : c'est l'amour ou l'indifférence. Il faut choisir. Aucun de ceux que j'aime n'échappe à mon exigence, ils doivent la comprendre comme hommage, et la mériter.

Je m'efforce bien, moi, de mériter l'amour des autres. Rien ne nous est dû !

Paris, 13 mars

Lulu ne s'appelle pas Lulu, mais plus je le regarde plus je trouve qu'il ressemble à ce prénom que j'ai choisi pour lui, malicieux et léger. Il vient de passer m'embrasser avant de s'en aller flâner autour du Sacré-Cœur. Il s'habitue mieux que je ne le pensais à sa première vie de jeune homme libre, il marche dans Montmartre, comme Stéphane avant lui quand il avait son âge, comme lui il a besoin que je suive sa marche, mais il flotte autour de moi, Stéphane s'était amarré à moi.

Lulu ne fera pas les quatre cents coups pour autant, il est raisonnable, Stéphane ne l'a pas toujours été. On n'écrit pas deux fois la même histoire. Stéphane c'était l'amour, Lulu c'est l'affection. S'il veut en profiter, il le peut, je n'attends rien d'autre de lui qu'un sourire en passant, qu'il me soit destiné ou pas, seul m'importe qu'il sourie, même aux anges, en découvrant ses dents de bébé.

– Si un monsieur est trop gentil avec toi dans la rue, ne lui réponds pas, et s'il te propose des bonbons va-t'en vite en courant…

Alors là, il éclate carrément de rire Lulu, car il sait très bien ce que veulent les messieurs qui vous proposent des bonbons ou qui vous demandent l'heure juste sous l'horloge de la gare Saint-Lazare.

Il faut se méfier des enfants, surtout des enfants sages, ils en savent autant que nous sur la canaillerie. C'est pour l'entendre éclater de rire que j'invite Lulu à ne pas manger des bonbons avec n'importe qui.

Un reste d'enfance pour me distraire.

Paris, 14 mars

Mon père portait la chemise bleue que Stéphane lui avait achetée à Québec, elle lui va très bien. Dans son fauteuil près du radiateur de la salle à manger, il m'attendait pour dîner, la mine épanouie, le teint frais.

– Alors, ça va ?

– Quelle élégance ! lui dis-je pour ne pas répondre à sa question.

– Oui, je suis allé au coiffeur.

– Non papa, chez le coiffeur.

Mon père lit beaucoup de livres et de journaux (c'est même sa seule occupation maintenant), mais il dit « au coiffeur » et je ne peux pas m'empêcher de le reprendre.

– Alors mon garçon, ça va ?

Ma mère arrange dans un vase trop petit les roses que je viens de lui offrir et s'inquiète elle aussi de savoir si je ne suis « pas trop fatigué ». Elle ne dit pas : trop triste, elle dit « pas trop fatigué ». Elle refuse que je sois malheureux, elle sait mieux que personne que je le suis mais elle ne veut pas que je le dise, que je m'abandonne, elle ne le supporterait pas.

Moi non plus ; nous avons déjà suffisamment de mal à croiser nos regards qui nous trahissent pour ne pas en rajouter. On ne se vautre pas dans le chagrin, on le domine comme on peut, mais on n'en parle jamais, les effusions, les embrassades de théâtre, les serments éternels ce n'est pas le genre de la maison.

Je n'ai jamais dit je t'aime à ma mère, à mon père non plus, chez nous c'est toujours la pudeur qui l'emporte. Les grands mots nous écœurent, ils cachent souvent des sentiments louches.

Ma mère vouvoyait Stéphane mais elle l'a soigné des mois durant, sans jamais lui poser la moindre question indiscrète, voire intime ; mon père adorait bavarder avec lui, de tous mes amis c'est le seul qu'il ait vraiment aimé.

– Au moins lui il me raconte des choses, ce n'est pas comme toi qui ne me tiens au courant de rien !

Mon père raffole des potins du show-business et des commérages de village, et Stéphane se prêtait volontiers au jeu.

Leur complicité reste un des grands bonheurs de ma vie. Je sais qu'il a beaucoup parlé de moi à mes parents et je crois que c'est pour cela aussi qu'ils l'ont beaucoup aimé.

Je n'ai jamais eu besoin ni envie de leur expliquer le rôle que Stéphane tenait dans ma vie. L'évidence n'a pas besoin d'être dite. Ma mère, qui comprend tout, ne m'a jamais demandé si j'étais heureux avec Stéphane, voilà pourquoi elle ne me demandera pas si je suis malheureux sans lui.

Dans une vraie famille comme la nôtre, on ne se

pose pas de questions inutiles. Hier au soir à table, ma mère a appuyé deux fois son doigt sur l'étiquette du fromage que Stéphane préférait, elle m'a regardé puis elle a dit seulement : « Je l'ai choisi comme pour lui », et sans nous laisser le temps de nous attendrir, elle m'a annoncé que mon père lui en faisait voir « de toutes les couleurs », qu'il ne voulait ni se laver, ni marcher, ni essuyer la vaisselle.

– Monsieur vit comme un pacha, il mange et il dort... Il ne se réveille que pour te voir à la télévision, si tu crois que c'est marrant pour moi ! Si j'ai un malaise dans la salle de bains ou le jardin, qui viendra me relever ?

Mon père a l'œil qui frise, il écoute la diatribe sans broncher, puis il avale sa poignée de médicaments pour le cœur et, se tournant vers moi, conclut sobrement :

– Ta mère raconte toujours la même rengaine...

Paris, 16 mars

De l'énergie ! Il va m'en falloir durant ces deux jours où j'enregistre l'émission du quinzième anniversaire, du cœur aussi, comme avant.

On me verra dans tous mes états à l'heure des fous rires et des crises d'impatience qui amusent tant les imitateurs. Gérard (célèbre sous le nom de Tintin que Stéphane lui avait justement attribué) a retrouvé à la cave des éclats de ma vie quand je trépignais de colère et de bonheur, ma vie sur des morceaux de pellicule où je ne me reconnais plus. Mes mains qui s'envolent, mes yeux qui s'affolent, mes cheveux trop blonds ce n'est plus moi, les larmes l'emportent sur le rire, reste la sincérité, personne ne me la discute. Elle éclate à l'image, elle explique la durée, les téléspectateurs ne se sont pas laissé tromper par les caricatures, ils m'ont deviné.

Dans la lumière où je m'expose encore, d'autres papillons se sont brûlés les ailes. Je ne suis pas un papillon de toutes les couleurs, les feux de la rampe m'attirent irrésistiblement depuis l'enfance, mais j'ai beaucoup grandi et je sais leurs dangers.

Stéphane m'aimait d'abord à l'ombre des sapins de Morterolles.

Paris, 17 mars

Lendemain de fête. Un monde fou hier autour de moi, il ne manquait que lui. Je n'ai pas eu la force de prononcer son nom devant les caméras. Georgette Plana l'a fait pour moi, je suis sorti pour ne pas l'entendre, pour ne pas mêler mes larmes aux siennes. Elle a sûrement dit ce qu'il fallait, je ne regarderai jamais cette séquence. Ne pas évoquer son souvenir lumineux ne me paraissait pas possible, l'évoquer fut insoutenable. L'émotion intense qui s'empara de l'assistance m'a touché mais je ne voulais pas cela, trop c'est trop ! Tous ces gens n'ont pas à supporter mon chagrin, ils ont les leurs.

Paris, 18 mars

C'est fait ! L'émission sera diffusée le samedi 27 mars. Quinze ans de ma vie publique résumés en deux heures. Quelques coups de ciseaux suffiront à lui donner fière allure. Les quinze ans qui viennent seront forcément moins flamboyants, je m'y prépare en tremblant car je ne me contenterai ni de souvenirs ni d'illusions. Alors de quoi et de qui vais-je devoir malgré tout me contenter ?

De petits riens volés ici ou là, comme des cerises accrochées aux oreilles des enfants.

« La vie est pleine de charmantes minutes, cela suffit bien. Croire aux miracles c'est la vulgarité même. » Je trouve toujours Chardonne quand je me sens un peu seul, ou Jouhandeau, ou Berl, ou Montherlant, ou d'autres encore pour m'accompagner jusqu'au bord de mes nuits. Juste avant je trempe mes lèvres dans un fond de cognac, la Charente n'est pas loin, mais je résiste sans difficulté au moindre médicament.

Ils viennent d'en inventer un pour soulager ceux qui souffrent d'angoisses quand les jours raccourcissent, des centaines de millions de gens sont paraît-il concernés... J'ai souri en lisant cette information « capitale » ce matin dans *Le Figaro*. « Capitale » sans doute, mais pas pour moi. C'est quand les jours rallongent que je m'impatiente, au soleil de minuit que je déprime.

– Décidément, tu n'es pas fait comme tout le monde, me disait Stéphane.

C'est peut-être aussi pour cela qu'il m'aimait !

Paris, 19 mars

Quinze ans ! Un beau chiffre rond. Chacun de mes amis et de mes collaborateurs se demande si je vais m'en tenir là. Moi aussi. Ils doivent prendre des paris entre eux, ils savent que je ne renonce pas facilement mais ils voient aussi que j'ai l'esprit ailleurs parfois. Je ne prendrai pas de décisions sur un coup de tête, mais je ne mettrai pas le souvenir de Stéphane en danger pour quelques bravos supplémentaires, si l'on veut me retenir il me faudra de l'amour en plus.

Je veux le silence pour affronter la foule, et la foule pour supporter le silence.

Je marche à pas comptés comme un funambule qui aurait perdu sa perche.

Paris, 20 mars

Annie J., alitée depuis dix jours, ne sait pas encore si elle m'accompagnera demain en Bourgogne où je dois aller signer des photos.

– Je ne tiens pas debout, tout en moi se dérègle, j'ai des idées morbides...

Son gynécologue lui confirmera sans doute cet après-midi qu'un choc affectif aussi violent que celui qui l'a laissée anéantie au bord du lit de Stéphane peut précipiter la ménopause.

– A mon âge c'est trop tôt, me dit-elle, mais c'est possible paraît-il.

Annie J. est une rousse flamboyante, au teint pâle, qui n'a pas dit son dernier mot : les « fiancés » de sa fille pourraient lui faire la cour, elle est belle. Stéphane avait pour elle des sentiments tendres, elle avait pour lui de l'adoration. Tout cela ne fut pas simple. Il allait mieux quand il l'a connue, j'étais bouleversé de bonheur qu'il retrouve son corps et l'envie folle de s'en servir, peu m'importait qu'il s'abandonne un peu dans d'autres bras pourvu qu'il m'aime encore, ce qu'il n'a jamais cessé de me prouver jusqu'à son dernier souffle. Oui, j'étais heureux, le savoir heureux à Prague ou à Royan avec Annie J. sur ses pas, sûr qu'elle ne le quitterait pas des yeux et du cœur. Oui, je fus complice de leur histoire, à la stupéfaction muette de nos amis communs.

Je les voyais bien ceux qui espéraient un drame entre lui et moi, et ceux qui le redoutaient. Ma belle assurance les intriguait, j'en jouais volontiers. La seule rivale que j'avais raison de craindre, c'était la mort. Annie J. fut la vie même, en l'adorant comme un Dieu jusqu'au bout, elle m'aura aidé autant que lui.

Dans les heures qui suivirent la fin de Stéphane, elle eut pour moi des gestes, des mots et des silences que je ne saurais oublier, même s'ils étaient pour lui d'abord. Que puis-je faire aujourd'hui ? Lui éviter une psychanalyse ? Certainement. Ce n'est pas si mal. Les antidépresseurs finiront bien par produire leur effet sur ce qu'elle appelle « son mal-être », c'est ainsi que l'on s'exprime dans les magazines féminins où Annie J. cherche des élixirs de jeunesse, des potions contre le « stress » et des adresses de chirurgiens esthétiques dont elle voudrait me faire profiter. Nous avons bien le temps. Elle surtout.

Je ne sais pas si nous nous verrons encore longtemps elle et moi, si elle aura besoin de garder Stéphane entre nous indéfiniment. C'est possible, mais le contraire est plus probable. Elle guérira forcément, elle aura d'autres envies, d'autres illusions, d'autres chagrins. Son monde m'échappe et je vois bien qu'elle ne comprend pas grand-chose au mien.

Elle fut toujours scandalisée que Stéphane accepte si joyeusement d'avoir une montre à l'heure, c'est-à-dire réglée sur la mienne, de dîner à vingt heures trente, de me prévenir quand il sortait, ou de m'aimer même en colère.

– Ce n'est pas un martyr chère Annie, je vous rassure, il peut partir quand il veut…

A-t-elle fini par l'admettre ? Je n'en suis pas sûr.

Ce matin au téléphone, elle est à bout de fatigue, de désespoir…

– Il me manque trop, ce n'est pas possible… Et vous, vous écrivez ?

Il n'y a pas de reproches dans sa question, mais j'entends « vous en avez de la chance » ! C'est vrai, je me sens privilégié, pas moins désespéré, mais privilégié de pouvoir écrire ce que je ne peux pas dire.

Paris, 21 mars

Le calendrier annonce le printemps. Le ciel n'est pas d'accord, tant mieux.

On m'attend dans un dancing de Saône-et-Loire où l'on veut me voir « en vrai ». Pourquoi pas ? Je leur dois beaucoup à ces gens, même si je me désole que ma voiture les impressionne plus que mes livres. Qu'importe, on écrit d'abord pour soi et cinquante personnes autour de soi, les autres ce sont les éditeurs qui les comptent, c'est logique. Je suis ému s'ils viennent à moi, mais je n'y pense pas en écrivant. A la fin de ces pages, Stéphane sera debout, ressuscité.

Morterolles, 22 mars

Le premier tour du propriétaire c'est lui qui le faisait lorsque nous arrivions à Morterolles. Il revenait les bras chargés de jonquilles, pressé de me raconter les prunus en fleur mauves, l'eau claire des étangs, puis il m'entraînait pour aller dire bonjour à mes ânes et aux chevaux. Ses chevaux, son Tarzan...

Je vais descendre de mon bureau vers quinze heures, sortir prendre l'air du pays, admirer ce décor fait pour lui et je verrai Tarzan au milieu du pré où Stéphane l'a laissé l'été dernier avec Vanille et Idole, seul. S'il est absent quelque part (plus qu'ailleurs encore) c'est bien là, dans ce pré, derrière la maison, où il courait sans se lasser ; de loin j'apercevais sa casquette qui flottait sur les hautes herbes de l'été, juste avant la saison des foins.

J'aime la vie, mais si l'on m'avait proposé encore vingt ans avec Stéphane ou trente ans sans lui, j'aurais signé.

Morterolles, 23 mars

Le docteur E. est venu me faire de la mésothérapie à l'épaule droite. « Tendinite », dit-il. Il venait tous les soirs ici dans les années 1993-1994, pas pour moi.

Stéphane l'appelait « le docteur ça rigole », le voir revenir m'a bouleversé, nous l'avons si souvent attendu ensemble avec l'espoir et la peur au ventre. « Ça rigole », disait-il en rédigeant son ordonnance comme s'il s'était agi d'une grippe.

« Je n'ai pas d'allant », disait ma mère les jours où elle n'avait pas retourné la maison de fond en comble. Je n'en ai pas beaucoup aujourd'hui. J'ai écourté ma promenade dans le parc, tant de beauté pour moi tout seul c'est trop, impossible de m'émerveiller devant notre premier sapin de Noël sans m'émouvoir aux larmes, il va toucher le ciel bientôt.

Si je croyais au ciel, serais-je moins malheureux ?

Morterolles, 24 mars

Je savais bien qu'ils ne le publieraient pas, le reportage photos qu'ils sont venus faire ici il y a trois semaines.

A défaut d'une blonde dans mon lit, le rédacteur en chef du magazine veut Stéphane. Et moi en larmes si possible devant sa voiture, dans sa chambre vide... rien que ça !

Et pourquoi pas à genoux devant sa tombe ?

Ses exigences ne sont pas scandaleuses, elles sont morbides, je n'y répondrai pas.

Morterolles, 25 mars

Electrique ! Suis-je vraiment électrique ?

Les journalistes qui retouchent mon portrait cette semaine se sont donné le mot. S'ils me voyaient ici, si lent, si loin de la lumière, ils feraient peut-être attention à leurs adjectifs.

Va pour électrique si ça leur fait plaisir.

Alain Paucard au téléphone, dépité :

– Ce con de Chirac quand même, j'ai deux maîtresses en Serbie, il va me faire regretter Mitterrand !

Il faut au moins une guerre pour faire regretter Mitterrand au président à vie du club des ronchons. Moi, je n'y comprends rien à cette histoire de Kosovo, sauf que Milosevic a une sale gueule et Clinton une bonne mine. Délit de faciès sans doute, mais on a la gueule qu'on mérite.

Alain Paucard fait désormais partie de mes « mauvaises » fréquentations. J'aime bien dîner avec lui dans les bistrots du quatorzième, il a beaucoup de qualités : il a lu mes livres, il déteste les architectes « modernes », il écoute aussi mes chansons et ne part jamais en vacances.

A part cela, il se situe à la droite de ma droite, où j'arrive à le suivre malgré tout. Et puis les femmes, il a l'œil lubrique quand il évoque ses bonnes fortunes. Les femmes... Plutôt du genre de celles qui passent sous le Bureau ovale de la Maison-Blanche. Rien de grave en somme, on peut très bien aimer Maurras et Monica Lewinsky.

Bernard Morlino au téléphone, scandalisé :

– As-tu entendu Claude Sarraute déclarer à la radio : « Sacha Guitry fut le pire des salauds » ? Quelle honte, elle devrait se cacher, c'est une des rares femmes qui fait plus vieille que sa mère !

Il m'a fait sourire, Bernard, si tendre avec moi toujours ; que j'ai connu à vingt ans en pantalon rouge lui aussi dans une voiture décapotable amoureux d'une Sylvie qui le faisait souffrir. Il a même réussi à convaincre Emmanuel Berl (à qui je l'ai présenté d'urgence) d'enregistrer des cassettes pour faire revenir la demoiselle qui n'est pas revenue. Tant mieux pour lui. Bernard s'est très vite et très bien consolé avec Berl, il a fait de beaux livres depuis sur notre maître à tous les deux, il a fait des bébés, à une autre belle. Lui qui n'en voulait pas, il me l'avait juré. En ce temps-là, nous ne nous quittions pas, c'est pour lui d'abord que j'écrivais, c'est pour moi qu'il écrivait. Bernard mon copain, mon ami que je ne vois jamais plus, mais qui m'écoute toujours et que j'entends de loin.

Nous sommes passés tout près de l'amour.

Morterolles, 26 mars

Le Kosovo vu d'ici ça fait loin.

Prudy me demande si Mitterrand aurait, lui aussi, suivi les Américains dans la guerre. Je n'en sais rien. Et Chevènement va-t-il démissionner ? Je ne le crois pas. On s'habitue à tout.

Les seules menaces qui viennent du ciel ici aujourd'hui ce sont des nuages gris. Reine, notre voisine à l'entrée du village qui me guette la nuit quand je passe devant ses fenêtres, n'ose plus se plaindre à moi de la pluie ou du froid, personne d'ailleurs ne se risque à aborder ce sujet sensible.

Va-t-il pleuvoir oui ou non ? C'est pourtant la première question que se posent la plupart des gens en espérant que non. Il en faut davantage pour m'intimider.

Je m'en vais marcher lentement sous des trombes d'eau, et comme personne ne doute de ma santé mentale, on me prend sûrement pour un excentrique. Je dois l'être un peu, on me paye même pour cela.

« Tu n'es pas "bigorné" comme tout le monde », n'a cessé de me répéter mon père toute mon enfance, pour s'en désoler ou s'en réjouir parfois, oubliant au passage que je ne suis pas né par l'opération du Saint-Esprit.

« Bigorné ! » Où a-t-il été chercher ce mot-là ? L'argot de la rue sans doute, quarante ans au volant d'un taxi ça laisse des traces.

Stéphane avait le bon réflexe avec mon père : il riait.

Stéphane, quand il me disait « j'ai la dalle », c'était bon signe, quand il sortait « fumer une clope », ça n'allait pas.

Il est souvent sorti sur la terrasse l'été dernier « fumer une clope ». J'aurais peut-être dû le rejoindre... je croyais qu'il boudait. Non, il ramassait ses forces, il se battait contre des idées noires. A quoi pensait-il ?

Je le sais maintenant. Je voudrais pouvoir encore aller l'embrasser dans le cou.

Il y a quinze ans jour pour jour, heure pour heure, il était assis à côté de moi devant des caméras de télévision pour animer une séquence de mon émission. Nous les avons dévorés ces quinze ans sans cesser de nous aimer, sans jamais baisser les bras.

Morterolles, 30 mars

Je me suis dissipé ces deux derniers jours. J'ai vu trop de gens décidés à m'étouffer sous leurs baisers. Je ne sais plus profiter de l'amour des foules.

Quand je n'écris pas, Stéphane m'échappe.

Ce journal est ma force et ma faiblesse. Je devine ceux qui le liront pour de mauvaises raisons, peu m'importe, les autres aimeront Stéphane comme il le mérite.

J'avais prévu il y a moins d'une heure d'aller à Saint-Pardoux pour lui parler ; je n'irai pas, je le perds plus que je ne le retrouve là-bas. Là-bas j'en suis sûr il est mort. Là-bas il n'y a plus rien que mon foulard de soie autour de son cou…

Bientôt je n'irai plus. D'autres que moi, « mes femmes », iront « arranger » les fleurs sur le marbre ; des inconnus des alentours en déposent chaque jour. Reine me le répète souvent, les gens d'ici l'aimaient beaucoup. Nous avons eu raison de le ramener vers eux.

Il s'en est fallu de peu qu'il ne s'en aille reposer sous le pont Caulaincourt. Dans l'égarement de ce jour terrible où je ne voulais décider de rien sur l'instant, quelqu'un m'avait proposé le cimetière de Montmartre. C'était une mauvaise idée, il est moins perdu à

Saint-Pardoux, loin du bruit et des vapeurs d'essence ; une source d'eau claire jaillit d'entre les sapins bleus qui bordent notre caveau.

J'irai dans la semaine, à l'improviste, pour me prouver que j'en suis encore capable.

Morterolles, 31 mars

Il a parlé de moi à tous ceux qui voulaient l'écouter ; je n'ai pas besoin d'en savoir plus.

Reine, hier au soir à sa fenêtre, comme tous les soirs pour me dire un mot gentil avant de fermer ses volets :

– Il vous aimait au-delà de tout, il se confiait à moi...

Les confidences de Stéphane aux femmes de notre vie sont ma gloire et ma douleur. Il préférait les femmes, les hommes l'ennuyaient, voire il leur était hostile ; quant aux garçons qui m'admiraient, même de loin, mieux valait qu'ils ne tombent pas dans son champ de vision. Jaloux par principe, j'avais du mal à lui faire admettre que c'était sans raison. La sarabande autour de moi est trompeuse, sauf pour moi ; je sais avec qui je danse et avec qui je fais semblant.

Stéphane était fier qu'on m'applaudisse, il se cachait pour qu'on ne le voie pas pleurer de bonheur, et il attendait que je rentre à la maison pour être seul avec lui.

Il m'a souvent dit qu'il était prêt à renoncer à faire l'artiste pour que rien ni personne ne nous sépare, pour rester ici, lui avec ses chevaux, moi avec mes livres.

– Cela m'irait très bien, regarde on a du bois pour mille ans…

Du bois pour mille ans ! Chaque fois que j'allume le feu, je l'entends prévoir notre éternité dans le craquement d'une allumette.

Difficile de regarder sa photo sur la cheminée, inimaginable de l'enlever. Je marche les yeux baissés.

Morterolles, 1er avril

Reine, la soixantaine imperceptible, veille sur Morterolles et sur moi avec vigilance. Une femme corse absolument décidée à vivre en Limousin ne peut pas être mauvaise. Elle s'intéresse aux autres ; un peu trop ? Et alors ? Il y a tant de gens ici qui ne s'intéressent qu'à eux ; elle fait la différence. J'aime bien qu'elle m'entretienne des mariages et des enterrements, du bal des chasseurs ou du menu des soirées châtaignes.

Elle a le code de la propriété et peut ainsi aller donner du pain aux chevaux de Stéphane. Elle ramassera ses framboises cet été. Je l'appelle « la femme du duc », parce que son mari pourrait prétendre à ce titre, son passé militaire, sa culture du terroir, son goût pour l'Ancien Régime, sa courtoisie désuète, tout en lui le désigne à la distinction de duc qui le fait sourire, et à laquelle il a fini par s'habituer.

– Comment allez-vous monsieur le duc ?

– Comme le temps, mon cher.

Il trottine derrière sa femme qui fonce comme un dragon d'infanterie du monument aux morts à l'église, son territoire. La femme du duc garde l'entrée du village, rien ni personne ne lui échappe, cela m'enchante. Je klaxonne quand j'arrive et je suis désolé si par extraordinaire elle n'est pas là à l'heure dite.

Comme tous ceux que j'ai choisis pour accompagner ma solitude, le duc et sa femme se tiennent discrètement juste au bord de mon chagrin.

Le soleil aggrave tout ! Je ne sors plus que la nuit, je me coule en elle avec volupté, je l'aime fraîche la nuit, silencieuse et sans lune. Je suis son amant exigeant, je ne rends pas les armes sans discuter.

Il n'y a pas de garçons, il n'y a pas de filles à Morterolles, la nuit les remplace qui apaise mon corps et mon âme, en attendant. La question sexuelle, quand elle se posera, je la réglerai ailleurs avec qui passera au bon moment, ou tout seul comme un grand. Il ne faut pas faire un drame de ces affaires-là ! « Je ne parle jamais de l'amour physique dans mes livres, j'ai écrit tous mes livres le cœur serré. »

Chardonne à ma rescousse.

Morterolles, 2 avril

Nous formons, Prudy et moi, un couple pour le moins improbable et pourtant…

– Tu n'as qu'à l'épouser, m'avait dit Stéphane, fâché que je la défende une fois de plus contre lui.

Ils s'entendaient comme chien et chat, mais j'avais réussi, non sans mal, à les faire vivre ensemble près de moi et certains jours ils y parvenaient.

J'attends de ceux qui m'entourent qu'ils s'entendent

entre eux. J'aime l'harmonie. Qui préfère la cacophonie peut toujours aller se perdre ailleurs.

Pourquoi Prudy plutôt qu'une autre, plus mince, mieux coiffée, moins voyante ? Parce que je savais bien qu'en cas de malheur elle serait là constamment, infaillible et libre de ses mouvements pour suivre les miens. Je ne me suis pas trompé.

Bien sûr elle a des chiens, mais elle n'a pas de mari, pas de fiancé et pas d'enfants. Cela fait malgré tout quelques qualités. Elle n'a de comptes à rendre à personne, et d'ailleurs personne ne lui en demande hormis ma sœur Jacqueline et moi, de qui seuls elle accepte des critiques.

Je la défends bec et ongles, et contre elle-même souvent, parce que je sais la loyauté de ses sentiments à mon égard, mais c'est vrai qu'elle la « ramène » un peu trop, elle a un avis sur tout, et comme elle est née à Marseille cela s'entend, hélas, quand elle le donne.

Madame Je-sais-tout ne sait rien, elle n'a jamais terminé un livre de sa vie et quand elle s'oblige à en ouvrir un pour me faire plaisir, j'ai honte de lui inspirer d'aussi funestes distractions. Dès que j'ai le dos tourné elle se venge sur TF 1 où les réjouissances ne manquent pas.

Elle fume dans la rue, elle ronfle n'importe où, pire encore elle mâche du chewing-gum et porte des pantalons de jogging fluos qui feraient peur à un clown.

Je ne lui passe rien, mais elle a compris plus vite et mieux que d'autres que, plus j'exprime mon attachement avec sévérité, plus il est grand. Si je conseille un peu vivement à une femme d'aller d'urgence se faire couper les cheveux ou de se mettre en robe, c'est la preuve que je la regarde, si j'invite vertement un garçon à lire un livre ou à visiter une exposition, c'est la preuve que je ne le prends pas pour un imbécile.

Il y a des gens que tant de prévenance touche, d'autres que cela scandalise, je les prends comme ils viennent ou je les laisse.

En revanche, que l'on ne s'avise pas de me mettre en garde contre tel ou telle de mes amis, à ce petit jeu de cour même Stéphane avait perdu d'avance, mes amis je m'occupe de leur cas, et si cela les ennuie, ils ne sont plus mes amis, ils cessent aussitôt de m'émouvoir.

Prudy me regarde chanter, écrire, souffrir, elle a bien du mérite car je ne suis pas aimable à toutes les heures du jour et de la nuit. Stéphane connaissait les heures ouvrables, Prudy les a apprises par cœur.

Morterolles, 4 avril

Dimanche de Pâques, sinistre. La France digère. Belgrade sous les bombes, pas un bruit ici, seulement le chant des oiseaux. Là-bas les cris des enfants, à Saint-Pardoux Stéphane qui n'entend plus rien et moi face à moi, élève appliqué, incapable pourtant de m'intéresser au spectacle du monde.

Alors quoi ? Ecrire comme on boit pour vivre. Je joue quand même avec le feu, il m'attire. Un jour il me brûlera. L'incendie est dans la logique des choses.

Morterolles, 5 avril

Dîner chez le duc, hier au soir, sous le portrait de Napoléon. La femme du duc fait très bien la cuisine, avec passion. La question était : l'agneau pascal est-il trop cuit ? Chacun donna son avis, j'ai mis fin au débat en rappelant que Stéphane l'aimait ainsi et il a bien fallu parler d'autre chose.

Le duc, qui est né ici « en Basse-Marche, précise-t-il, comme on disait avant la Révolution », nous a expliqué qu'il voulait prendre sa retraite en Corse (pays de sa femme) parce que le maire et les conseillers municipaux de Morterolles ne lui avaient pas envoyé de cartes postales du temps qu'il se battait en Indochine.

Cette vilenie le dégoûte encore quarante-cinq ans après. Monsieur le duc ne badine pas avec les principes. Pas un mot sur Belgrade. Pour dire quoi ? Que les Alliés doivent aller jusqu'au bout maintenant ? Je le pense mais cela est trop facile à dire à table devant un agneau pascal cuit à point. Prudy, qui le préfère rosé, en a mangé quand même sans se faire prier, mais elle a trouvé que le champagne n'était pas à son goût. On ne la changera pas. Elle avait pourtant fait un effort de toilette, elle portait une très sobre tunique noire. Pour me faire mentir ?

Ce Jouhandeau quand même ! quel masochisme, quelle soumission devant ce qu'il appelle « du Pur Amour ». Son livre me dérange, l'impudeur a des limites. Ces minauderies pour un jeune homme qui le balade au son de sa clarinette font pitié, et que vient faire Dieu là-dedans ? Tenir la bougie ou le cierge ? Il y a de la grandeur chez Jouhandeau mais il renonce à toute dignité pour le cul d'un beau militaire. Tout cela n'est pas convenable.

Et puis que signifie l'amour s'il n'est pas partagé complètement ? S'il n'est pas la communion de chaque instant avec l'autre ? L'aveuglement nous conduit sûrement au désespoir, la lucidité aussi, mais elle prévient.

Il ne faut pas se raconter d'histoires, l'amour n'est pas une opérette, c'est une tragédie, les guirlandes ne m'ont jamais abusé.

Si le « Pur Amour » est un festin, je ne me suis pas contenté d'en ramasser les miettes.

Je suis allé à Saint-Pardoux, j'ai posé ma canne et sa casquette sur le marbre, symboles déchirants de nos promenades d'amoureux, et j'ai mis un genou à terre puisque je ne sais pas prier.

Morterolles, 6 avril

Sa chambre prolonge mon bureau, mais je tire le paravent qui les sépare pour ne pas voir ce grand lit vide où je n'ai jamais voulu dormir avec lui. J'ai laissé sur la chaise son pyjama Calvin Klein qu'il mettait le soir venu pour aller et venir dans la maison, et qu'il jetait chiffonné sur cette même chaise avant de se coucher nu comme un enfant, innocent de son corps.

Il l'aimait ce lit bleu et noir que nous avions choisi ensemble, au creux duquel il m'a si souvent demandé de le rejoindre l'été dernier encore par taquinerie, parce qu'il savait mon incapacité à partager mes nuits même avec lui. Il savait aussi que je ne m'endormais pas sans être sûr que, là-haut, lui-même s'était endormi sans trop de tourments.

Je ne me suis pas couché ces dix dernières années sans m'inquiéter de lui. Je ne me suis pas levé sans trembler à l'idée qu'un matin il ne se lèverait pas.

Quand il entrait dans ma chambre pour me réveiller, je bougonnais bien sûr, mais quelle délivrance de pouvoir m'accorder un quart d'heure supplémentaire de sommeil sans cauchemar.

« Pour être heureux par l'amour il faut une certaine sagesse, il faut aussi une certaine sagesse pour se passer de l'amour. C'est la même. » Je suis sage, je l'ai toujours été, pour deux quand il le fallait. Qui saura me proposer des divertissements acceptables ?

Il est douze heures et c'est Jules qui m'appelle pour me faire savoir qu'un photographe veut tirer un portrait de moi en train de jouer aux dames sous la tour Eiffel. Rien que ça ! Je n'ai qu'une envie, c'est d'aller jouer aux dames sous la tour Eiffel ! Je ne sais même pas à quoi ressemble ce jeu.

Qu'on me laisse, qu'on ne me photographie plus, que l'on ne me demande pas l'impossible. Les gens sont fous et Jules a perdu le sens commun, mais il a une excuse : il veut voir ma photo partout.

« Jules c'est un allumeur qui n'a jamais de feu. » Bien vu ! Didier, qui s'occupe pour moi des musiques militaires et des bals musette, vise souvent juste, il a de l'esprit et de la sensibilité. Dommage qu'il ne lise pas.

A l'instant où j'écris ces lignes, il m'appelle pour me dire qu'on lui a volé son vélo et qu'il a perdu son dentier.

Ça n'arrive qu'à lui !

Paris, 9 avril

« Votre Dédée est partie cette nuit, son cœur était fatigué. » Quand mon répondeur parle tôt le matin ce n'est jamais de bon augure.

Je l'appelais Dédée depuis ma petite enfance, elle fut sans doute après ma mère la première femme de ma vie. Dédée ! Je hurlais son nom dans la cage d'escalier du vieil immeuble où nous habitions impasse Crozatier quand je l'apercevais qui montait vers moi en rentrant du travail. Dédée ! Ce mot magique comme un bonbon dans ma bouche de bébé ; Dédée, ce prénom qui n'existait plus que pour moi seul et que je me chantais les jours de mauvais temps.

Je vais chanter aujourd'hui puisque c'est prévu à mon calendrier et que je ne vois pas ce que je pourrais faire de mieux.

Paris, 10 avril

Un jour pour rien, comme en suspens.

Stéphane ne m'a pas quitté de la nuit dernière, vivant, et je ne le retrouve plus depuis que je suis levé. Mes « rêves » (s'il faut employer ce mot qui n'a aucun sens) tournent au cauchemar, toujours.

Des pigeons sur le bord des fenêtres de l'appartement de Stéphane à l'étage au-dessous et qui n'a pas été ouvert depuis trois mois, ni Aïda ni Annie J. ne me proposent plus d'y aller voir, moi je ne peux pas. Il faudra qu'Aïda se dévoue la semaine prochaine, je lui demanderai de descendre faire un peu de ménage et de me rapporter un objet de son bureau où il avait installé un bric-à-brac qui lui ressemblait.

Paris, 11 avril

Ceux qui sortent de ma vie par toquade ne me laissent aucun regret, ne me causent aucun tourment. Je ne pense plus à eux à la seconde même où ils me tournent le dos pour s'en aller mendier ailleurs des amitiés moins exigeantes que la mienne, ou des amours plus mouvementées.

Je ne cherche pas à les retenir ni même à les comprendre, je ne les aime plus, je ne les vois plus. J'ai trop à faire avec ceux qui m'aiment pour m'intéresser encore à ceux qui partent.

On peut rompre avec moi sans difficulté, je n'oppose aucune résistance sentimentale à qui veut m'expliquer le pourquoi et le comment. Temps perdu que tout cela ! Trop pressé qu'ils s'en aillent. Je n'écoute pas les gens qui font leurs valises, de peur de les retarder. Il ne faut pas abuser de ma tendresse, ni sous-estimer ma capacité au détachement, elle est aussi grande que ma disponibilité à l'amour.

Ne peuvent me manquer que ceux que la mort arrache à moi, encore faut-il qu'ils ne soient pas sortis de ma vie avant.

Seul Stéphane me manque aujourd'hui, et la fuite de certains devant ma solitude, leur manque de tenue en son absence me le rendent plus grand, plus beau encore si c'est possible.

Je n'ai jamais eu besoin que de lui. Depuis six mois j'ai perdu en chemin quelques intimes, deux ou trois cousins, des relations de music-hall. Après les fleurs à l'hôpital et les larmes de circonstance, ceux-là sont retournés à leurs désordres, à leur médiocrité, à leurs petites misères d'éjaculation précoce. Bon vent !

Stéphane dans sa splendeur habite ma solitude à lui tout seul, il me suffit. Pourquoi donc irais-je rameuter les populations ?

Oui, la solitude plutôt que la foire, le silence plutôt que le mur des Lamentations. Ni les fureurs de la fête ni celles de la prière ne conviennent à ma nature, je ne suis ni un fou ni un saint, je suis un homme semblable à beaucoup, sans illusions mais pas sans désir.

Paris, 13 avril

Le plaisir de bien faire. Je règle l'un après l'autre les problèmes qui se posent à moi pour m'en débarrasser, pour n'avoir que le moins possible de soucis d'intendance. Après seulement je peux écrire ; hier la demoiselle de chez Carita m'a retenu trop longtemps.

– Tu devrais y aller, m'avait dit Stéphane, cela te fera du bien…

Alors j'y vais, ce n'est pas désagréable, en effet, mais ce qui me fait du « bien » le plus sûrement, c'est de rester là à poursuivre seul l'impossible dialogue que je lui proposais chaque matin :

– Faisons le point, mon ours.

– Encore ! Mais on l'a déjà fait hier.

C'était devenu un jeu de cache-cache entre nous. Quand il s'y refusait ce n'était pas bon signe, c'est qu'il voulait échapper à des questions plus précises sur sa santé, sur son moral. Parfois j'insistais, en prenant quelques précautions oratoires, en feignant la désinvolture, je finissais par obtenir un début de réponse à ma seule obsession : comment va-t-il ?

Parfois c'est lui qui apparaissait dans mon bureau, à peine sorti du lit, les cheveux en bataille et qui pour se moquer de moi s'exclamait :

– Faisons le point, mon coq !

Je savais d'emblée au son de sa voix, à l'éclat de son sourire, que la journée serait belle. Il allait bien !

Il m'appelait son coq, parce qu'il prétendait que c'était mon signe astrologique dans l'horoscope chinois. Ça l'amusait. « Mon coq chante à la télé », répondait-il à qui l'interrogeait pour savoir où j'étais.

Je l'appelais mon ours (c'est joli mon ours) parce qu'il ressemblait à un ourson mal léché quand il avait vingt ans et qu'il a posé ses pattes sur mon cou ; je l'appelais mon ours pour d'autres raisons aussi.

Les amoureux sont bêtes, nous l'étions souvent.

Nous avions nos codes et nos signes de ralliement, il me suffisait d'un certain regard tourné vers lui à l'autre bout de la table pour déclencher dans la même seconde son cri du coq à lui ; à l'étonnement des convives surpris dans leur conversation, tandis que nous poursuivions la nôtre, muette et tendre.

Au moindre mouvement de mes lèvres, il répondait en plissant drôlement le bout de son nez. Cette mimique enfantine je la lui ai réclamée jusqu'à son dernier jour, quand il ne pouvait plus parler, il tournait encore son nez pour me rassurer.

Quand elle me téléphonait le matin, Annie J. me disait : « Ça va, il bouge son nez », et je courais le retrouver chambre 5, deuxième étage à droite, en me répétant cette phrase : « Ça va, il bouge son nez. »

Je me surprends parfois à bouger le mien pour moi tout seul, mais je n'y arrive pas aussi bien que lui.

Voilà que Lulu danse la valse, et que les filles se le disputent pour la danser avec lui... incroyable ! Il y a six mois il n'avait même jamais entendu un accordéon, et je le retrouve sur le parquet d'une guinguette des bords de Marne, s'entraînant comme un jeune prince pour son premier bal.

Il veut m'épater Lulu, alors il apprend la valse en douce derrière les caméras quand je ne le vois pas, et il se lance cet après-midi comme un grand parce qu'il y a des projecteurs et qu'il adore les projecteurs. Lulu veut être star à l'Olympia. Ce ne sera pas facile. Le sait-il ? J'ai beau le lui répéter, il ne me croit pas vraiment.

Il lui faudra une scène à celui-là pour chanter, pour danser, n'importe où, mais il lui faudra une scène. Je crains qu'il n'en trouve plus quand j'aurai tiré le rideau sur la mienne.

Paris, 14 avril

Il pleut ! C'est bien fait pour moi et je m'en vais tourner à Joinville-le-Pont des émissions intitulées « Le Printemps des guinguettes ». Lulu et ses copains m'attendent là-bas, dans ce décor charmant où nous allons chanter et danser ensemble, dans les courants d'air entre deux trombes d'eau. Ce sera bien quand même, la musique nous emportera, les petits oublieront qu'ils ont froid et moi que j'ai mal.

Paris, 16 avril

L'intimité ne se réduit pas à l'amour physique, il en est parfois le prolongement heureux mais il ne la prouve pas, ne l'éclaire pas. L'intimité c'est donner son âme à qui peut en partager les bonheurs et les tourments.

Le rapprochement des corps tient le plus souvent du hasard et de la nécessité, il peut se passer de grands sentiments ; l'intimité relève du secret que l'on peut partager, de l'indicible que l'on peut dire enfin. Le corps n'est pas un secret indicible.

Je n'ai plus d'intime depuis que Stéphane ne m'entend plus.

Je parle un peu, mais je ne dis rien. J'écris pour les oiseaux.

Paris, 19 avril

Il neigeait beaucoup hier matin sur le lac de Gérardmer, je n'en espérais pas tant. Ce fut une bonne surprise. La patronne de l'hôtel Beau Rivage était désolée pour moi, mais elle a retrouvé son sourire quand Aïda lui a expliqué que rien ne pouvait me réjouir autant. Mon escapade dans les Vosges aura eu au moins le mérite de m'offrir de la neige en avril, ce n'est pas si mal.

Pour le reste, fiasco. Au Parc des Expositions d'Epinal, vingt dames frigorifiées sont venues m'entendre chanter. Quelle ambiance ! C'est la première fois que je me produis devant une salle vide. Il faut un début à tout.

La faute à qui ? A moi sans doute. Si je veux croire que d'habitude la foule vient pour moi, je dois admettre que lorsqu'elle ne vient pas c'est ma faute.

Bien sûr le froid, bien sûr la mauvaise organisation, bien sûr une publicité mal ciblée ; je laisse ce genre d'alibis à ceux qui en ont besoin pour justifier leur échec. Moi j'irai bientôt chanter de nouveau à Lille ou à Toulon. On m'attend là-bas. Il n'y aura pas de neige mais beaucoup de monde pour m'applaudir, on ne peut pas tout avoir. Je reviendrai peut-être à Gérardmer me promener au bord du lac.

Cet après-midi, Michel emmènera Prudy à l'hôpital faire soigner son genou, elle ne peut plus marcher ni conduire, un problème de ménisque. Grave ?

Le dictateur s'inquiète.

Paris, 20 avril

Annie J. hier dans ma loge au studio où je me préparais pour tourner des émissions consacrées à la musique militaire. Je la trouve pâle, défaite de l'intérieur, elle a eu, m'a-t-on dit, un léger malaise en début d'après-midi. Je fais comme si je ne savais pas, je la laisse venir à moi sans provoquer la confidence. Nous échangeons quelques propos sur l'organisation de nos spectacles, je lui donne des directives parce qu'il faut bien dire quelque chose. Mais Stéphane nous cerne, sa photo est partout sur les murs, il pourrait entrer ici brusquement pour nous demander si la cravate qu'il a choisie va bien avec son costume, comme il l'a fait tant de fois. Nous le voulions toujours le plus beau.

– Je suis prête à partir le rejoindre, me dit-elle.

Qui peut bien lui laisser croire qu'il l'attend, qu'il nous attend je ne sais où ? Non chère Annie, ne croyez pas cela, nous n'avons pas d'autre choix que de le garder vivant. Elle en doute.

– J'écris, lui dis-je, vous le savez, et je parle de vous si vous me le permettez, mais si cela doit vous gêner un jour, je me tais.

– Non, je n'ai rien à cacher, mais que savez-vous au juste ?

– Ce que j'ai vu, ce qu'il m'a dit et ce que je devine.

– Alors écrivez, me dit-elle. Tout cela fut très beau, je vous raconterai si vous voulez...

Je ne veux pas qu'elle me raconte, pas encore. Je sais l'essentiel, il ne reste pas une ombre sur mes souvenirs avec lui.

Stéphane était lumineux, les rires et les larmes qu'il m'a cachés lui appartiennent, nous en avons tant partagé. Je les bois à m'en saouler. Je suis ivre de lui.

Paris, 21 avril

Des cris à la fenêtre de l'autre côté de ma rue ! Un homme qui frappe sa femme, qui l'humilie, qui martyrise ses enfants n'est pas un homme ; c'est un lâche abject qui ne court aucun risque ou si peu... Ils sont des millions partout dans le monde à l'instant même où j'écris, libres d'assouvir leurs bas instincts d'impuissants. Ce sont parfois les mêmes qui traitent Milosevic de fou sanguinaire (ce qui est vrai), mais lui sera pendu par son peuple à un croc de boucher s'il cède, ou fusillé par l'Alliance s'il s'entête.

Faut-il être courageux, inconscient ou mégalomane pour défier une telle puissance de feu ?

Faut-il être un surhomme pour s'endormir maudit par la terre entière ?

Fait-il l'amour et la guerre en même temps, Milosevic ?

Tout est possible, les hommes ont tellement d'imagination que le pire est toujours sûr.

Je pensais à cela cette nuit en cherchant le sommeil et Stéphane loin, si loin, des désordres du monde.

Morterolles, 23 avril

C'est Lily qui me garde. La chanteuse de mes dix-sept ans. Elle en aura quatre-vingt-deux le 1er mai prochain. Elle m'avait emmené autrefois en Suisse à La Chaux-de-Fonds, dans un cabaret louche où elle avait ses habitudes. Nous chantions gaiement pour des maquereaux et leurs filles, plus occupés de trafics en tout genre que de nos talents respectifs. J'avais peur la nuit dans ma chambre qui ne fermait pas à clef, alors j'allais la rejoindre dans son lit pour qu'elle me garde, déjà. C'était bien. C'était l'année où Stéphane naissait, et nous voilà seuls de nouveau tous les deux, trente-cinq ans après ces jours magnifiques où Lily chantait *La Vie en rose*. Ça ne pouvait pas durer.

– Tu te rends compte, me dit-elle, trente-cinq ans ! Pour moi tu n'as pas changé…

C'est elle qui n'a pas changé, figée dans mes souvenirs de jeune homme elle a toujours ses beaux cheveux rouges genre Yvette Horner et ses sourcils dessinés au crayon façon Edith Piaf sur les photos du studio Harcourt.

Lily me garde, vaillante et déterminée, bien décidée à ne pas me laisser approcher par qui voudrait voir mes yeux bleus d'un peu trop près. C'est elle qui avait vivement conseillé aux godelureaux de La Chaux-de-Fonds, qui s'intéressaient beaucoup à moi, d'aller se faire voir ailleurs. Les aurais-je suivis sans elle ? Non. J'étais sérieux, hélas, quand j'avais dix-sept ans. Je voulais devenir Gilbert Bécaud, ce qui n'est pas facile. J'aurais l'occasion de le vérifier.

Je gagnais vingt francs par soir, mais on m'applaudissait parfois. Lily était naturellement la vedette du spectacle, ça lui donnait le droit de faire la quête et de servir au bar à nos spectateurs excités des liqueurs de poire ou de genièvre qu'elle goûtait généreusement, pour s'assurer de leur qualité bien sûr. Le tenancier, qui passait certaines nuits à l'improviste, la priait de se presser un peu et de ne pas se tromper dans les additions.

– Il m'emmerde celui-là, il veut peut-être que je fasse la poupée d'amour en plus !

Chère Lily, elle est là aujourd'hui devant moi, sagement assise sur le fauteuil que Stéphane occupait chaque matin pour m'entendre lui faire mes recommandations ou pour me parler de lui quand il était content ou tourmenté.

Lily que je n'entends même pas respirer, qui ne me pose aucune question inutile, qui me laisse écrire, loin d'imaginer que c'est elle qui m'inspire ce matin. Elle lit sérieusement Guy des Cars, et cela m'enchante autant qu'elle. Lily lit, je n'en connais pas beaucoup de chanteuses qui lisent autre chose que leur horoscope, certaines chantent mieux qu'elle, ce n'est pas difficile, mais elles ne savent pas broder des chats sur des coussins et des chevreuils sur des napperons.

– Il écrit bien ce Guy des Cars, je l'ai connu… il y a longtemps, quand je sortais dans le grand monde avec Vincent Scotto…

Oui je sais chère Lily, tu m'as tout raconté cent fois, nous avons eu le temps…

Nous allons prendre celui qui nous reste maintenant comme il viendra, en l'agrémentant de « minutes charmantes », ce soir nous finirons la bouteille de muscadet et nous regarderons à la télévision les invités de Bernard Pivot.

– Ils vont parler de quoi ?

– De l'amour.

– Oh là là ! quelle histoire !

Quelle histoire en effet, mais elle sera déçue Lily, car ils ne parleront pas de Guy des Cars. Je le crains.

Hier je lui ai infligé un débat politique avec Pasqua. Je crois que je vais voter pour lui aux prochaines élections.

– Il est de quel côté celui-là, de droite ou de gauche ?

– Un peu des deux, lui dis-je. Cela dépend des jours, comme moi…

– Ah bon, fit-elle dubitative, quelle embrouille !

A tout prendre elle aurait préféré regarder *Navarro*, et de toute façon elle votera communiste comme d'habitude. Alors…

Lily me garde, cela fait sourire mon père, car elle dort plus profondément que moi, mais elle est là dans la chambre qui jouxte la mienne au cas où… Même si je n'oublie pas que j'ai passé l'âge d'aller la retrouver dans son lit.

Je viens d'acheter, lors d'une vente à la bougie, pour cent trente-huit mille deux cents francs, frais de notaire non compris, un terrain abandonné depuis plus de vingt ans. Cela me permettra d'agrandir encore les prés des chevaux de Stéphane. C'était notre dernier projet en commun, je l'ai réalisé sans joie mais en pensant à lui si fort qu'il était là, sa casquette de cavalier à la main pour saluer maître D. et les dames du pays et leurs époux venus suivre en curieux le déroulement des opérations.

Je n'achèterai plus rien maintenant, le cadre de ma vie ici est définitivement fixé, je marcherai jusqu'au bout où il marchait, mes pas dans les siens que ni le vent ni la pluie n'effaceront. Je marche sans savoir où je vais, c'était lui mon guide sur nos terres, même s'il se contentait de me suivre.

Sébastien, qui devait prendre la relève de Lily dimanche soir, m'annonce tout déçu qu'il ne pourra pas venir me garder car son père de passage à Paris et en partance pour Moscou veut le voir.

– Mais si tu es vraiment seul, je viens quand même…

Ça devait arriver. Je serai seul deux nuits en attendant l'arrivée d'Aïda et Lulu. Je ne vais pas téléphoner partout pour chercher une baby-sitter, les gamineries ne sont plus de saison. J'ai des noms sur ma liste, Jean-Claude ce matin même m'a proposé sa visite, mais non, ce serait trop. J'aurais honte de moi. Si personne ne vient à moi, je resterai là quand même, en me racontant sans y croire qu'il dort là-haut comme avant.

Morterolles, 24 avril

Lily a donc écouté avec moi hier au soir Sophie de Vilmorin parler avec grâce de son amour pour André Malraux ; vingt-trois ans après la mort de l'écrivain on la sent encore vibrante, comme embellie par la passion. On comprend qu'il l'ait aimée.

– Vilmorin, c'est bien la dame qui vend des graines pour les fleurs ?

Lily s'est laissé prendre comme moi au charme inouï qui se dégage de cette femme lumineuse. Je ne la détrompe pas.

– Tu vois que je sais écouter, quand nous allions avec Vincent Scotto dîner chez des gens chics, il me disait : « Fais-toi belle, surtout ne dis rien, écoute ! » Je n'ai jamais oublié ce bon conseil. Un jour Marcel Pagnol qui venait de parler m'a dit : « Et vous mademoiselle, qu'en pensez-vous ? » Comme je n'avais rien compris, je lui ai répondu : « Je pense comme vous, maître. »

Lily est fière de sa réplique, et moi attendri par sa simplicité.

Comme défilent sur l'écran de télévision des images de violence en banlieue et d'assassinats dans un lycée américain, elle ajoute en allant se coucher, dégoûtée du monde :

– Avant la guerre, quand je rentrais de java à quatre heures du matin, je n'avais pas la trouille, maintenant on n'ose plus passer devant une école à l'heure de la sortie, les mômes ont des flingues dans les poches. Mais qu'est-ce qu'ils foutent les gens du gouvernement ?

Elle exagère à peine, Lily. Par chance il n'y a plus d'école à Morterolles.

Morterolles, 25 avril

Finalement Lily reste. Je ne lui ai rien demandé, mais elle a compris que Sébastien ne viendrait pas. Alors elle reste deux jours de plus.

– J'ai trop peur qu'on t'enlève, me dit-elle en riant.

Chez le duc où nous avons dîné hier au soir, elle s'est régalée de desserts en écoutant la chronique des jours tranquilles à Morterolles. Ça commence toujours ainsi :

– Vous connaissez la dernière ? me demande Reine, ravie par avance de me distraire un peu.

– Non, mais je compte sur vous.

– Les gens racontent que vous avez acheté tous les terrains et les maisons en vente à la bougie.

– Et même, ajoute le duc, que vous avez fait venir un hélicoptère pour repérer les lieux.

– Les gens regardent trop la télévision ; dites-leur que c'est vrai, il ne faut pas les décevoir.

– Ils disent aussi que vous réclamez deux cent mille francs pour chanter !

– Surtout ne les détrompez pas, c'est la preuve que mon talent n'a pas de prix…

Le duc rit, mais sa femme est très sérieuse. Elle ne veut pas que l'on raconte n'importe quoi sur moi. J'ai beau lui répéter que non seulement je m'en moque, mais que cela m'amuse, elle tiendrait tête à tout le village s'il le fallait.

Morterolles, 26 avril

Le défilé du dimanche à la télévision, Robert Hue, Sarkozy, Douste-Blazy, Madelin, encore Pasqua. Lily de bonne grâce les regarde passer. Je vais de l'un à l'autre, elle les voit mais ne les écoute pas.

– Pour faire de la politique il faut avoir tué père et mère, me dit-elle sans rire.

Et je me sens vaguement coupable de lui infliger tant d'« assassins » à la fois.

Elle se venge ce matin en dévorant les romans-photos de *Nous Deux* qu'elle suit depuis un demi-siècle sans se lasser.

– C'est pas mal tu sais, bien sûr ça parle toujours d'amour mais ça me change les idées, et puis il y a plein de beaux gars là-dedans.

Elle sait les reconnaître les beaux gars, Lily.

A seize ans, elle était libellule ou bleuet, en alternance, dans une revue nue d'un cabaret de la rue Fontaine. La belle vie quoi ! Elle n'avait pas froid aux yeux, la petite, aux fesses non plus.

Son « Cricri » fut patient et soumis, il est mort depuis dix-huit mois. Après cinquante-cinq ans d'amour pour elle.

– Des fois je regrette d'avoir été méchante, me ditelle en chiffonnant son mouchoir. Non pas méchante, mais disons que je lui en ai fait voir de toutes les couleurs...

Et moi ? Non je n'ai jamais été méchant avec Stéphane, injuste sans doute, violent verbalement aussi, mais l'heure n'est pas aux remords. L'amour de toute façon nous emportait, et s'il m'en a fait voir de toutes les couleurs, elles étaient belles.

Il n'a aimé que moi, je n'ai aimé que lui. Le reste n'a plus de sens, plus d'importance. L'amour de Stéphane sera ma dernière certitude.

Morterolles, 27 avril

Il n'y a plus un pont sur le Danube mais le genou de Prudy tient bon. Ce sont des ligaments froissés qui la font souffrir. Dans quelques jours, elle pourra sortir promener ses chiens sur les bords de la Seine du côté d'Alfortville, où elle habite depuis quinze ans dans le même immeuble que ma sœur Jacqueline. Au fond, le monde peut bien s'écrouler pourvu qu'il ne tombe pas sur nous.

Nous nous occuperons d'abord du genou de Prudy, après quoi, rassurés, nous pourrons nous émouvoir au bruit des bombes qui craquent en Yougoslavie. Notre détachement de ce qui n'est pas nous n'est pas scandaleux, il est humain. Comment s'intéresser aux autres quand on a mal aux dents ? Comment pleurer d'autres morts quand on n'a plus assez de larmes pour les siens ?

Ce n'est pas beau la guerre, mais qui a dit le contraire ? Notre indignation a ses limites, le nier la rendrait suspecte.

Chacun sur terre se fout, se fout
des p'tites misères de son voisin d'en d'sous.

Ce refrain populaire que Maurice Chevalier faisait reprendre en chœur aux spectateurs du Casino de Paris, pour cynique qu'il est, n'en reste pas moins vrai. Si je ne crois pas vraiment que le genou de Prudy soit le centre du monde, je vois bien que les perspectives de ma vie passent par lui désormais ; la mort de Stéphane les a déplacées. C'était lui mon unique perspective, ma voie royale. Je prends des chemins de traverse maintenant, où il a laissé des petits cailloux pour que je ne me perde pas.

Il n'y avait que lui pour repérer à cent pas un trèfle à quatre feuilles, qu'il ramenait précieusement comme un trophée au bout de ses longs doigts.

– Tiens mon coq, pour toi ! Fais un vœu…

Il le connaissait mon vœu, toujours le même, pour lui d'abord et pour moi quand même.

Les trèfles à quatre feuilles ne portent pas bonheur.

Morterolles, 28 avril

Lulu a posé ses baskets. Il marche en chaussettes dans le salon et, provisoirement intimidé, se dirige directement vers l'immense discothèque où sont classés par ordre alphabétique les chanteurs de mes vingt ans. C'est Dalida qu'il cherche et qu'il trouve aussitôt. On cherche toujours la chanteuse de ses parents. Je n'ai pas mis la mode au pays.

Que vais-je faire de Lulu ici ? J'ai peur qu'il ne s'ennuie, il m'assure que non. Nous verrons bien.

Mon amie belge, Annie L., va arriver dans la soirée, nous parlerons de Chardonne, et elle se propose de mettre de l'ordre – si c'est encore possible – dans mes Jouhandeau, peut-être même réussira-t-elle à m'entraîner à Guéret voir la maison natale de ce bon monsieur Marcel.

Vais-je confier Lulu aux bons soins d'Aïda ou l'emmener sur les traces du fils du boucher de Chaminadour ? Il faudra que je fasse un effort pour lui parler des choses et des gens qui l'intéressent.

Je n'offre pas mes livres à qui passe dans ma vie, ni même à ceux qui la partagent, un livre se désire, se cherche le cœur battant, il ne s'abandonne pas.

Déposer son âme entre les mains du premier venu ne va pas sans naïveté, on n'écrit pas pour plaire à n'importe qui.

Stéphane, lui, courait chez le libraire une semaine à l'avance pour être le premier, son bonheur était ma récompense. Je ne demande rien et surtout pas qu'on me lise, mais j'aime ceux qui le font sans se vanter de leur « exploit ». Quelle tragédie quand même que de laisser après soi des mots traîner partout ! Quel orgueil aussi !

Morterolles, 29 avril

Lulu chante dans la maison. C'est magnifique ! C'est insupportable aussi. Je serre les poings.

Le vent dans tes cheveux blonds
le soleil à l'horizon
quelques mots d'une chanson
que c'est beau, c'est beau la vie.

Sa voix se mêle à celle d'Isabelle Aubret.

Ce refrain populaire de Jean Ferrat, je le chantais moi-même pour entrer sur la scène du cabaret suisse où j'avais suivi Lily, il y a si longtemps.

Et voilà cette chanson sur les lèvres de Lulu maintenant. Elle lui ressemble. A vingt ans et des poussières on a de bonnes raisons de croire « que c'est beau, c'est beau la vie ». Je n'ai nullement l'intention de le détromper, je ne lui dis même pas que je la chantais avant lui, il ne faut pas déranger les jeunes gens avec nos souvenirs sans leur permission, s'ils veulent savoir laissons-les venir.

Le vent est au sud ce matin à Morterolles, j'espère qu'il annonce l'orage, sans cela je vais le maudire toute la journée.

Morterolles, 30 avril

Il n'y a plus de pommiers « rue des Pommes » à Guéret, elle s'appelle maintenant « rue de l'Ancienne Mairie ». Au numéro 15, ils ont posé à la va-vite une méchante plaque de marbre rose :

MARCEL JOUHANDEAU
ÉCRIVAIN
EST NÉ DANS CETTE MAISON
1888-1979

Difficile de faire plus sobre, plus sec.

– Les gens d'ici ne l'apprécient pas beaucoup, m'a dit le mari de la mercière en nous désignant la devanture entièrement vitrée de la boucherie paternelle du « diable » de Chaminadour.

Ils restent médusés les gens d'ici, voire scandalisés qu'on ose encore les interroger sur « le diable ». Soixante-dix ans après, le miroir qu'il leur tendait leur fait toujours peur.

Comment un garçon comme vous, « si propre et si gentil » à la télévision, peut-il avoir d'aussi funestes affinités ? Voilà ce qu'ils voulaient savoir les descendants des « victimes » de Jouhandeau que nous avons croisés hier après-midi au cœur de Guéret à l'heure indécise où les bouchers s'ennuient.

Celui qui a pris place à la célèbre adresse (célèbre pour qui ?) n'est pas fier pour autant. A-t-il même jamais lu un livre de Jouhandeau ?

– Je l'ai vu une fois il y a… oh, trente ans, oui c'est cela, je n'étais pas encore marié…

Il a une bonne bouille et des yeux de porcelaine le

boucher. Annie L. lui demande si l'on peut trouver un musée, une bibliothèque, un marchand de vieux livres où nous pourrions aller chiner.

– Il y en avait un là juste en face, il a fermé hier, vous savez les gens ne lisent pas par ici…

C'est bien ce que je pensais, ils tiennent de leurs grands-parents de sombres histoires de bidets et de sacristie dans lesquels Jouhandeau trempait sa plume, et ça les dégoûte, les gens, qu'on s'occupe de leurs fesses et de leurs âmes. Il y a des docteurs et des curés pour cela. Annie L. qui ne lâche pas facilement sa proie insiste :

– Savez-vous s'il a encore de la famille à Guéret ?

– Oui, dans la rue là-haut, au coin du bar tabac, mais n'y allez pas, ça les agace.

Pas un lycée, pas une impasse ne porte le nom de Jouhandeau, on raconte même que le conseil municipal refusa une statue qu'un mécène se proposait d'offrir à la ville.

– Il est de quel bord le maire ? ai-je demandé à la cliente qui attendait sa commande.

– Socialiste, me dit-elle, sans que je comprenne si cela lui faisait plaisir ou pas.

– Socialiste ! Ah oui !

Il y a une rue Leningrad à Guéret. A chacun sa nostalgie.

Comme nous sortions de la boucherie, le commis, un blond robuste qui aurait inspiré Jouhandeau, a paru les bras chargés de viande destinée à l'étalage.

– Tu connais toi le nom de celui qui s'occupe de ces affaires au syndicat d'initiative ? lui demande son patron.

Le pauvre garçon, doublement embarrassé, a marmonné que non, il ne voyait pas du tout. Je m'en serais douté. Saura-t-il jamais que ceux qui l'ont précédé ici figurent dans leur âge tendre, tachés de sang mais lumineux et vainqueurs, entre des pages où Jouhandeau les retient pour l'éternité ? Non ! Le diable ne se donne pas aussi facilement que le Bon Dieu. Il faut le mériter.

Il y a une annexe de la préfecture « rue des Pommes », nous avons sonné, espérant le secours d'un fonctionnaire érudit.

– Jouhandeau ! Mais bien sûr, quelle grandeur, quelle gloire pour notre ville ! Entrez donc...

Nous n'avons pas rêvé longtemps. Deux femmes sont apparues, sortant de l'ombre, éberluées de me voir là ; la plus mince en noir, mal frisée, m'a conseillé illico de prendre rendez-vous avec le préfet, quant à la boulotte en rouge, quand elle a compris ce qui nous amenait, un horrible rictus a déformé son visage qui n'avait pas besoin de cela.

De celle-là il n'en aurait fait qu'une bouchée, l'oncle Marcel.

Et puis nous sommes allés vers l'église, littéralement encerclée de constructions diverses très nobles ou hideuses et d'une dizaine de boîtes en plastique pleines d'ordures ménagères. Le porche est magnifique mais il faut le chercher, la voûte imposante.

Les orgues ont retenti lorsque nous fûmes devant l'autel, instant de grâce ou hasard ? Qu'importe, Aïda, aux anges, a prié et moi j'ai pensé à Stéphane, ce qui revient au même.

Nous avons marché encore un peu, essayant vainement de ne pas nous faire remarquer. Quelques jeunes filles gloussèrent sur notre passage.

– Elles t'ont reconnu, dis-je à Lulu.

– Non c'est toi papa qu'elles regardent.

Les Véronique Pincengrain d'aujourd'hui ne vont plus à confesse. Sauf si le curé a de beaux yeux.

Nous passons, les filles s'éparpillent autour de nous, c'est l'heure du thé, une boulangerie à l'ancienne, très accueillante, s'offre à nous, et voilà Lulu qui bondit, émerveillé de trouver des sucettes et des sucres d'orge comme il les aime.

– Les mêmes exactement que quand j'étais petit !

Décidément les enfants de chœur sont toujours ce qu'ils étaient, à Chaminadour plus qu'ailleurs.

Morterolles, 1er mai

J'ai convoqué cet après-midi à Paris une dizaine de mes collaborateurs. Je souhaite décider avec eux de l'avenir de cette émission qui nous lie depuis plus de quinze ans pour certains. Je ne peux pas faire durer un suspense qui je le sens les paralyse, je vais à ce rendez-vous le cœur battant, ému et plus indécis qu'ils ne le croient. Vont-ils me convaincre de ne pas renoncer à la belle aventure ? Auront-ils la force de me retenir devant les caméras ?

S'ils veulent vraiment que je franchisse avec eux le cap de l'an 2000, je vais leur demander de l'énergie et de l'imagination. Ma démarche n'est pas de comédie, je vais vers eux sans masque, les bras tendus, seul définitivement.

Je vais leur donner dix bonnes raisons de m'oublier, les décourager avec des exigences que pourtant je n'ai pas envie de leur imposer, je vais leur parler, nous aurons le temps.

La République est une brave fille qui se laisse aller le 1er mai, je vais leur proposer exactement le contraire.

Paris, 3 mai

Le dancing était plein.

Mille cinq cents personnes m'attendaient hier après-midi à Dole où j'ai chanté comme un fou, porté par leur amour.

Epinal ne m'avait pas désespéré mais les gens de Franche-Comté m'ont quand même rassuré.

– J'ai refusé du monde, m'a dit le patron des lieux, on vous aime beaucoup par ici…

Voilà pourquoi je chante, pourquoi elle chantait ; je pense à Dalida ce matin, douze ans aujourd'hui qu'elle ne chante plus. Elle avait l'amour des foules, il lui manquait l'amour d'un homme.

Paris, 6 mai

« Monsieur le préfet est passé aux aveux, il dort en prison. »

Voilà un bon début pour un mauvais roman de série noire.

Quel temps fait-il à Belgrade ? Où s'endorment les réfugiés ? Comment va Roland Dumas ?

Depuis quarante-huit heures tout le monde s'en fout. Une cabane en bambou a brûlé sur une plage et la République, qui en a vu d'autres, a le feu aux fesses. Elle découvre, affolée, que ses fils jouent parfois les pyromanes. Est-ce une affaire d'Etat ? De toute façon il s'en remettra. Personne ne croit sérieusement que Jospin a fourni la boîte d'allumettes. D'ailleurs, il ne fume pas.

Connaît-il, Lionel Jospin, ce refrain charmant de Mireille et Jean Nohain qui dit :

Ne croyez pas qu'les gendarmes
soient toujours des gens sérieux
mais non mais non Mesdames
mais non mais non Messieurs

Mais qui s'en souvient à part moi ? Quelques vieux Corses sans doute.

C'est Georges Kiejman qui défendra le préfet. Il va enflammer le prétoire le cher Georges. Cela va retarder le dîner au Grand Véfour que je lui promets depuis six mois, avec l'intention de nous réconcilier.

Nous avons de beaux souvenirs de chansons, lui et moi, du temps que nous chantions ensemble à la table de François Mitterrand. Il m'a trouvé injuste à son endroit dans le récit que j'en ai fait dans un livre récent. Ou il m'a mal lu, ou je me suis mal exprimé. Nous verrons cela preuves à l'appui quand il en aura fini avec son préfet.

Et le sous-préfet, où était-il le soir du « crime » ? Au champ ?

Les danseurs qui m'entouraient hier au studio portaient les chemises de scène de Stéphane, l'une bleue, l'autre jaune. Annie J. avait voulu me faire plaisir en les habillant ainsi. Ils étaient beaux, mais je n'ai pas pu les admirer longtemps. On me dit que leur chorégraphie était très réussie, moi je n'ai rien vu que deux chemises flamboyantes et l'ombre de Stéphane qui flottait par-dessus.

Morterolles, 7 mai

« Le journal de Gide, si léger et si plein, et qui a l'accent même du naturel, fourmille de vues subtiles, on y trouve aussi des puérilités. » Jacques Chardonne pique ma curiosité et me rassure un peu, je m'inquiète justement depuis quelques jours : pourquoi échapperais-je à la puérilité si Gide lui-même s'y est laissé aller ?

Je feuillette au hasard des pages écrites par lui l'été et l'automne 42, et je tombe sur un rhume, sur un « flanchage du cœur » à la suite d'une injection de Novocaïne, sur un ciel tourmenté à Sidi-Bou-Saïd, sur une digestion difficile... « Mes pensées m'échappent, semblables aux spaghettis qui glissent des deux côtés de la fourchette. »

Le danger vient de là, il ne faut ni se regarder manger ni écrire. Me tenir convenablement, même quand le cœur flanche, voilà mon souci.

Le 3 août 1942, Gide est encore émerveillé par le souvenir d'un petit garçon de quinze ans venu le rejoindre dans son lit à Tunis à l'heure du couvre-feu : « Il apporta dans le plaisir une sorte de lyrisme joyeux, de frénésie amusée, sans se soucier de mon âge. Je ne crois pas avoir goûté volupté plus pleine et plus forte. »

Le bonheur est forcément un peu puéril, il touche à l'enfance.

Le petit garçon « joyeux » qui inspira à Gide des caresses audacieuses a-t-il encore la mémoire de sa jeunesse éblouie, est-il un grand-père vénéré mais sévère quant à la moralité de ses petits-enfants ? Est-il mort ou, comme Gide exactement au même âge, puéril dans l'extase que lui proposent des jeunes gens ardents ?

Pas un roman ne vaut la vie et d'ailleurs, a-t-il jamais appris à lire le petit garçon « joyeux » ?

Qui va s'occuper de choisir les géraniums cette année, leurs couleurs, leurs formes, qui va les planter et quand ? Les jardiniers qui m'interrogent n'ont pas oublié que c'est Stéphane qui décidait de tout pour la cérémonie des géraniums. Ils travaillaient avec lui sous ses directives.

Ils le trouvaient un peu brusque parfois (moi aussi), mais ils le respectaient. Comme les dizaines d'ouvriers qui ont construit nos maisons, les jardiniers ont compris immédiatement que si j'étais bien le patron, Stéphane ne comptait pas pour rien, il était là chez lui aussi, sur nos terres. Cela ne posa aucun problème avec personne. Jamais. Pas une malveillance, pas un ricanement dans son dos, Stéphane inspirait la sympathie et le respect.

Il assumait son rôle près de moi, à mon bras, dans mes bras, avec la belle assurance des cœurs purs. Il voulait que l'on sache qu'il m'aimait et que je l'aimais. Pas de fanfaronnade mais pas d'équivoque non plus. Il était clair Stéphane, clair et bondissant comme l'eau de la Gartempe qui a tant mouillé nos baisers.

Les géraniums, il faudra bien les choisir pour lui. Prudy est déjà partie chez l'horticulteur de Rancon, elle en prendra des rouges pour Saint-Pardoux. Où va-t-elle les mettre ? Il y a des fleurs partout, j'y suis allé voir la semaine dernière en revenant de Guéret. C'est trop, cela frise l'étalage.

Morterolles, 8 mai

Je passe obligatoirement par son bureau pour entrer et sortir du mien. Je prends mon souffle avant de monter, et puis je passe. Vite. Il a tout laissé là en bataille comme ses cheveux le matin, on peut imaginer qu'il vient juste de sortir faire une promenade avec Tarzan ou acheter des cigarettes.

– Je reviens tout de suite, mon coq !

Sa dernière mémoire est dans l'ordinateur, ses ultimes pensées sont prisonnières de l'électronique. Les quelques pages déjà imprimées qu'il avait posées là Annie J. les a parcourues ; moi j'ai essayé, trois ou quatre lignes saisies au vol m'ont anéanti. Il parle à voix haute, il se raconte avec des points d'interrogation, il justifie ses emportements. Jamais je n'aurai la force de lire ce texte. Faute de pouvoir le consoler, je ne veux pas répandre un torrent de larmes sur des pages qu'il n'a pas écrites pour me faire pleurer.

Nous nous demandions, Prudy et moi, ce qu'il faisait tard le soir dans son bureau, tandis que nous jouions aux cartes, l'été dernier.

– Je fais comme toi, mon coq, je pense... je te ferai lire, mais pas maintenant.

La petite musique de l'ordinateur m'inquiétait quand même, j'aimais l'idée qu'il écrive, mais tant de constance dans l'introspection ne lui ressemblait pas.

Alors que voulait-il me dire avant de partir ? A-t-il eu durant ces chaudes nuits d'été, dont Marguerite Duras dit qu'elles sont l'illusion du bonheur, un mauvais pressentiment ?

– Je connais mon corps, me disait-il, il me prévient toujours...

C'était vrai mais il lui résistait avec sa tête, comme un forcené. C'est sur des coups de tête qu'il a fait des bêtises, c'est à coups de tête qu'il a survécu là ou d'autres auraient lâché prise. Où était sa tête la dernière semaine du mois d'août ? L'a-t-il vidée dans son ordinateur comme je lui demandais de vider ses tiroirs pour y voir plus clair ?

– Il y a des orages dans ma tête, m'avait-il écrit il y a longtemps pour se faire pardonner une tourmente entre nous qu'il avait déclenchée.

A cause de l'alcool peut-être. Stéphane ne pouvait pas boire, deux verres de vin à table lui faisaient perdre tout contrôle de lui-même, s'il ajoutait une coupe de champagne il perdait la raison. J'ai eu très peur parfois, il devenait incontrôlable, violent.

Lorsqu'il a pris conscience de l'état dans lequel la moindre goutte d'alcool le mettait, alors il a renoncé du jour au lendemain au peu qu'il buvait. Sans cela je l'aurais chassé de ma vue, de ma vie, non sans peine mais sans remords. Il le savait.

Aujourd'hui encore, si longtemps après, je déteste ceux qui espéraient l'entraîner plus bas que terre pour l'arracher à moi.

C'était mal le connaître. Stéphane n'aimait pas l'alcool, il aimait trop la vie. La nôtre.

– Le seul vin qui me fasse tourner la tête maintenant c'est toi, me disait-il.

L'ordinateur est recouvert d'une housse de tissu pour le protéger du soleil, il ne parlera plus, même si je savais m'en servir, je préfère qu'il se taise.

Depuis mon bureau, en me penchant un peu, je

pourrais dresser l'inventaire de ce qui reste sur celui de Stéphane et qui me parle de lui, son dernier paquet de cigarettes, un carnet de chèques de La Poste, ce fameux petit portefeuille en cuir noir qu'il oubliait partout, des chevaux de bois miniatures, des bibelots de voyage, des crayons, des photos de lui, de moi, d'Amandine sa filleule, des livres, les clés de sa voiture achetée il y a cinq ans jour pour jour chez Chrysler à Limoges, un dictionnaire des synonymes et ses derniers mots qui m'appellent... et qui me font peur.

D'autres secrets dans ses tiroirs ? Je ne les ouvrirai pas, je ne l'ai jamais fait sans sa permission. Stéphane n'avait pas de secrets pour moi, je n'en avais pas pour lui. Des enfantillages ne sont pas des secrets.

Morterolles, 9 mai

Ils ont beaucoup d'égards pour moi ceux qui viennent à Morterolles, de l'affection aussi pour supporter mon silence. Je ne leur parle pas avant huit heures du soir avec le premier verre de vin. Ils m'attendent là, sûrs de me reconnaître enfin, insolent et péremptoire, grave parfois au milieu de la fête, blagueur pour ne pas la gâcher.

De quoi parlons-nous ? De tout et de rien, du temps qu'il fait, naturellement. Je ne rate pas une occasion de dénoncer le soleil pour les scandaliser et j'y parviens, mais ils me pardonnent tout.

De qui parlons-nous ? De Stéphane comme s'il était là, et d'ailleurs il est là ; de Jouhandeau encore. Je veux leur faire partager mon envoûtement, je veux qu'ils l'aiment. Martine me suit, elle a confiance en moi comme personne, Annie L. aussi qui deviendra vite historienne de Chaminadour, de Chardonne, dont Jules me disait il y a quelques jours :

– Je relis certains passages à voix haute.

Françoise, la dame du Moulin sur la Gartempe qui nous recevait hier à sa table, était extatique, elle venait de terminer *L'amour c'est beaucoup plus que l'amour.*

Je suis content de moi quand je parviens à communiquer mes passions, et pour dire vrai je ne comprends même pas qu'il puisse en aller autrement. Cela peut me rendre insupportable. Cette Françoise qui pose sur moi un regard attendri est touchante de naïveté et de désir d'apprendre. J'aime qu'elle me demande de lui apporter une photo de Chardonne « pour voir s'il ressemblait à ses livres ». Sa curiosité gourmande remplace le sel qui manque parfois à sa cuisine. Elles sont charmantes les soirées au Moulin, il y a des napperons, des bougies de toutes couleurs et de toutes tailles, des fleurs en papier, une tapisserie d'Aubusson, du bois partout et des huiles essentielles dont Françoise prétend qu'elles répandent des ondes bénéfiques. C'est elle qui a de bonnes ondes dans le sourire, elle ne réussira pas à m'embarquer dans ses croyances mystiques où les plantes vous guérissent, les parfums vous rendent l'amour, les thérapies de groupe vous conduisent au ciel ; non, Prudy fera très bien l'affaire à ma place, elle adore qu'on lui raconte des sornettes, peut-être même qu'en cachette de moi elle va se faire tirer les cartes. Je l'entends d'ici dire à Françoise : « Surtout ne parle jamais de ces trucs-là devant Pascal. »

Françoise, la fille du Nord, venue en Haute-Vienne pour y organiser des ateliers de formation au bonheur du couple – quel programme ! –, a compris dès notre première rencontre que je ne serais pas un bon client.

Annie L., qui reste charmée comme nous par les soirées chez Françoise, m'a dit ce matin :

– Cette femme vous admire, n'ayez aucune crainte, elle ne sera pas toxique pour vous…

Je n'avais aucune crainte, mais le mot toxique m'a enchanté. En effet, je m'arrange pour qu'il n'y ait pas de gens irrespirables dans ma vie.

Marie range mes mots sur son ordinateur, c'est ma première lectrice muette. Je suis tétanisé certains matins devant l'ampleur des dégâts. Tout reconstruire, tout seul. La tâche est insurmontable.

– On vous aimerait moins morose, emporté par la vie malgré tout…

Pierre S., qui vient de lire mes quarante dernières pages, ne veut pas me savoir trop malheureux.

– Ne me demandez pas l'allégresse, Pierre, ma vie est ce qu'elle est, enjolivée parfois par Lily, par Lulu, par les dames de Guéret…

– Ah, les dames de Guéret !

– Je n'invente rien, Pierre, vous le savez. Je n'ajoute rien, je passe entre les larmes, j'essaie…

Quand j'écrivais et qu'il était là, c'est à Stéphane d'abord que je m'adressais, c'est à moi d'abord qu'il offrait ses chansons. Aurai-je un jour la force de l'entendre chanter, de le regarder à la télévision ?

Morterolles, 11 mai

« Pour être heureux, la consigne est de ne pas changer de place, de ne se vouloir à aucun moment ni à aucun prix un autre ou ailleurs, d'installer le bonheur où l'on est, où que ce soit et tout de suite, le privilège de l'homme étant peut-être après tout de pouvoir faire du bonheur avec tout. »

Comment dire les choses plus simplement ? Je l'ai relu dix fois cette nuit la sage « consigne » de Jouhandeau, j'aurais voulu pouvoir réveiller Stéphane pour la lui chanter à l'oreille et qu'il se rendorme apaisé. J'ai mis mon nez dans son polo gris et bleu que je garde sur mon oreiller, j'ai respiré très fort ce morceau de tissu qui retient son odeur et je me suis endormi chaviré, sûr de son innocence.

Je rentre à Paris un jour plus tôt que prévu retrouver Charles Trenet et Michel Drucker, celui-ci me veut près de lui pour l'anniversaire du « Fou chantant ». Ils m'attendent primesautier, je vais devoir prendre sur moi, j'aurai le bon réflexe quand les caméras tourneront. J'emmènerai Jules qui trépigne d'impatience, sa joie sera la mienne.

Dans le train, 12 mai

Je ne déteste pas les voyages mais je n'aime pas voyager. Je crois l'avoir déjà dit. Mais qui aime cela ? Cette promiscuité avec n'importe qui, ces parfums de femmes qui se mélangent et nous lèvent le cœur en passant, ces enfants qui cavalent et que leurs mères laissent cavaler et que nous devons supporter, nous qui n'avons rien fait de mal, et ce matin cet Italien qui téléphone à haute voix pour qu'on entende bien qu'il est italien et qui crache ses mots dans la fumée de ses cigarettes, c'est trop pour moi qui ne veux déranger personne et qui espère bêtement un monde où enfin les hommes se tiendraient tranquilles.

La Hollande qui défile maintenant à la vitre du Paris-Amsterdam sera notre récompense.

Julien et Didier voulaient m'entraîner avec eux plutôt vers Marrakech, j'ai laissé là-bas trop de souvenirs brûlants, je ne suis pas en état de les affronter.

Ce sera donc Amsterdam. J'y suis venu souvent avant Stéphane et avec lui, mais je ne sais plus quand ni si nous étions seuls ou accompagnés, rien, pas un geste, pas un sourire de lui pour rafraîchir ma mémoire. Rien, du vent et le ciel incertain comme moi.

C'est un autre que je revois, chandail rouge et vert, cheveux frisés, adossé à la rambarde d'un petit pont dans le soleil de mai il y a vingt ans. Sans doute parce que j'ai gardé longtemps la photo de ce jour-là accrochée dans ma chambre à Paris. Je viens de l'enlever. Je ne saurais me contenter d'une image que le temps a brouillée.

Je vais prendre Amsterdam aujourd'hui comme elle viendra, sans lui demander de me rendre ce qu'elle ne peut pas.

Amsterdam, 13 mai

D'abord des vélos, partout, dans tous les sens et qui vous encerclent, vous frôlent et s'envolent plus vite, plus loin, des vélos posés là, par terre emmêlés, enchaînés, prêts à bondir pourtant aux mains de leurs maîtres, des vélos comme des insectes, maîtres de la ville.

Je les croyais plus lents, plus élégants les gens d'ici sur leurs vélos, non, ils foncent le nez en l'air sûrs d'eux et dominateurs, certains même téléphonent ! Mais pour dire quoi et à qui ?

Ils ont des bébés blonds sur leurs porte-bagages et des filles blondes en amazone qui laissent flotter leurs cheveux. Il y a des voitures aussi, mais elles se faufilent comme elles peuvent entre les vélos qui de toute façon ne s'arrêteront pas. Heureusement les tramways sont en grève.

Nous sommes rentrés étourdis, Julien, Didier et moi, hier après-midi après avoir baguenaudé de pont en pont, eux à la découverte d'un monde et moi, malgré moi, à la recherche des bars d'autrefois où nous buvions des irish-coffees tard dans la nuit. Chimères que tout cela !

Julien et Didier ont amené avec eux un guide de la ville pour organiser nos promenades mais ils ne savent pas le lire, et deux appareils photo, le même modèle dernier cri, mais ils ne savent pas s'en servir. Je pose à leur demande sans illusion sur le résultat. Qu'en feront-ils d'ailleurs de ces photos de moi dans vingt ans, quand ils auront oublié l'année même de notre séjour ici et peut-être aussi leurs fous rires ?

Ils s'entendent comme larrons en foire ces deux-là, aussi différents que possible mais joyeux, décidés à s'occuper de moi au-delà de nos heures de travail quand je suis démaquillé et sans défense.

Didier est extraverti, il a l'esprit vif, du bagou même, je le crois capable de vendre des cravates dans un camp de nudistes, et Jules vicieux comme un gamin en fait ce qu'il veut, il le pousse à la gaffe, l'excite sans relâche, l'entraîne à la bêtise qu'il brûle de faire lui-même et finalement l'envoie devant récolter les baffes.

Ah, le rire de Jules dans ces moments-là ! qu'il tente d'étouffer quand je suis dans les parages, comme le font les enfants pris en faute, le rire de Jules la nuit dernière dans la chambre à côté de la mienne où ils venaient d'entrer tous les deux sur la pointe des pieds pour ne pas me réveiller. Oui, on trouve d'étranges cigarettes dans les cafés d'Amsterdam, ils en avaient partagé une pour rire encore.

– On vous dit tout Pascal, vous savez bien !

Il ne manque pas d'air, Jules. Planqué derrière Didier, il ajoute :

– Ce n'est pas moi, c'est lui je vous le jure.

Mais son nez bouge.

Amsterdam, 14 mai

A ma fenêtre au neuvième étage de l'Hôtel Marriott, entre le ciel et le canal, la ville s'anime sans se presser, les garçons traînent sur leurs lits, leur nonchalance me gagne.

– Que se passe-t-il au Kosovo ? me demande Didier.

– Rien... ou presque rien.

C'est ce que dit Régis Debray qui en revient justement et qui raconte « ce presque rien » dans l'unique exemplaire de *Libération* qui arrive ici à Amsterdam où il ne se passe rien non plus.

– Et ailleurs ?

Pas grand-chose, « juste un souffle du vent sur la pointe des seins de Catherine Deneuve » qui passait par Cannes hier au soir au bras du fils Depardieu. Quelle littérature ! Il faut oser écrire cela et signer. Une dame a osé, et Jules s'étrangle en nous lisant cette prose sublime qui aurait dû l'émoustiller.

Sa Majesté Deneuve a-t-elle lu les journaux ce matin dans sa chambre au Carlton ? « Le souffle du vent sur la pointe de ses seins » l'aura-t-il enrhumée ? Et le fils Depardieu où a-t-il pris froid exactement ?

Depuis que François Chalais s'est tu et que je n'entends plus mon cher Chapier, le festival m'ennuie. Il faut avoir l'âme légère pour s'acoquiner avec le vent.

Amsterdam, 15 mai

Le chauffeur de taxi nous affirme qu'il y a trois morts par jour à Amsterdam. C'est peu finalement pour une ville où les candidats au suicide débouchent de partout à cheval sur leurs grands vélos jaunes ou noirs, bien décidés à passer coûte que coûte, y compris sous les tramways. Ils sont fous ! J'ai beau faire un effort de mémoire, je n'ai pas gardé le souvenir des gens d'ici dans un tel état d'agitation.

Et celui-là qui roule à tombeau ouvert, nu sur des patins américains, où va-t-il ? Cela n'étonne que nous, qui n'en finissons pas de marcher et de revenir sur nos pas dans une ville qui tourne en rond autour de ses ponts.

– Où allons-nous ?

Voir « les marins qui pissent comme je pleure sur les femmes infidèles ». Jules a toujours une chanson en tête mais Brel a rêvé, il n'y a pas de port à Amsterdam, en tout cas pas celui qu'il a chanté si fort. Nous n'aurions pas dû y aller voir. Il faut savoir se contenter des chansons. Didier est déçu, s'il veut du folklore il devra s'arranger avec un Hollandais de Bagdad qui lui propose une cigarette parfumée et un tour en vélo.

Et les champs de tulipes ?

Ce n'est plus la saison.

Et le musée Van Gogh ?

Il est fermé pour cause de travaux, transféré provisoirement dans une salle sombre où sombrent les touristes obéissants. Nous n'irons pas. « Des tournesols, j'en ai plein sur mon tee-shirt, ça suffit comme ça », conclut Didier qui préfère de beaucoup que nous allions faire des bêtises ailleurs, et Julien qui suit ne demande pas mieux.

Les tulipes sont fanées, les marins fatigués, Brel est mort, rien ne va plus.

– Allons boire des bières et voir les dames dans les vitrines, suggère Jules qui ne s'avoue pas vaincu facilement et a de l'imagination pour trois.

Le chauffeur de taxi nous a plantés là, au beau milieu d'un charivari de mâles qui tanguaient serrés les uns contre les autres, se cognant comme des papillons de nuit aux vitrines de ces dames alanguies ou turbulentes selon leur genre, et qui se régalent d'eux, tandis qu'ils cherchent désespérément dans leurs braguettes de quoi les épater et dans leurs poches de quoi les satisfaire.

Ils s'en vont finalement pisser sous les réverbères, il ne leur manque qu'un chapeau de marin pour faire joli dans le décor et nourrir ainsi les fantasmes de Didier.

– Toujours moi qui trinque, toujours de moi qu'on rigole et vous bien sûr vous êtes innocents, et toi monsieur Julien avec tes airs de sainte-nitouche tu en fais quoi de tes fantasmes et de ces pauvres filles qui n'attendent que toi ?

Rien. C'est bien connu, Jules ne fait rien. Il regarde mais ne touche pas. Il passe dans nos vies avant de s'en aller voir ailleurs si nous y sommes.

Moi, je veux revenir à Stéphane, je m'ennuie de lui, il cogne dans mon ventre la nuit quand j'éteins la lumière.

Amsterdam, 16 mai

Il faut marcher longtemps avant de trouver un bar qui ne dégueule pas de la musique américaine jusque sur les trottoirs où s'affale une jeunesse passive et plutôt blonde.

Toutes les jeunesses de l'Europe du Nord se ressemblent, même celles qui défilent contre l'Otan, portent des jeans et vont en cadence sur des raps électroniques inventés à Harlem.

McDonald's, Burger King et Coca-Cola, les trois

couleurs du triomphe américain éclaboussent la ville définitivement ; c'est même la seule lumière autorisée à Belgrade comme ailleurs après l'heure du couvre-feu. Qu'ils arrêtent de nous parler de l'Europe ou alors qu'ils décrochent ces enseignes arrogantes qui sont la preuve éclatante de notre défaite.

La Carte bleue de Jules ne fonctionne pas, la dame de l'hôtel a beau taper le code dix fois de suite, rien, « refusée monsieur, refusée… ». Elle dit cela en anglais bien sûr, la langue de l'Europe, elle le regarde comme un voleur et il rougit, Jules, comme un voleur. Nous voilà bien !

– Il vous faudrait une carte American Express, c'est plus sûr.

Et elle dit cela en anglais la dame de l'hôtel, pour bien se faire comprendre.

Paris, 17 mai

Lulu a accroché des géraniums à son balcon. Sans nouvelles de lui depuis quinze jours, je le croyais envolé mais non, apparemment il s'installe. Rien ne pouvait m'émouvoir plus ce matin que ces fleurs en signe de vie. Elles me ramènent à d'autres printemps quand Stéphane lui aussi mettait des géraniums à sa fenêtre, et son sourire par-dessus.

Lulu ne sait rien de mes tourments, il jardine. Il ne faut pas l'attrister.

Charles Trenet a quatre-vingt-six ans. Je l'appelle à tout hasard sur le portable de Georges, son secrétaire, et je le joins dans un restaurant chinois de Nogent ; enjoué, profitant de la vie avec gourmandise. Diable d'homme, on ne sait jamais comment on va le trouver, dans quelle humeur, ni où. La semaine dernière, il s'impatientait en faisant les cent pas dans le hall d'entrée du studio Gabriel où il devait tourner une émission pour son anniversaire.

– Je m'en vais, me dit-il, on ne s'occupe pas assez de moi…

Et il est parti aussi sec, laissant Michel Drucker les bras en croix sur le trottoir, interloqué mais bon prince, et qui n'en revenait pas.

– Sacré Charles ! On ne le changera pas, me dit-il.

– Ça non, il est trop tard.

Cent fois je l'ai vu faire demi-tour quand quelque chose ou quelqu'un lui déplaisait, un détail, une fleur fanée, un courant d'air, un gendarme distrait, une guirlande défraîchie, une poussière, des riens charmants que seuls les poètes et les fous remarquent en passant.

– Et puis, me dit-il, il y avait deux grosses dames peintes qui sont comiques paraît-il, mais moi je ne les trouvais pas drôles, et puis une autre fumait en me parlant.

Trenet a quatre-vingt-six ans ! Il se tient bien à table et sur scène, si longtemps après avoir fait danser nos grands-pères. Ils sont tous morts maintenant, sauf lui qui a fixé l'échéance lui-même.

– Je mourrai dans cinq ans, a-t-il annoncé tranquillement à Patrick Poivre d'Arvor en direct au journal télévisé de TF 1 hier au soir. Ce sera assez…

PPDA prend date. La séquence repassera soyons-en sûrs. Quand ? Trenet parle toujours légèrement des choses graves. En attendant ce jour maudit, il ne faudra pas laisser traîner devant lui des cendriers pleins ou des femmes mal coiffées. Nous y veillerons Drucker et moi, et avec nous tous ceux qui savent que les caprices de poète ne sont vraiment que des espiègleries.

Paris, 19 mai

Annie L. m'appelle, essoufflée, depuis la Bibliothèque royale de Belgique où elle fouine pour moi :

– J'ai retrouvé le papier de Poirot-Delpech dans *Le Monde* d'avril 79... Jouhandeau est enterré au cimetière de Montmartre, voilà vous savez maintenant.

Chère Annie, si empressée à me faire plaisir et qui me contrarie sans l'avoir voulu. Je suis déçu, j'aurais tant aimé qu'il repose à Guéret, du côté de chez nous où nous serions allés le visiter sans nous faire trop remarquer mais avec ferveur. Au dernier moment il aura donc préféré Montmartre à Chaminadour, sa femme à sa mère.

« Seule la mort me délivrera d'Elise », écrivait-il à bout de souffle, mais il n'a pas osé désobéir le moment venu.

« Il y a dans la voix d'Elise un je-ne-sais-quoi de si impératif qu'on se croit obligé d'accourir tout de suite. Depuis que je m'en suis aperçu, je me fais un malin devoir de ralentir le pas. Rien ne l'exaspère, comme ce genre, comme ce semblant de résistance. »

L'aveu est patent. Les victimes s'attachent finalement à leurs bourreaux. Chacun sait cela, paraît-il.

Moi aussi, mais cela me tue. Jouhandeau se plaisait en victime, il savourait sa grandeur en capitulant devant Elise impériale. Morte avant lui, c'est encore elle qui décide. Il a l'éternité pour geindre.

Paris, 20 mai

Stéphane n'a jamais eu d'autre adresse que la mienne, la nôtre. Du courrier pour lui encore ce matin, des publicités, des invitations de cafés-théâtres, le Trésor public évidemment qui insiste et qui n'aura pas de réponse. Je n'y touche pas, Aïda le fera suivre au notaire. Elle descendra tout à l'heure avec Annie J. dans l'appartement de Stéphane ouvrir les fenêtres, jeter les plantes vertes qui se dessèchent et ramasser sur son bureau quelques photos de nous sur une plage au Maroc, autrefois. Je les emporterai à Morterolles où elles finiront dans une grosse boîte à bonbons vide qu'il avait conservée pour cela. Un jour peut-être je l'ouvrirai, il est trop tôt pour que j'affronte ces images du bonheur au soleil, quand il courait nu se jeter à mon cou et nous jeter dans l'eau emmêlés et joyeux.

Oui, il m'est arrivé d'être heureux au soleil, mais c'était Stéphane qui m'éblouissait.

Je ne peux pas regarder ces photos aujourd'hui parce qu'il est trop tôt, demain il sera trop tard, je le crains.

Morterolles, 21 mai

Ma petite Christiane, qui s'occupe si bien de nous, avec une discrétion qui pourrait ressembler à de l'indifférence, ne résiste pas à la tentation de déchiffrer la première les résultats d'audience de mon émission qui tombent chaque matin sur le fax. Quand le programme de la veille lui a plu, elle veut savoir avant moi si les Français ont partagé son enthousiasme.

– Trente-quatre pour cent ! me dit-elle en entrant dans mon bureau tout en brandissant des feuilles de chiffres, j'en étais sûre, c'était beau hier tous ces valseurs, ces belles robes…

Christiane a le profil exact de la ménagère de moins de cinquante ans, c'est la proie rêvée des publicitaires, le fantasme permanent des directeurs de chaîne. Si elle savait ! Mais elle ne veut rien, Christiane, seulement rester tranquille sur la terre où elle est née, Paris c'est trop loin, trop grand, trop bruyant. La seule fois où elle a vu la tour Eiffel elle avait treize ans.

Pour la fête, les bals de village, la batteuse de nos voisins une fois l'an suffisent à la contenter. Son mari, un gaillard, grimpe sur les fils à haute tension des environs pour réparer les dégâts quand il y a de l'orage, son fils et sa fille sont grands maintenant et elle est contente ainsi dans ses deux maisons, la sienne et la mienne. Elle court de l'une à l'autre, on se demande pourquoi, mais elle court.

– Je ne sais pas marcher, me dit-elle en pouffant.

Elle a la rudesse et le courage des filles de la campagne, jamais une plainte, jamais de larmes, sauf pour Stéphane qu'elle aimait tant et qu'elle a soigné si tendrement sans broncher, même aux pires moments.

Morterolles, 22 mai

Je n'irai pas à Solutré cette année. Pour la première fois depuis vingt-deux ans je vais manquer ce rendez-vous en Bourgogne sur les traces de François Mitterrand. Je ne suis pas en état de faire bonne figure devant sa famille et ses amis qui m'ont connu si content d'être parmi eux.

Danielle me pardonnera, elle sait ma fidélité au souvenir du Président, j'ai écrit à Christine, sa sœur, pour lui expliquer les raisons de mon absence, sa réponse et ses messages chaleureux me touchent et me culpabilisent en même temps, mais je ne peux pas imposer mon chagrin à une table de gens qui ne le comprendraient pas.

Je vais rester là sans parler, lourd comme le temps, encombré d'orages à venir.

Morterolles, 23 mai

Stéphane joue à cache-cache avec moi, il disparaît quand je le cherche, il me surprend quand je ne l'attends pas. Je le guette désespérément à l'encoignure de la porte-fenêtre de ma chambre où il apparaissait les soirs d'été en fin d'après-midi, sûr de me trouver là, sommeillant ou absorbé par un livre. Je sursautais et, selon mon humeur, il venait m'embrasser ou s'éloignait sur la terrasse attendre une heure plus propice aux épanchements amoureux. Ces instants d'intimité volés au temps qui passe je les rattrape comme je peux, ils m'anéantissent presque physiquement et m'emportent aussi au-delà de moi.

La douleur des premières semaines fut si violente qu'elle m'avait assommé puis engourdi, elle est moins franche aujourd'hui, lancinante, elle m'attaque n'importe où, n'importe quand, sur scène au milieu d'une chanson, sous ma douche quand je termine comme hier le dernier flacon de shampoing de Stéphane, ou dans notre salle de bains commune quand la glace me renvoie l'image de son peignoir accroché dans mon dos.

Stéphane cognait son rasoir mécanique sur le robinet de son lavabo pour en dégager la mousse, faisant s'écailler ainsi la pellicule dorée qui le recouvre. Je m'étais fâché pour cela, lui faisant remarquer les dégâts. Je le revois, flamberge au vent, niant l'évidence et m'expliquant avec un aplomb désarmant que j'avais payé trop cher une robinetterie de mauvaise qualité.

– Et pourquoi la mienne résiste si bien ?

– Parce que toi, tu es un génie interplanétaire…

Qui saura jamais se moquer de moi avec tant d'amour ? Ma mère quand j'étais petit avait cette même façon de m'envoyer sur les roses. Personne n'ose plus. Je suis trop vieux et trop riche. Stéphane ne s'intéressait ni à mon âge ni à mes comptes en banque, Stéphane me traitait de « génie interplanétaire » pour désamorcer mes colères, mais il lisait mes livres en pleurant de bonheur et de fierté. Au fond, je n'ai eu qu'une seule idée : qu'il soit fier de moi comme je l'étais de lui. Ces médailles et ces rubans, vert, bleu et finalement rouge, je les ai voulus pour mes parents et pour lui.

Stéphane attendait ici les dimanches de Pentecôte que je rentre de Solutré et que je lui raconte mon escapade avec le Président, sa famille et ses amis.

– Emmène-moi une fois, tu leur diras : je vous présente mon ours, et voilà.

J'aurais pu, j'aurais dû ; Pierre Bergé l'aurait trouvé charmant, Jack Lang m'aurait félicité, Monique et Christine Gouze-Renal auraient remarqué aussitôt ses grands yeux verts.

J'aurais pu, mais je craignais de casser un cérémonial commencé avant lui, et qu'il ne s'ennuie peut-être en bout de table. Sa présence m'aurait intimidé.

Il y a un an malgré tout, je lui promettais que cette année 1999 serait la bonne, et qu'il m'accompagnerait enfin à Solutré.

Aurai-je envie de retourner un jour là-bas, seul comme jamais ?

Morterolles, 24 mai

Mes plus proches collaborateurs viennent me rejoindre aujourd'hui pour trois jours de séminaire consacrés à l'élaboration des programmes de l'automne-hiver 1999-2000. Je vais définir avec eux les tendances et les couleurs de cette nouvelle collection de chansons. Je me sens dans la peau d'un couturier prisonnier de la griffe qui fit sa « gloire » et soucieux d'inventer encore, de surprendre si c'est possible.

Je vais proposer les grands classiques en retouchant légèrement leur présentation, faire reprendre quelques refrains oubliés, en créer d'autres entre jazz et java.

Nous allons boucler le siècle avec six mois d'avance et ouvrir le prochain avec l'impatience des enfants qui croient encore au Père Noël.

Nous serons une douzaine autour de la table du presbytère que j'ai fait rénover à l'entrée du village. Je vais devoir parler beaucoup, exciter l'imagination de chacun, donner des directives, c'est mon rôle. Ils m'attendent là, appréciant la réplique, attentifs à l'injonction, sensibles aux compliments. Une belle équipe que je sens décidée à m'entraîner un peu plus loin.

Le silence où je me complais ne va pas sans échappées vers la vie, elles le rendent supportable et nécessaire. Le romantisme n'est pas mon genre, je laisse cela aux jeunes filles, je ne me raconte pas d'histoires, je n'invoque pas Dieu à chaque instant, je serre les poings et je chante pour passer le temps.

C'est la saison des amours pour les carpes centenaires qui sautent en vol plané au-dessus de l'étang écrasé de soleil. Ce sont les mêmes qui émerveillaient Stéphane, il surveillait leurs exploits comme les gosses leurs bateaux sur le bassin des Tuileries. Je ne m'intéresse pas énormément aux carpes mais leur charivari ce matin me serre le cœur.

– Regarde, me dit-il, comme elles sont belles !

Mais je ne vois que lui et la joie innocente qu'il répandait dans la maison.

Morterolles, 25 mai

Je viens de recevoir la nouvelle édition de *Vichy Dancing*, ce roman qui me valut tant d'éloges lors de sa parution chez Olivier Orban, le voilà ressuscité ce matin sous la couverture blanche et sobre d'Albin Michel. Il tremble entre mes doigts, je le regarde, le soupèse, je suis fier de lui mais je ne le relirai pas dans sa continuité, j'ai peur qu'il me malmène. Je vais ouvrir quelques pages au hasard, juste pour la musique, comme on attrape en passant près d'un piano-bar les accords douloureux d'une ancienne mélodie.

Il faut manier les souvenirs avec précaution, ils sont caresses ou griffes, j'en ferai des livres pour m'en protéger. Pas des romans, à quoi sert d'inventer des histoires que la vie rend dérisoires ?

Morterolles, 27 mai

Julien au séminaire hier, dissipé comme un garnement. J'ai dû le rappeler à l'ordre un peu sèchement. La punition fut pour moi. Il m'a boudé tout l'après-midi. S'il m'a privé de son sourire volontairement, notre amitié en portera la marque, on ne joue pas impunément au bel indifférent avec moi ; s'il était malheureux je le consolerais.

J'ai un penchant naturel pour la tendresse, ceux que j'aime peuvent avoir la tentation d'en abuser, Julien comme les autres, je dois donc me reprendre de temps en temps si je ne veux pas finir en loques.

Il y a beaucoup de nonchalance chez Julien, vais-je savoir m'en accommoder ? J'aurais du mal en tout cas à me passer de son rire.

Morterolles, 28 mai

Huit jours sans bouger, ou presque, du bureau où je marque le temps qui passe avec des mots sur ce journal auquel je m'agrippe désespérément. Encore ce matin je ne peux pas lâcher prise, à l'heure où je dois pourtant rentrer sur Paris. Les gens de mon bureau m'attendent, pour être sûrs enfin que la musique va repartir, et ce soir je mettrai un smoking pour faire mon entrée dans le grand monde, parmi quelques descendants des Bourbons qui m'aiment beaucoup, me dit-on.

Pour quelqu'un qui fuit les mondanités, je vais être servi.

Paris, 29 mai

L'exactitude étant la politesse des rois, je suis arrivé à vingt heures quinze précises hier à l'Hôtel Intercontinental où Son Altesse le prince Sixte Henri de Bourbon-Parme devait me décorer du Lys d'Or pour service rendu à la culture française.

Rien de bien grave. Monsieur Jules Pieron, le président de l'association, m'avait fait prévenir que la cérémonie se ferait en toute simplicité, que « les honorables membres de la noblesse » étaient impatients de me féliciter et que Monseigneur comptait parmi mes plus fervents admirateurs. C'était trop, je ne pouvais pas refuser tant d'honneurs sans passer pour un goujat.

J'étais donc à l'heure, Marie-France à mon bras en robe longue obligatoire, curieux de rencontrer un si « beau monde ».

– Le plus dur ne sera pas d'arriver, m'avait dit Marie-France, mais de repartir…

J'avais heureusement pris soin d'informer le chef du protocole que je n'assisterais pas au dîner, retenu ailleurs pour des raisons d'ordre privé. J'aurais été incapable d'entretenir une interminable conversation de table même avec des gens si biens disposés à mon égard.

Le service doit se faire à ma convenance et se terminer quand je le décide, c'est pourquoi je n'accepte jamais ce genre d'invitation.

La dernière fois que je m'étais rendu à l'Hôtel Intercontinental c'était il y a dix-neuf ans, presque jour pour jour, lorsque François Mitterrand tout juste élu président recevait celles et ceux qui l'avaient soutenu dans sa campagne électorale. C'est à lui naturellement que je pensais en entrant dans le salon réservé à l'étrange cérémonie qui m'attendait. La Légion d'honneur qu'il avait accrochée à mon veston au nom de la République française prenait un éclat particulier, je ne me suis même pas demandé si elle était compatible avec le Lys d'Or qui m'était promis.

C'est la politesse qui m'a incité à l'accepter. Il y a souvent de la vulgarité et beaucoup de prétention dans le refus des hommages qui vous sont faits. Il faut les prendre comme ils viennent, très simplement, et ne pas non plus leur donner l'importance qu'ils n'ont pas.

Si je n'ai pas de dispositions particulières pour ce genre de pince-fesses, je sais me tenir. J'ai fait le baisemain à des princesses hors d'âge, je me suis laissé embrasser par des femmes mirobolantes qui prétendaient contre l'évidence que je suis le meilleur et le plus beau de toute la télévision française, j'ai posé en souriant à côté de la tante de Farah Diba, très belle, et de garçons coiffeurs décolorés.

Tandis qu'un orchestre de chambre s'installait sur l'estrade prévue à cet effet, une mère de famille me présenta son fils beau comme un ange :

– Il a quinze ans, il va chanter pour vous après le repas, il a le trac vous savez…

– Qu'il ne s'inquiète pas je serai, hélas, parti, dis-je en proposant à la maman, « cantatrice à mes heures », me précisa-t-elle, de conduire son fils un jour prochain à mon collaborateur André Bernard, spécialiste de l'art lyrique.

Et finalement Son Altesse est arrivée quand on ne l'attendait plus, au beau milieu du petit discours de remerciements que j'ai improvisé sans aucune difficulté.

Bon prince, le prince a bondi vers moi et, sans même reprendre son souffle, a déclaré que « j'avais bien mérité de la France », ce qui n'est pas désagréable à entendre même s'il me suffit de n'avoir pas démérité à mes propres yeux. Il fut cordial, chaleureux même, Monseigneur :

– Pardonnez-moi mais je pars demain pour le Kosovo, alors c'est un peu compliqué à gérer…

Je lui ai répondu que je partais moi-même chanter à

Bastia, ce qui est moins dangereux malgré tout. Et nous nous sommes quittés prestement, nous promettant de nous revoir. Pourquoi pas en effet dîner un soir de l'hiver prochain avec ce prince bondissant qui n'est pas forcément sans qualités ? La noblesse de France ne m'impressionne ni plus ni moins que le prolétariat d'où je viens.

Je pourrais rapporter tout autrement cette sauterie désuète et brosser sans mentir un tableau pathétique de la noblesse française ; dire une cour des Miracles qui aurait inspiré Fellini, mais ce serait trop facile et injuste envers ces hommes et ces femmes qui n'avaient pour moi que de bons sentiments.

Une heure montre en main, et tout fut dit.

Marie-France a embarqué, sur l'insistance de l'hôtesse, les parfums Lanvin placés devant nos assiettes, les menus gravés à mon nom, et nous sommes allés dîner au Grand Véfour à la table de Jean Cocteau. Stéphane aurait été fier de moi, son charme aurait emballé les princesses, c'eût été lui le vrai prince de la soirée.

Paris, 31 mai

Aller-retour express en Corse pour chanter au théâtre de Bastia, à l'invitation du maire Emile Zuccarelli.

Pas un gendarme dans les rues, mais une foule chaleureuse et colorée venue pour m'applaudir. J'ai mis le feu aux planches. C'était le moment ou jamais.

Une dame malicieuse et émue m'a pris la main et m'a dit : « Merci de venir chanter la France ici. »

Paris, 2 juin

Ces journées interminables, les plus longues de l'année, me perturbent moralement et physiquement. Je suis calé sur l'automne, ses coins d'ombre et la fraîcheur de ses nuits.

Si j'étais maître du ciel je ferais se lever des orages sur les foules dépenaillées qui s'affalent aux terrasses. Je ne comprends pas qu'on s'abandonne au soleil avec volupté, tant de relâchement du corps et de l'esprit donne du genre humain un spectacle qui écœure. Une ville qui court sous la pluie a quand même plus d'allure, de nerfs, un jardin en octobre offre en s'apaisant plus d'élégance et de sagesse.

Est-ce tellement scandaleux de préférer Noël à la Saint-Jean ? Je ne le crois pas, mais je vois bien que j'agace même les mieux disposés à me comprendre. Je suis seul, là encore, je n'en tire ni gloire ni dépit, simplement je n'ai pas de disposition pour l'enfer. Quant au paradis, ce refuge d'opérette peuplé de vahinés alanguies au soleil, je m'arrangerai pour ne pas le mériter.

Paris, 3 juin

« Un homme actif et pessimiste à la fois est ou sera fasciste, sauf s'il a une fidélité derrière lui. » Cette sentence de Malraux dans *L'Espoir* me fait sursauter, lui-même n'a pas aimé que Roger Stéphane lui demande de s'en expliquer.

– J'ai cette fidélité derrière moi, lui répondit-il violemment, comme effrayé par tant de certitudes.

Il avait heureusement prévu l'alibi, et pourtant moi, qui suis couvert également par la fidélité, je ne crois pas qu'il suffise d'être passif et optimiste pour être un bon bougre. Le monde serait d'une écœurante bonté.

Paris, 4 juin

– Ou tu as trop maigri, ou ton costume est mal foutu !

Mon père avait l'œil vif hier au soir, ma mère était pimpante ; fins prêts tous les deux pour que je les emmène dîner dans le restaurant proche de chez eux où nous allions parfois avec Stéphane. Je flotte un peu en effet dans mon costume, mais Saint Laurent n'y est pour rien.

– Et ta santé ?

Je n'échappe pas à la question rituelle de ma mère qui a sûrement remarqué que j'ai le visage chiffonné de quelqu'un qui a mal dormi. Je lui ressemble plus encore le matin au réveil quand ma nuit a été par trop encombrée de mauvais rêves. Je suis comme elle, je dors par hasard entre deux angoisses.

– Tu sais, me dit-elle, j'ai bien cru que j'allais tous vous quitter la semaine dernière, ton père ronflait, je me suis vue partir… je vous ai dit au revoir…

Elle retient ses larmes, moi les miennes, et je lui demande de me montrer ses résultats d'analyses de sang. Je sais, hélas, parfaitement déchiffrer les taux et les pourcentages d'un bilan médical. J'ai étudié, comparé et classé pendant dix ans ceux de Stéphane. Au premier coup d'œil, j'avais compris.

En détaillant celui de ma mère ma main tremble, mon ventre se creuse, je me revois, je le revois lui, attendant mon diagnostic, fataliste. Si les chiffres disent vrai, ma mère va le mieux possible.

– Ce sont des analyses de jeune fille, lui dis-je.

– Elle est en pleine forme, ajoute mon père. Si tu la voyais, elle n'arrête pas de retourner la maison de fond en comble, et de surveiller les jardiniers.

– Regarde mes roses, me dit-elle, comme elles sont belles, je les ai prises en photo.

Ma mère a le don des choses de la vie, elle repère comme personne ces instants charmants qui consolent un peu. Stéphane aussi avait ce don, c'est pour cela qu'ils s'aimaient tant.

J'ai aidé mon père à enfiler l'impossible tricot marron qui lui sert de smoking et nous avons traversé à petits pas ce jardin où j'ai couru parmi d'autres roses, et grimpé au cerisier, dernier témoin de mon enfance.

– J'ai faim, a dit mon père, qui se régale déjà.

– Toi, le jour où tu n'auras pas faim ce sera grave.

Ma mère le redoute ce jour-là, après tant d'années d'amour et de coups durs, il arrivera forcément.

– Une crise cardiaque en plein sommeil, dit-il, ce sera parfait, au fond nous aurons eu une belle vie !

Ils avaient vingt ans tous les deux, c'était le dernier été avant la guerre. Ils sont partis en voyage de noces à Morangis, aux environs d'Orly, un village au milieu des champs de blé, avec des vaches et des moutons dans les prés.

– C'était pas Venise, mais on était heureux. Il faisait une chaleur épouvantable, tu te souviens ?

Bien sûr qu'elle se souvient, elle me montre, accrochée à son cou, l'alliance qu'il lui a passée au doigt le 4 juin 1939 à la mairie du douzième arrondissement.

Ce sera tout ou presque pour les souvenirs de ce jour-là, et de ceux qui ont suivi. Chez nous on ne s'éternise pas dans la nostalgie. Elle abîme ceux qui en abusent.

Divonne-les-Bains, 5 juin

Le nom me plaît : Divonne-les-Bains, ça résonne clair et propre, calme aussi. La Suisse est contagieuse, il y a de l'élégance dans l'air et des gens qui vont lentement, on ne sait trop où ni quoi faire ; ils passent sous les arbres plus que centenaires qui ornent le parc de l'hôtel et disparaissent, comme au théâtre. Que soigne-t-on ici : la mélancolie, la bronchite ? Il y a des eaux vives alentour et des boutiques de mode pour les dames qui s'ennuient.

Il est prévu que je chante demain, viendront-elles

m'applaudir ? Si par hasard elles se décident il ne faut pas que j'espère l'exubérance des Corses samedi dernier, il va falloir que je me batte pour leur arracher quelques bravos de convenance. Nous verrons bien. Si tout était écrit où serait le plaisir ?

Divonne-les-Bains, 6 juin

Si je souris trop ostensiblement aux gens que je croise dans les rues je crains de paraître content de moi, sûr de mon effet ; si je marche droit, sans répondre aux regards surpris et le plus souvent amicaux de ceux qui voudraient m'approcher mais n'osent pas, on me jugera distant. Comment faire ? Ce n'est pas si simple de paraître naturel dans une situation qui ne l'est pas.

Quelle que soit mon attitude on me jugera. Stéphane me recommandait de dire bonjour à tout le monde, ce n'est pas possible, il y a forcément parmi la foule des réticences à mon endroit et je n'ai pas l'intention de plaire à tout le monde. Alors je passe, comme hier avec Jean-Claude à mes côtés, toujours content qu'on m'aime tant, et j'embrasse les dames et leurs filles qui me tirent par la manche et je salue des garçons de café qui « adorent » l'accordéon.

Ces échanges chaleureux et furtifs me laissent plus seul encore, je ne m'avance pas je me traîne. Il faut que l'on m'emporte pour que je sorte de moi et des chambres de hasard où je fais mon nid.

Ma bande est éparpillée ce matin, les uns sur le tournage de l'émission quelque part dans les environs, les autres préparent le spectacle, les musiciens s'accordent, Aïda et Didier sont partis à la messe. Tout est en ordre. Elle pourrait être belle ma vie !

Divonne-les-Bains, 7 juin

« Et maintenant levons nos verres au succès de votre spectacle, le public par ici est d'habitude moins démonstratif. Seul Charles Aznavour, comme vous, avait réussi à faire se lever la salle. Nous n'en revenons pas. »

Moi non plus, une fois encore mon pessimisme a été pris en défaut, il y avait de la ferveur autour de moi hier après-midi. Le monsieur qui m'a engagé au nom de la ville et du casino est ravi, il offre le champagne, je trinque pour la forme mais je n'en bois pas, je préfère les vapeurs du hammam à celles de l'alcool. Le régime curiste me convient parfaitement, sur scène je suis un lion, dans ma chambre un oiseau qui hésite à prendre son envol.

Jules m'a trouvé fatigué, il a raison ; mais je n'aime pas les gens fatigués, alors j'ai bondi devant la glace pour vérifier moi-même dans un sursaut de coquetterie mon visage ; douloureux en effet. Il marque implacablement mes tourments comme celui de ma mère à mon âge, que je voyais se défaire ou s'éclaircir au fil des jours de mon adolescence. Ceux qui nous regardent bien peuvent nous lire, ma mère et moi, à visages découverts.

Divonne-les-Bains, 8 juin

Tous ceux qui s'adonnent à l'écriture quotidienne d'un journal intime ont quelques complaisances pour leur rêves ou leurs cauchemars. Ce matin, par exemple, je pourrais me répandre en de vaines lamentations, ma nuit fut atroce, mais je ne sais pas écrire sous la torture.

Je vais guetter l'embellie pour m'échapper quelque part au-delà de moi, de ma douleur et de son souvenir.

Si j'ai bien compris ce que disent les journaux, la radio et la télévision depuis vingt-quatre heures, on va prier fermement Milosevic de signer un texte qui autoriserait une force internationale au Kosovo qui aura pour mission de rétablir la paix et d'arrêter les grands criminels de guerre. Et l'on s'étonne qu'il hésite, qu'il tergiverse, qu'il ergote sur la meilleure façon de se faire pendre.

Marc Tessier, le nouveau patron de France Télévision (donc le mien), a beaucoup de qualités paraît-il et des diplômes prestigieux, « il a une seule faiblesse c'est un affectif, il a besoin qu'on l'aime ». Est-ce une faiblesse d'être affectif ? Oui, hélas. Nous devrions nous entendre.

Dans *Le Nouvel Observateur* également, à la fin de sa chronique Bernard Frank dénonce « ces présentatrices de la télé toujours dans l'exaltation quand il s'agit de nous annoncer de grosses chaleurs ». Enfin ! on est au moins deux à ne pas pouvoir les supporter.

Dans le TGV qui nous ramène à Paris, un bébé braille, cela ne dérange pas sa mère qui bouffe des crèmes au chocolat. Si un petit « beur » montait dans notre compartiment avec sur l'épaule un poste de radio braillant du rap, que diraient les braves gens qui veulent lire ou dormir en silence ? Ma mère m'assure n'avoir jamais imposé mes braillements à quiconque. C'était au siècle dernier, quand les bébés n'exigeaient pas de voyager en première classe.

Paris, 9 juin

Au journaliste qui me demandait hier matin si j'avais aimé Divonne, j'ai répondu :

– Oui beaucoup, j'aime les villes tristes...

Il a cru que je plaisantais.

Morterolles, 11 juin

La guerre est finie. Tout le monde est content, même monsieur Milosevic, c'est un bon dictateur : il a le sang froid.

Il va falloir passer à autre chose maintenant, la paix ça va deux minutes, mais cela devient vite monotone. Roland Dumas a du mouron à se faire.

Les jardiniers viennent de faire brûler des milliers d'affiches et de photos de Stéphane dans le grand pré qu'on aménage pour ses chevaux. Aïda a surveillé le déroulement des opérations. Heureusement qu'il y a des femmes autour de moi pour aller au feu.

Morterolles, 12 juin

Il va devenir géant le sapin qui domine la terrasse au bord de l'étang où nous passions nos étés. Il a grandi brusquement comme par défi, sa vigueur m'impressionne, m'émeut. Je le trouvais trop chétif voilà deux ans à peine, je voulais le faire enlever.

– Ne sois pas si impatient m'avait dit Stéphane, regarde il fait des pousses, nous serons bien contents qu'il donne de l'ombre un jour, laisse-lui sa chance.

J'ai cédé, et il est beau maintenant, plus beau que moi qui tremble en le regardant. Stéphane l'a sauvé, il était toujours en accord avec la nature, indulgent.

Je vais m'appliquer à m'entendre avec elle comme il l'aurait voulu.

Morterolles, 13 juin

Je n'ai jamais vu Stéphane pleurer. Il m'a tout donné de lui sauf ses larmes. Il me les a avouées parfois par écrit dans ses lettres ou sur de simples morceaux de papier quadrillé qu'il déposait sur mon bureau ou sur mon oreiller, mais devant moi il les retenait dans un soupir, dans un sourire. Je n'étais pas dupe, j'allais vers lui avec prudence ces jours-là, je rusais pour distraire son chagrin et le mien confondus.

Il y a un an aujourd'hui, il allait se voir chanter à la télévision pour la dernière fois dans le show que je consacrais à Sylvie Vartan, ce soir à la même heure, à la même place, je regarderai, seul avec Prudy, le résultat des élections européennes.

Il aurait sûrement voté pour « ce bon monsieur Hue », comme mes parents, comme beaucoup de mes amis, comme mon cher Roger Hanin et ma chère Lily.

Moi, c'est décidé, je vais voter Pasqua pour qu'il organise la pagaille à droite. Pasqua le dernier spectateur de Stéphane à Rueil-Malmaison lors de ce gala improvisé pour Line Renaud. Pasqua parce que l'arrogance des autres m'insupporte. Et puis cette Marie-France Garaud, finalement, avec ses faux airs de chanteuse des années cinquante elle va les emmerder copieusement.

Les socialistes ne sont pas en danger, la seule chose qui me coûtera c'est de voter comme Max Gallo. On pourra me reprocher une faute de goût.

Et voilà que j'apprends que le sympathique prince Sixte de Bourbon-Parme est un ami de la famille Le Pen. Vais-je devoir lui retourner le Lys d'Or qu'il m'a décerné ? Non, je ne vais pas faire de cinéma pour si peu, me donner bonne conscience à peu de frais. Elle ne va pas si mal ma conscience. Que les donneurs de leçons s'arrangent avec la leur.

Le couturier Paco Rabanne brode à n'en plus finir sur la fin du monde (ou quelque chose qui lui ressemble) qu'il prévoit pour le 11 août prochain. Il aura l'air malin ce jour-là, c'est un aigrefin de toute façon. Il suffit de le regarder.

En postface à un journal qu'il a tenu de quinze à trente-cinq ans, intitulé *Fin d'une jeunesse,* Roger Stéphane, dans un sursaut d'honnêteté, écrit : « Rien de sordide n'est ici évoqué, c'est donc une fausse image de moi, une fausse intelligence de ce que je crois avoir à dire que j'ai proposée ici » ; réduisant ainsi à presque rien quelques belles pages et ses lecteurs à des dupes.

Sordide ! Le mot fait peur, ce grand résistant, ce fin lettré, en dit trop ou pas assez, en effet. Moi qui ne suis rien que moi, j'ai beau faire un effort de mémoire je n'ai rien de sordide à cacher. Ni mes pensées ni mes actes ne le furent jamais. Je le jure sur les yeux de Stéphane et ceux de ma mère. Alors mieux vaut se taire que d'écrire pour ne rien dire. Quand la vérité me dérange ce n'est pas qu'elle soit sordide mais trop belle au contraire.

« Il faut tout publier », prétendait Apollinaire. Au nom de quoi et à l'intention de qui ? Oui s'il s'agit de se répandre, non s'il s'agit de se reprendre.

Dire qu'il pleut quand il pleut, c'est la vérité. Dire qu'il fait mauvais, ce n'est pas la vérité. On peut dire des vérités, on ne peut pas dire la vérité avec la majuscule prétentieuse que veulent nous imposer les menteurs impénitents. La vérité ! il ne faut pas jouer au plus malin avec elle, sous peine qu'elle ne nous saute à la figure. Elle est douce et méchante à la fois. Il faut l'approcher sans arrogance, avec humilité, le cœur pur. La partie n'est pas gagnée d'avance, au moment de la saisir on recule presque toujours, saisi d'effroi.

Elle gargouille dans notre ventre, si on la dérange

on tombe dans le sang, la pisse et la merde, et là aucun de nous ne résiste à son odeur, à sa violence.

La vérité ce n'est pas la pluie et le beau temps.

La vérité mon amour, c'était toi.

Paris, 19 juin

Pierre S. est venu passer l'après-midi avec moi à Montmartre pour que nous relisions ensemble ce journal dont il est avec Marie le seul lecteur à ce jour. J'ai besoin maintenant qu'il me dise de vive voix ce que tout cela lui inspire. Il a posé mon manuscrit sur ses genoux et en ouvrant la chemise rouge qui l'entoure du sable est tombé d'entre les pages.

– Souvenir d'une plage espagnole où je vous lisais.

Pierre est bronzé, détendu, gorgé de soleil, il doit s'agacer que je le maudisse et que je dénonce ceux qui s'y vautrent.

– Alors ?

– Stéphane est là, dominant l'ensemble. Pardonnez-moi de vous en parler comme d'un roman, mais...

– Parlez Pierre, dites-moi ce que vous pensez, en effet Stéphane est le héros du roman de ma vie. Et puis ?

– Rien, des broutilles... Et puis il y a trop d'Annie dans votre livre, il faut en enlever au moins une, on s'y perd.

Il me fait sourire, Pierre, quand il me propose d'arranger ma vie pour qu'il n'y ait pas trop d'Annie dans mon livre. J'aime quand il me répète qu'il ne partage pas mes sentiments sur l'amour physique tout en admettant, désolé, que j'ai sans doute raison.

Sur Chardonne et Jouhandeau, Pierre se contente de me rappeler que, certes, ce sont de grands écrivains mais qu'ils n'avaient pas mille lecteurs. Il a d'autres ambitions pour moi, c'est très gentil à lui, mais je veux qu'il sache bien (quitte à contrarier en lui l'éditeur qui s'impatiente) que j'écris pour Stéphane et pour moi sans penser à qui voudra me lire, rien ne m'importe moins. Je m'efforce seulement d'écrire, aussi simplement que possible, ce que je ne saurais dire sans pleurer. Voilà tout.

Je vais couper dès demain, sur ses conseils avisés, la valeur de vingt pages inutiles, en effet, mais je ne céderai pas sur Clinton ou Dumas, même si je comprends bien qu'il préfère Lulu.

La curiosité de Pierre pour Lulu me semble naturelle, si je suis parvenu à le rendre attachant, c'est qu'il l'est.

Leur rencontre n'était pas prévue aujourd'hui, mais comme au théâtre Lulu a sonné à ma porte à l'instant où Pierre allait prendre congé. Ils se sont croisés dans mon bureau, Lulu souriant comme d'habitude, et je crois bien que Pierre a flanché.

Il me l'a confirmé ce soir même au téléphone :

– Je vous autorise à écrire que je l'ai trouvé délicieux.

Ce mot délicieux dans la bouche d'un homme que les femmes ne laissent pas indifférent annonce les orages que Lulu fera lever sur son passage. Je suis à l'abri.

Paris, 20 juin

Julien m'a entraîné au Stade de France hier au soir. J'ai cédé à sa proposition.

– Il faut vous montrer un peu, on ne vous voit nulle part...

Suspendus entre le ciel et la pelouse, aux meilleures places de la tribune officielle, une coupe de champagne à la main, nous avons donc assisté au concert de Céline Dion. Un beau vertige que ce stade qui tourne et s'envole autour des étoiles. J'ai béni monsieur Balladur d'avoir choisi ce projet-là plutôt que l'autre, celui de Jean Nouvel, que les gogos de la « modernité » voulaient lui imposer.

On a de là-haut l'impression de dominer le monde et l'espace, le spectacle n'est pas sur la scène, perdue comme le radeau de la *Méduse* au milieu de l'océan. Les lumières qui l'éclaboussent sont en réalité des feux de détresse, la chanteuse se démène tant qu'elle peut, fait voler ses cheveux, lève les bras au ciel pour signaler sa présence, on la devine mais on ne la voit pas, elle chante parfaitement mais nous le savions déjà. Sans les caméras qui la poursuivent pour nous renvoyer son visage sur des écrans géants, une doublure aurait fait l'affaire.

Céline Dion s'épuise pour honorer ce rendez-vous avec Paris et contenir son inquiétude. Son cœur est resté loin dans une chambre quelque part en Floride où son mari malade l'attend. Je la revois petite fille, il y a seize ans, arrivant dans mon studio accompagnée de sa mère qui s'occupa aussitôt de repasser son corsage. J'ai été ému, étonné même qu'elle s'en souvienne. Non, je n'avais pas parié qu'elle deviendrait une star planétaire, mais il aurait fallu être sourd pour ne pas chavirer à l'appel de sa voix.

Le petit garçon de dix ans à peine assis à côté de moi et qui buvait du Coca-Cola à la dioxine chavirait lui aussi.

– On part quand vous voulez, m'a dit Julien.

Jules est comme moi, il lui faut de l'émotion. Nous sommes sortis avant la foule, contents malgré tout de pouvoir dire : « Nous y étions. » Si je m'écoutais, je ne bougerais plus, il est bon que Julien, Didier et quelques autres m'invitent à les suivre là où je n'irais pas sans eux.

En mer, 23 juin

Nous croisons en direction de la Norvège « A la recherche de la banquise avec Pascal Sevran », précise le journal de bord.

Mille sept cents passagers plus mille hommes d'équipage, cela fait beaucoup de monde en ma compagnie. En attendant de découvrir la banquise, je vais chanter sur ce paquebot américain qui semble à première vue à la hauteur de ses cinq étoiles.

Croisière ! Ce mot-là fait rêver, le luxe et la fête chacun en veut sa part, Stéphane lui-même, qui avait pourtant des joies simples, aimait s'attarder sur le pont au soleil couchant. C'est au printemps 88, lors de notre première croisière sur l'Atlantique à bord du *Mermoz,* qu'il m'a dit pour la seule et unique fois :

« Je ne veux pas mourir. » Ce souvenir me hante depuis et me glace ce matin.

Fallait-il qu'il soit heureux pour m'avouer son angoisse dans un murmure ; oui heureux, il avait vingt-cinq ans, tout était encore possible. Je le lui avais promis et nous avions vite parlé d'autre chose. Jamais plus il n'a envisagé le pire à voix haute et je ne veux pas savoir ce qu'il a dit à ma sœur Jacqueline ni à Annie J. qui lui tenait la main le 16 octobre. Je suis arrivé une heure trop tard, c'est peut-être mieux ainsi. Je me console comme je peux.

Je hurle son nom dans ma tête entre deux visiteurs qui viennent m'embrasser et me demander « si j'ai bien dormi, si je suis en forme ». Et je réponds oui, il y a de la politesse dans mon mensonge. Je ne vais quand même pas répéter le reste de ma vie que non je ne suis pas en forme, que je fais des cauchemars, que j'ai perdu le goût même du bonheur. Ce ne serait d'ailleurs pas tout à fait vrai, j'attrape au vol des élans de tendresse que me proposent parfois ceux des miens qui savent me regarder. Martine, qui se réjouit de ma bonne mine quand elle est bonne, ne l'a pas fait ce matin. Je lui ai tendu la joue et nos regards se sont croisés dans la glace devant laquelle j'écris.

– Tu mets bien les crèmes que je t'ai données ?

Son interrogation en dit long. J'ai le visage froissé, les plis de mes yeux s'accentuent, on les verra moins ce soir sur scène avec les projecteurs et le sourire que j'offrirai à ces gens à qui je dois tant. Je vais écrire treize jours devant une glace, en m'efforçant de l'oublier.

Peut-être que demain Martine me trouvera bonne mine.

En escale, Molde, 24 juin

La vie sur un bateau ce n'est pas la vie, on n'a plus de repères, on perd en quelques heures la notion du monde et du temps, chacun s'invente d'autres habitudes. On se cherche, on se trouve, on se perd, tourner en rond occupe gravement une foule déboussolée. Moi, je ne bouge pas, elle tourne autour de moi et je tourne dans ma tête.

Aïda, qui s'affaire à classer mes disques et mes photos, me dit qu'hier au soir un couple de spectateurs qui venait de m'applaudir avait apprécié mon énergie.

– Il se donne vraiment, il ne vole pas son argent…

Le compliment m'a touché. En effet, je mouille ma chemise porté que je suis sur scène par leur affection, elle est palpable, elle ne me suffit pas, il faut être détraqué pour ne se nourrir que de bravos, mais j'en ai besoin comme le voyageur solitaire a besoin de vivres. Après, quand plus personne ne peut rien pour moi, je fais parler Stéphane à mon oreille.

Ce matin en ouvrant les rideaux de ma cabine, j'ai reconnu les maisons de bois aux toits rouges ou verts, et derrière les hangars et les grues du port, les quelques rues propres bordées d'arbres où nous avions marché et pris des photos il y a quatre ans, avec lui qui n'allait pas très bien.

Je ne suis pas descendu. Annie J. m'a ramené une carte postale avec un lac, des chevaux et de la neige pour que je l'envoie à mes parents. Avant c'était lui qui les écrivait et je signais. C'était lui qui choisissait les moins laides de ces poupées folkloriques qui plaisent tant à ma mère. Elle en a toute une collection sur les étagères de sa chambre. Je ne les voyais pas avant, je ne songeais même pas à les regarder, et les voilà devenues belles et tristes.

Gravdal, 25 juin

Il fait jour toute la nuit ! Ça émerveille les foules ébahies, sauf moi naturellement qui ne trouve jamais mon plaisir là où les autres le prennent de bon cœur. Après le dîner je me réfugie dans un bar à ma convenance, décoré de boiseries acajou, de lourds fauteuils en cuir et d'une bibliothèque anglaise du meilleur chic. Personne ne vient là, l'endroit est trop calme, les passagers s'égayent plutôt dans des cafés lumineux et bruyants et autour des buffets géants pour filmer des plats de crevettes et de jambon. Ma sœur Christiane et son mari Louis participent à ces agapes, d'autres avec eux de ma troupe suivent le mouvement, les plus jeunes se regroupent pour chanter et danser.

Il me suffit de savoir que je suis un peu l'artisan de leur bonheur. Ma garde rapprochée m'entoure gentiment, le gin-fizz et le whisky irlandais produisant leur effet nous parlons, de nos souvenirs déjà, et nous passons au casino où traînent quelques veuves joyeuses. Chacun sait où me trouver, c'est plus fort que moi, n'importe où je fixe mon territoire et je n'en sors pas. Seul Jules a pu me convaincre hier de l'accompagner sur le pont au soleil de minuit.

– Deux minutes, juste le temps de prendre une photo de vous.

Le soleil de minuit n'a pas d'importance pour moi, je l'avais déjà vu avec Stéphane, c'est le même éternellement recommencé jusqu'à la fin du monde. Si la photo est bonne on pourra croire que j'étais heureux.

Ce n'était pas le soleil que je regardais, c'était Jules.

Au large, 26 juin

Je n'aime pas la mer au large quand elle se confond à l'infini avec le ciel. La mer n'a pas de réalité, pas de début, pas de fin. Elle n'est pas humaine.

Elle est belle seulement le long des golfes clairs quand la terre lui résiste, la dessine. Je lui préfère les ruisseaux, les rivières, les fleuves qui traversent les villes, les lacs et les étangs qui sont la vie même. On ne peut pas boire la mer.

Au milieu d'elle on est nulle part, les marins me démentiront, mais pour qui ne vit pas avec une boussole à la main le large c'est n'importe où. Le commandant nous mène en bateau, il faut pourtant le croire sur parole. Nous approchons du cap Nord. Pas un palmier à l'horizon. Tant mieux, il reste toujours un peu d'hiver par ici.

En mer du Nord, 27 juin

Lulu met le feu au bateau. Où qu'il passe son triomphe est assuré. C'est inouï comme ce gamin qui vient d'avoir vingt-deux ans inspire d'emblée la sympathie, la tendresse et tant d'autres sentiments plus troubles. Je le regardais hier au soir encore aller venir entre nous, sûr de son charme, câlin avec les grands-mères, équivoque devant quelques croupiers qu'il rend fous.

Je ne vois personne qui résiste à sa grâce enfantine, qui ne serait rien sans la candeur et le vice mêlés qui le rendent irrésistible et dont il joue diaboliquement. Lulu nous tient entre ses dents blanches et quand il m'appelle papa, je fonds. Sa gloire est la mienne.

O l'étrange sensation de vivre ici plus qu'ailleurs avec des personnages de roman, les miens, sans avoir aucune prise sur eux. Lulu n'imagine pas que j'écris sur lui, il va sans peur vers qui le veut, mais c'est sur mon épaule qu'il vient poser sa tête quand elle tourne. Il s'abandonne et moi avec lui, cette intimité que nous affichons sans crainte, elle émeut ceux qui nous aiment et dérange ceux qui ne sauront jamais aimer. Ce n'est pas fait pour me déplaire. Chacun a ce qu'il mérite et je ne doute pas de mériter l'affection du prince.

En mer du Nord, 28 juin

En fait de banquise nous devrons, je le crains, nous contenter des glaçons dans nos verres de vin blanc. On nous l'avait promise à cinq heures ce matin, certains ne se sont pas couchés pour être à son rendez-vous, les passagers ont mis leurs réveils. Moi, j'ai dormi, incapable que je suis de me réjouir à l'unisson de ceux qui font la fête avant la fête. Les promesses de bonheur me laissent sceptique, cela m'épargne quelques déceptions supplémentaires.

Qui a bien pu avoir l'idée excentrique de faire imprimer sur le journal de bord en caractères gras cette invitation chaque jour répétée : « A la recherche de la banquise avec Pascal Sevran » ? Au départ elle faisait rêver, maintenant elle fait rire.

Le commandant est formel, le brouillard ne se lèvera pas. Lulu non plus, il a chanté toute la nuit, me dit-on, debout sur le piano de la discothèque pour distraire ceux qui comme lui croient tout ce qu'on leur raconte. Sont-ils les plus malheureux ?

En mer du Nord, 29 juin

Quand je surprends mes amis en flagrant délit de bavardage, ils s'interrompent aussitôt de peur que je relève la futilité de leurs propos ; gênés par mon intrusion comme s'ils médisaient de moi, ce qui n'est pas forcément le cas.

– Mais enfin de quoi parlez-vous encore ?

– De vous évidemment, me répond Jules quand il est mêlé au groupe.

Il se moque de moi et pique ma curiosité qui est grande c'est vrai, mais pas moins que la sienne. Je n'aime pas que Jules rie sans moi.

Lulu a réussi son coup, tout le bateau croit qu'il est mon fils. Cela finira par être vrai. Il met tant d'ardeur à m'aimer et à le faire savoir que le doute n'est pas permis. Certains doivent quand même s'étonner de nos débordements de tendresse peu conformes à l'idée que l'on se fait généralement des rapports père-fils. Mais Lulu n'a pas l'intention de se conformer, il veut se distinguer au contraire et, je l'ai dit, il y parvient fort bien à force de naturel dans l'expression de ses sentiments pour moi et d'ambiguïtés quand ça l'arrange de jeter le trouble.

Séduire de toute façon, voilà le projet majeur de Lulu.

Stéphane, qui n'avait pas d'indulgence pour les garçons qui tournaient autour de moi, aurait-il accepté qu'un autre que lui passe ses mains sur mon cou ? Non bien sûr, mais la question ne se posait pas, quand il était là je ne voyais que lui, et c'est encore lui qui m'embrasse quand Lulu me tend ses lèvres. Stéphane ne m'appelait pas papa. Toute la différence est là.

En mer, 30 juin

Hier, lors d'une conférence-débat devant mille personnes, on m'a demandé si j'étais marié et si j'avais le temps d'avoir une vie de famille. J'ai répondu par une pirouette qui me valut les applaudissements de la salle que je n'étais pas marié tous les jours mais que j'avais beaucoup d'enfants. Une dame a évoqué le souvenir de Stéphane, je m'y attendais, mais submergé par l'émotion, occupé à contenir mes larmes, je n'ai pas pu prononcer les mots d'amour qui brûlaient mes lèvres, j'ai dit simplement : « Nous l'aimions, je l'aimais », et j'ai quitté la scène ; le chagrin n'est pas un spectacle.

1er juillet

Nous voilà enfin au milieu d'un fjord pareil à ceux des cartes postales que ma mère collectionne, pas de banquise mais une cascade bleue qui tombe violente d'un rocher haut de mille mètres. Un instant d'éternité. Après une matinée de contrariétés venues de Paris et de Morterolles où les poissons des étangs reviennent morts à la surface de l'eau suite au traitement chimique destiné à tuer les mauvaises algues. L'ingénieur agronome devra s'en expliquer. Quant aux problèmes d'intendance, je me refuse à les noter ici, ils pollueraient ce journal, il me suffit d'avoir à les régler au plus vite et au mieux pour qu'ils n'accaparent pas trop mon esprit. Je n'y parviens pas tous les jours.

Les plus jeunes de l'équipe qui m'accompagne sont penchés en permanence sur leurs téléphones portables, ce qui est bien le signe extérieur de détresse de leur génération. Les pauvres ! je crains qu'ils n'attendent trop de choses de cette merveille de la technologie qui les renvoie plus sûrement à leur solitude.

Au port d'Amsterdam, 3 juillet

Que valent les promesses d'amitié éternelle, les serments d'amour définitifs prononcés dans l'extase d'un moment, répétés parfois même des années durant ? Rien. Les amants d'hier se déchirent d'autant plus qu'ils se sont aimés, les amis d'autrefois perdent la mémoire, la photo des jours heureux tremble entre nos doigts.

On a beau savoir tout cela, on croit toujours pouvoir échapper à la vilenie, à l'ingratitude. A Rousseau qui prétend que l'homme est censé être bon, François Mitterrand répondait : « Ceux qui croient encore cela à un certain stade de leur vie, je leur promets bien des souffrances, bien des désillusions. »

Nous y sommes, c'est l'éclaircie provisoire dont il faut se contenter.

Soirée de gala et d'adieu hier au soir sur le bateau. Lulu pleurait tandis que je chantais *Que reste-t-il de nos amours ?,* les bravos furent pour moi mais c'est lui qui les méritait et Stéphane, qui comme lui pleurait dans le noir quand il m'aimait trop. J'ai cité leurs deux prénoms réunis dans mon cœur devant une salle debout pour un instant de grâce que je leur dois.

Paris, 4 juillet

Mon chauffeur veut m'emmener voir les filles. Il en connaît « des pas mal du tout, Monsieur, très sympa », dans le seizième évidemment. Le carnet d'adresses de mon chauffeur, c'est le Bottin mondain.

– Ça vous changerait les idées, j'organise tout si vous voulez.

– Nous irons Michel, je vous le promets, c'est une idée très amusante, mais pas ce soir.

Ce ne sont pas les filles qui me font peur, j'en ai vu d'autres, c'est le seizième arrondissement, le quartier est un peu trop exotique pour moi, mais je ferai un effort, cela lui ferait tellement plaisir à Michel de me voir « m'éclater » comme on le dit maintenant à propos de tout et de rien.

Nous irons donc « voir les filles » s'il insiste, un soir où le vin m'aura rendu l'âme légère et il sera fier de m'avoir débauché. Il n'en peut plus de me savoir si triste depuis que Stéphane, son copain de classe, nous a laissés seuls.

Michel m'a beaucoup vu pleurer dans des couloirs d'hôpital où il pleurait aussi, je lui dois une revanche, il me verra jouir. Notre intimité est née dans les larmes, nous pouvons nous mettre nus maintenant, c'est moins grave.

Paris, 5 juillet

Annie J. s'évapore, le lien qui nous unit pour toujours se relâche. Je l'avais pressenti, si le travail ne la retenait pas près de moi elle serait sortie de ma vie comme elle y est entrée : en douce.

Mais elle est là, insaisissable désormais entre les coulisses et mon bureau, où elle passe, élégante, dans un froissement de robes chamarrées et s'en va rejoindre les amis de sa fille qui dansent et chantent des airs de twist que Stéphane avait choisis pour en faire un spectacle qu'il rêvait de mener.

Paris, 8 juillet

« Je ne me suis jamais senti aussi bien que chez vous. Je vous aime beaucoup en tant que patron et en tant que vous-même et pourtant je ne suis pas quelqu'un de sentimental. »

Il s'étonne lui-même de son audace le jeune homme qui m'a remis ces quelques mots discrètement hier après-midi lors du dernier tournage de l'émission, lui le moins expansif (le moins sentimental ?) de l'équipe, a trouvé le courage de m'écrire simplement ces trois lignes qui valent pour moi tout l'or du monde. Sa sincérité ne peut pas être mise en doute, celle de Patricia non plus qui annonce joyeusement à qui veut l'entendre qu'elle m'épouserait si je le voulais.

Je dois me tenir prêt à répondre à chaque instant de ma vie à la passion et à faire face aux jalousies qu'elle suscite. Je n'ai pas le droit à l'indifférence. Dois-je m'en plaindre ? J'en ai la tentation parfois mais j'ai tort, on ne peut vouloir tout et le contraire de tout.

Dans le train, 9 juillet

C'est officiel, une circulaire gouvernementale nous en intime l'ordre, on devra donc dire : « sapeuse pompière » pour désigner une femme qui a choisi d'aller au feu, une vocation délicieusement féminine on en conviendra. Tout cela est dégoûtant.

Imaginons un garçon faisant la cour à une jeune femme d'apparence normale et qui apprend au détour de leur première conversation de la bouche même de la belle qu'elle est « sapeuse pompière » ; s'il ne prend pas ses jambes à son cou dans l'instant, c'est un détraqué sexuel en puissance.

Comme j'écris ces lignes dans le TGV en gare de Lyon-Part-Dieu, passe sur le quai une religieuse impeccable sous son voile qui m'invite, s'il en était besoin, à ne pas désespérer des femmes.

10 juillet

A la gare de Saint-Etienne où nous attendons le train pour Paris, une dame, la soixantaine un peu ronde, m'adresse un gentil sourire, hésite un peu et ose finalement m'aborder.

– Mes compliments monsieur, c'est très amusant ce que vous faites à la télévision...

Amusant ? Chacun me voit comme il veut, j'en ai pris mon parti. Je remercie la dame qui se croit autorisée aussitôt à m'interpeller gravement sur la baisse de la natalité autour de Saint-Galmier où j'ai chanté hier au soir, sur les dangers de l'immigration dans la région Rhône-Alpes en passant par la délinquance dans les quartiers populaires de la Seine-Saint-Denis, repaires selon elle de trafiquants d'armes albanais.

– Voyez ça au plus vite avec vos amis du gouvernement, la situation est sérieuse...

Incroyable ! Je reste abasourdi, comme si j'avais le pouvoir et l'envie d'exiger des populations stéphanoises qu'elles fassent des bébés en veux-tu en-voilà, et du ministre de l'Intérieur qu'il envoie sur-le-champ l'élite de sa police du côté d'Aubervilliers. Je pourrais m'enfuir, la planter là avec sa valise à roulettes, je fais un effort pour ne pas être désagréable, alors elle continue, approchant dangereusement sa bouche de mon oreille à mesure que je recule. Je me contrôle pour ne pas lui hurler qu'elle s'en aille se plaindre ailleurs, je lui dis seulement :

– Je ne peux rien madame, rien, désolé…

Je ne suis pas désolé, plutôt éberlué car je me fous absolument de la dépopulation des provinces françaises. Je n'en peux plus de croiser des toqués plutôt gentils, mais qui pèsent lourds quand ils tombent sur moi, comme ce matin où je me débattais pour sortir du cauchemar atroce qui venait d'agiter ma nuit : Stéphane chancelant de fatigue et moi à bout de souffle qui le portait sur mon épaule dans les couloirs de l'hôpital Saint-Antoine, Annie J. devant nous marchait à reculons pour nous aider à avancer.

Elle est là, juste à deux pas de moi, occupée à chercher ma photo dans les journaux régionaux et je suis là, aux prises avec une femme en cheveux qui prend des airs de conspiratrice pour me charger d'une mission surréaliste.

« Assez madame, je vous en supplie, assez ! Je n'ai pas d'amis au gouvernement, quand j'en aurai de nouveau je ne leur demanderai rien, et surtout pas de faire mon bonheur et le vôtre. » J'aurais dû lui dire cela, mais la compassion me laisse sans voix. J'aurais pu être drôle, l'inviter à prendre un amant, un avocat, un médecin, que sais-je ? Un jus d'orange, un verre d'eau minérale ? mais non, je ne suis rien qu'un pauvre diable « amusant » à la télévision, certes, mais triste sur un quai de gare quand l'été revient, implacable.

Paris, 11 juillet

La saison est finie. Commence aujourd'hui un compte à rebours auquel je ne pourrai pas échapper. Il y a un an nous quittions Paris pour Morterolles, Stéphane venait de fermer les fenêtres de son appartement pour la dernière fois. Il lui restait un petit mois pour être heureux, juste le temps de rentrer du bois chez mon père pour l'hiver, de s'entêter à sauver les fleurs de son jardin qui brûlaient sous un soleil cruel, jamais il ne croyait le pire possible. Il lui restait quelques nuits et quelques jours à vivre debout, autour de moi, au milieu de moi. Je pars anéanti d'avance le chercher là où il n'est plus.

Morterolles, 13 juillet

L'été maintenant ! Pour de vrai. Il fait déjà trop chaud, les jours à venir s'annoncent mal. Je suis découragé : l'été est une anomalie qui dérange tout.

Et puis ce journal à quoi bon ? Vais-je devoir me répéter indéfiniment pour débarrasser ma mémoire encombrée et recommencer ? Je viens de relire quelques pages au hasard, c'est Stéphane d'abord que je dois dire, mais la force me manque certains matins pour l'approcher de si près et le tenir debout contre moi. Ses dernières semaines en vie ici je vais les revivre minute par minute jusqu'à la nausée, jusqu'à l'ambulance qui l'emportait de Limoges vers Paris, tandis que je bifurquais vers Morterolles où je croyais contre l'évidence qu'il reviendrait.

Je n'ai pas voulu que le fourgon mortuaire qui le ramena le 22 octobre à Saint-Pardoux passe devant sa maison, devant le pré où ses chevaux l'attendent encore, Stéphane dédaignait les symboles qui amusent la galerie. Moi aussi. Je m'applique de mon mieux à faire les choses le plus simplement possible, comme il aimait à le faire. Stéphane ne cherchait pas midi à quatorze heures, il croquait dans sa vie comme dans une pomme, passionnément.

Je n'enjolive rien, Stéphane n'était pas toujours simple et charmant, mais il savait l'être sans équivoque, sans jamais jouer de la grâce originelle qu'il possédait comme personne.

Je me désolais parfois de le voir combattre sa timidité en prenant des airs de mirliflore. Je ne voulais pas qu'on puisse croire qu'il était content de lui. Il ne l'était pas assez, au contraire. Il m'est arrivé de me fâcher violemment, en public même, pour l'inviter à plus d'humilité. Il faut qu'il s'arrange avec les anges maintenant et moi avec moi.

Morterolles, 14 juillet

Les arbres grandissent, embellissent à mesure que nous déclinons. C'est atroce. Je n'aime pas l'idée qu'ils abriteront un jour d'autres amours que les nôtres.

Hier au soir, en promenade avec Prudy dans le parc si tranquille derrière l'église (que j'ai baptisé Marcel-Jouhandeau) nous nous sommes extasiés devant l'ampleur nouvelle que les sapins ont prise cette saison.

– Quelle merveille, me dit Prudy, imagine-les dans dix ans…

– Et nous, dans quel état serons-nous ? Si nous sommes encore là pour les voir, lui répliquai-je aussitôt, quitte à gâcher son bonheur d'un instant.

Dans dix ans, avant même, nous les regarderons différemment ces sapins qui nous domineront alors de leur inaliénable majesté, nous aurons plié entre-temps sous le poids du chagrin et des souvenirs. Pourquoi vouloir vieillir toujours plus vite ? Comme si demain devait être meilleur qu'aujourd'hui. C'est le contraire qui est le plus probable.

L'an passé je n'avais pas voulu accompagner Stéphane voir le feu d'artifice illuminer les bords de l'étang de Sagnat à deux pas de chez nous, je lui avais promis que nous irions ensemble cette année. Sans nous le ciel a flamboyé, sans lui les fêtes populaires m'indiffèrent ; c'est dans ses yeux que je trouvais des feux de Bengale.

Jouhandeau a bientôt soixante-quinze ans lorsqu'il écrit *La Vertu dépaysée,* volume 11 de ses journaliers, pour nous informer qu'il ne tardera pas à mourir d'une angine de poitrine probablement ou d'une gifle de sa chère épouse, extase suprême en somme.

Quand on sait qu'il lui reste plus de quinze ans devant lui et autant de livres pour savourer son calvaire auprès d'Elise, on trouve (je trouve) des raisons de ne pas tout à fait désespérer de la vie. Au fond, il faut s'attendre à mourir à chaque instant, ainsi on gagne du temps. L'eau retarde à bouillir si on la regarde frissonner. Jouhandeau se regarde souffrir et frissonner avec une complaisance qui sidère et une grandeur qui inspire le respect. Il a fait de sa vie une œuvre magistrale, même si le couple qu'il forma quarante ans durant avec une ex-danseuse relève autant du music-hall que de la littérature.

– Mais enfin, me disait Pierre S. récemment (d'accord en cela avec Mauriac et Léautaud), que de pages inutiles quand même…

Je le trouvais sévère, mais je vais finir par l'admettre à mon tour. Que valent en effet ces pigeons, cette chienne et ces chats qui encombrent, polluent parfois même certains passages des journaliers ? Jouhandeau frôle le gâtisme quand il nous entretient des moindres soubresauts de sa ménagerie domestique. Montherlant soi-même, si cher à Pierre S., touche au ridicule quand il note dans ses carnets avec un attendrissement de mémère qui ne lui ressemble pas : « Le chat joue avec son derrière. » Est-ce un événement considérable à la veille d'une seconde guerre mondiale ?

Ces écrivains qui m'aident tant à dominer ma vie, à surmonter l'épreuve, on dira que je n'ai pas la hauteur nécessaire pour les juger, sans doute, mais c'est parce qu'ils m'émeuvent souvent qu'ils me scandalisent parfois.

« Pouvoir se retrouver devant la page qu'on a écrite hier sans rougir », s'exclame Montherlant. Que n'a-t-il déchiré celle où il se laisse aller comme Jouhandeau et beaucoup d'autres au roucoulement des pigeons.

« J'avance à l'imprévu, prêt à déchirer tout ce qui me paraîtra trop informe ou trop saugrenu. » Je vais suivre les conseils de Gide. Je voudrais être Dieu, en possession de tous les mots de la terre et du ciel pour dire Stéphane revenant vers moi barbouillé de mûres et m'embrasser en tachant mes lèvres et mes joues de sang sucré, ou les larmes aux yeux quand il regardait naître un agneau. Mais je ne suis pas Dieu, que l'on m'accorde au moins l'excuse de la lucidité.

Quand il évoque la petite Céline, cette enfant précoce de l'Assistance publique qu'il éleva avec sa femme, Jouhandeau perd toute lucidité. Plus elle l'humilie, parfois même en public, plus elle se montre insolente, agressive, plus il « l'adore ». A chaque caresse elle répond par l'insulte et lui s'écrie, ivre de bonheur : « Elle est toute ma vie, je n'ai jamais aimé qu'elle au monde. »

On n'en peut plus de la voir se liguer avec sa marâtre, qui en a fait sa bonne et la tient pour une « souillon », contre le pauvre homme extatique sous leurs coups.

Elles osent même lui reprocher quelques gigolos de hasard parce qu'elles le veulent seul et sans défense entre leurs griffes. On est là dans l'abjection, Jouhandeau le sait bien, mais il s'y complaît pour l'amour d'une gamine qui l'appelle Pépé quand ça l'arrange et ne lui pardonnera pas de l'avoir aimée.

Elise est très méchante mais elle voit loin, Céline est un monstre. Je ne comprends même pas comment Jouhandeau a pu se laisser berner, bafouer toute une vie et remercier le ciel de lui avoir donné la santé physique et la force morale de résister si longtemps à tant de haine.

Jamais je ne consacrerai une ligne, une pensée, un instant de ma vie à ceux qui voudraient me réduire à leur merci.

Morterolles, 15 juillet

Lulu dort encore, il est midi, Christiane n'ose pas bouger de peur de le réveiller, je l'engage malgré tout à passer l'aspirateur ; de toute façon il ne l'entendra pas.

Il est arrivé hier après-midi, mal rasé comme un cow-boy de l'Arizona, mais les cheveux très courts pour me faire plaisir.

– Ça va comme ça papa ?

– Oui, très bien, tu seras plus à l'aise pour l'été.

– Tu vois, je t'écoute.

C'est vrai que Lulu m'écoute, sa volonté d'apprendre est émouvante, je l'écoute moi aussi avec tendresse. Quand il m'explique, lui l'enfant du rap et d'Internet, qu'il préfère entendre chanter Charles Aznavour ou Dalida sur mes vieux microsillons plutôt que sur des CD flambant neufs, je crois rêver.

– C'est plus beau et plus magique comme son, tu comprends ?

Oui, je comprends. Ces parasites qui faisaient sauter le bras de nos pick-up à la moindre poussière sont devenus la preuve de l'authenticité de l'objet, comme les vers dans une commode Louis XV.

Quand il regarde ces trésors qui furent inestimables pour moi et qui le sont pour lui maintenant, je me revois à son âge, émerveillé devant des piles de

78 tours, et je me dis que, décidément, les jeunes gens d'avenir sont ceux qui revendiquent sans peur le passé de leurs pères.

Morterolles, 16 juillet

– Il est irremplaçable !

En promenade hier au soir autour du village après dîner, Reine la femme du duc pensait tellement à Stéphane que nous avons failli pleurer. Sur cette petite route qui entoure Morterolles et que nous avons suivie si souvent avec lui, notre marche, la première depuis l'été dernier sur ses traces, fut éprouvante. Elle eût été insupportable sans le rire de Lulu qui gambadait quelques pas derrière nous, le nez dans les étoiles.

Impossible de ne pas chercher malgré nous, dans l'éclat de sa jeunesse, dans ses espiègleries, le souvenir de Stéphane vainqueur malicieux de nos inquiétudes.

– Il est irremplaçable !

Reine, qui succombe elle aussi au charme de Lulu, veut que je sache bien que pour elle il n'effacera pas celui de Stéphane. Pour moi non plus, personne ne peut en douter.

Lulu n'a pas connu Stéphane ou si peu. Jamais il ne prononce son nom, jamais il ne pose de questions, il sait et il se tait. Il y a beaucoup de pudeur chez Lulu, de discrétion, il attend un signe pour m'inviter à la fête.

Quand il monte l'escalier qui conduit à mon bureau, il dit seulement : « C'est Lulu », autrement dit : « Je peux entrer ? », et il entre évidemment, juste le temps de m'embrasser et de me dire comme ce matin :

– Papa, tu es plus beau aujourd'hui que sur les photos il y a quinze ans !

Il est tellement content de sa découverte que je m'abstiens de lui faire remarquer quelques griffes de trop au coin de mes yeux et sur mes joues. Elles disent la fin de ma jeunesse au cou de Stéphane.

Morterolles, 17 juillet

La postérité je m'en fous, l'avenir du monde également. Ecrire est une douleur, un plaisir immédiat parfois mais sans lendemain, vivre un bonheur provisoire.

C'est ici et maintenant que je veux me faire entendre et comprendre des hommes qui m'escortent à tâtons. Ce que l'on dira de moi après moi ne m'intéresse pas, le mieux serait que l'on ne dise rien ou alors simplement que j'étais gentil.

Mais ce n'est pas le premier adjectif qui vient à l'esprit de ceux qui me qualifient de loin ; ils me voient intransigeant je le suis, intelligent j'essaie, fidèle c'est ma seconde nature. Pour me reconnaître gentil il faut m'approcher de plus près et l'être soi-même, Stéphane l'était totalement, c'est pour cela que nous nous sommes tant aimés.

Dire sur le ton péremptoire que j'emploie volontiers pour me faire mieux comprendre : « Après moi le déluge », ne vous place pas d'emblée dans la catégorie des gentils. Mais l'hypocrisie m'écœure tellement que j'ai toujours tendance à forcer le trait. Stéphane s'énervait puis il cédait de guerre lasse à mes emportements, car il savait lui ce qu'ils cachent.

On remarque d'abord que c'est moi qui entraîne la troupe, ce n'est pas faux, mais il suffirait d'un rien pour que je la suive sans rechigner. Je n'en peux plus certains jours de marcher devant au risque de me perdre, j'attends désespérément qu'on me rattrape.

Lulu est un oiseau qui m'a apprivoisé, Stéphane était un lion qui me protégeait.

« Certains de vos chapitres finissent comme des chansons. » Ce reproche justifié de Pierre S. l'autre jour à Montmartre me revient en mémoire ce matin tandis que je relis ce que je viens d'écrire à l'instant.

Va-t-il me suggérer de supprimer l'oiseau et le lion qui chantent un peu en effet ? Si oui, vais-je accepter ? Cette comparaison que je trouve pertinente aujourd'hui me paraîtra-t-elle fade demain? A vouloir trop bien faire on s'applique et cela se voit.

Pierre est au Maroc où j'allais si souvent autrefois quand je détestais déjà le soleil. « Bien affectueusement à vous et à l'ombre heureuse de Stéphane », m'écrivait-il avant de partir.

L'ombre heureuse de Stéphane, je ne parviens plus à la retenir, c'est torturé de douleur sur son lit d'hôpital qu'il me revient chaque nuit, les mains tendues vers moi qui hésite à le lever de peur de le casser.

« Vous avez trop maigri, hier en vous voyant marcher de dos vous m'avez fait penser à Stéphane l'été dernier. » Aïda a vraiment le chic pour vous détruire le moral en deux mots. C'est son genre le malheur, elle ne rate jamais son coup, quitte à se reprendre aussitôt pour vous proposer ses services. Tout cela part d'un bon sentiment, paraît-il, c'est possible mais très fatigant pour moi, assez grand que je suis pour désespérer tout seul.

Aïda est espagnole comme ma mère, mais à part une belle intelligence féminine, elles n'ont rien de commun, l'honnêteté quand même. L'une croit en Dieu, l'autre pas, je suis comme celle qui m'a élevé, respectueux d'abord de la main des hommes sur les églises.

« Entre trente et quarante degrés à l'ombre partout en France et ce temps idyllique va durer toute la semaine prochaine. » Un temps « idyllique » pour qui ? Ce monsieur exalté qui donne la couleur du ciel vers midi sur Europe 1, qu'il aille donc cuire en enfer !

Je sais avoir déjà dit cela ailleurs, autrement, mais lui c'est tous les jours qu'il se répète. Les animaux suffoquent, couverts de mouches, les arbres ont soif, les fleurs jaunissent, la terre craque, des récoltes sont menacées, avec un peu de chance il y aura bientôt des incendies dans le Midi, il y a alerte à la pollution sur Paris, et il trouve cela « idyllique ». Quand il annonce la pluie c'est en s'excusant, désolé vraiment, « pluie menaçante », dit-il... Qu'il se taise ou il sera pendu par quelques paysans qui savent eux que l'eau c'est la vie.

Nous sommes dans la lumière exacte de ses derniers jours ici. Sa violence m'est doublement insupportable. Je viens de descendre boire un thé dans la cuisine, la pièce la plus fraîche de la maison en été, là où il m'attendait l'an passé assis sur l'évier, casquette sur l'œil, vêtu de son maillot de marin que je porte aujourd'hui. Je me débats sans bouger ou presque avec son souvenir, j'économise mes forces, il est inimaginable que j'aille actuellement à Saint-Pardoux. René, le peintre qui travaille pour nous depuis douze ans, m'a dit qu'il irait cet après-midi arroser les fleurs là-bas. Cela ne m'a pas étonné de lui. Stéphane avait raison de l'aimer bien.

Il faut que je m'oblige maintenant à rejoindre Lulu et Prudy qui se baignent dans l'étang et s'impatientent.

Morterolles, 18 juillet

John Kennedy Junior est mort, disparu en mer dans un accident d'avion. J'invite toutes les voyantes de la terre à jeter leurs boules de cristal et à se taire.

Un petit coq en bois peint en rouge-jaune-vert, il suffit de tirer d'un coup sec la ficelle accrochée à son socle pour qu'il chante drôlement. Stéphane me l'avait rapporté de Prague. Il est là, posé sur une étagère de la bibliothèque, devant mon bureau. Silencieux pour toujours.

Mon neveu Jean-Christophe, vingt-quatre ans, le fils cadet de ma sœur Jacqueline, est venu se baigner hier avec nous, il était accompagné de sa « copine », une jolie petite personne d'origine indonésienne, sage comme une image.

– Tonton, je suis très déçu.

– Ah bon, et de quoi ?

– J'ai lu dans un journal la liste des cinq cents hommes les plus riches du monde et tu n'es pas dedans.

Mon prestige à ses yeux tient-il à quelques millions de francs ? Je ne le crois pas, sa mère m'assure qu'il lit mes livres en cachette. Je suis quand même « soufflé » : mon neveu cherche mon nom dans les magazines financiers et s'étonne qu'il ne figure pas entre ceux de Bill Gates et de Liliane Bettencourt.

Jean-Christophe me ressemble, dit-on, mais je ne me souviens pas m'être interrogé sur la fortune de mes oncles, ils n'en avaient d'ailleurs pas.

– Il faut qu'on parle, Tonton, tous les deux, m'a-t-il glissé à l'oreille avant de repartir.

Voilà plusieurs mois qu'il tente de se rapprocher de moi, je vais le laisser venir, il viendra, il a, me semble-t-il, de la suite dans les idées.

Il ne me parlera pas de Stéphane, c'était son copain.

Morterolles, 19 juillet

« L'être que je pressens de ne pouvoir émouvoir charnellement cesse aussitôt de m'émouvoir moi-même. Ah, combien je plains celui qui arde et se consume en vain! »

Il y a beaucoup de sagesse et d'orgueil dans la parole de Gide à la veille de mourir, je l'applique à la lettre également à ceux que je pressens ne pouvoir émouvoir intellectuellement. Je ne me consume pas en vain, peu de gens me sont indispensables, ceux qui le restent sont totalement attachés à moi et moi à eux. Les amitiés de camping, les amours de dancing ne m'ont jamais fait courir ou alors pour m'enfuir.

Morterolles, 20 juillet

Zinzin a dormi dans le grand lit noir et bleu de Stéphane la nuit dernière, il revenait de donner un bal dans les environs, du côté de Confolens.

Ils furent très liés tous les deux, joyeux et casse-cou dans l'élan de leur jeunesse. Leurs rires me semblaient invincibles, ils éclatent dans ma tête comme l'écho lointain d'un bonheur perdu. Zinzin et Stéphane avaient le même âge, ils s'étaient reconnus dès leur première chanson. Frères de musique, ils furent inséparables jusqu'au dernier accord d'accordéon dans ce cimetière où seul, hier après-midi, Zinzin est allé le retrouver. Ses larmes il n'a pas besoin de me les dire, son visage délavé n'était pas celui d'un lendemain de fête. Il y a beaucoup de fêtes à venir dans la vie de Zinzin, nous en partagerons quelques-unes encore et, pour finir, je le suivrai de loin sur les estrades où il mènera le bal bien après nous.

Je vais reprendre maintenant la recopie manuscrite de mon testament, rédigé consciencieusement depuis le début de janvier. Il faut que j'en finisse. J'avais demandé à maître D. si l'usage était d'avertir ses héritiers, il m'avait invité à n'en rien faire.

– Vous pourriez changer d'avis, m'avait-il répondu,

l'air entendu de celui qui en sait long sur les querelles de famille et les retournements d'amitié.

Bien vu. Je vais rayer quatre noms sur ma liste. Je n'en finirai jamais de la recomposer avec les noms de celles et ceux qui ne m'aiment pas seulement pour y figurer.

Morterolles, 21 juillet

Je reçois à l'instant les résultats de mes analyses biologiques, une série de chiffres qui tombent pile là où il faut pour dire que je vais bien. Reste une insondable lassitude.

Morterolles, 22 juillet

Au contraire de moi Stéphane ne prenait pas la vie au tragique ; il fonçait tête baissée, ignorant le danger. Cent fois j'ai dû le rattraper au vol par le fond du pantalon. Il avait de longues jambes de danseur de french cancan, il l'a dansé fort bien d'ailleurs dans une opérette de Francis Lopez au Théâtre de l'Eldorado. Il prenait la scène d'assaut, moulé dans une redingote noire qui épousait ses épaules et ses fesses dignes d'Adonis. Je tremblais, à l'instant fatal du grand écart, qu'il ne se fasse mal.

– Tu me crois toujours plus fragile que je ne le suis...

Il disait vrai, déjouant d'un coup de reins les pronostics les plus pessimistes. Le voir s'élancer dans l'eau ou sur le dos de Tarzan pour me convaincre qu'il était invincible reste une des plus belles joies de ma vie. J'ai été fier de lui autant qu'il l'était de moi.

Annie L., mon amie belge, me présente comme une relique un guide touristique de la Haute-Vienne où mon nom figure à la suite de ceux de Henri IV, Louis XIII et Pie VII, illustres visiteurs de Morterolles en d'autres temps. Ce rapprochement, pour le moins osé, aurait fait rire Stéphane. J'espère que les auteurs y ont mis de la malice. Ce *Petit Futé* précise qu'au treizième siècle une commanderie des chevaliers du Temple s'était installée autour de l'église à l'endroit même du parc Marcel-Jouhandeau et qui portera un jour le nom de Stéphane si l'on respecte mon testament.

Morterolles, 23 juillet

C'est au crépuscule que je m'apaise le mieux. Mes angoisses tombent avec le jour, il y a là un mystère que Dieu seul pourrait expliquer s'il avait le temps de s'intéresser à moi. Je n'y compte pas, on le sait, il a assez à faire avec ses dévots pour ne pas s'embarrasser des mécréants.

Je mourrai un matin qui me surprendra au-delà de mes forces, incapable d'aller plus loin sans Stéphane. D'ici là d'autres sourires viendront peut-être qui me conduiront calmement jusqu'à lui.

Quand je trouvais les gens bizarres, empruntés devant moi, Stéphane me disait : « Tu ne te rends pas compte que tu les impressionnes, ils ne savent pas comment t'aborder. »

Je suis bien obligé d'admettre que l'on ne regarde pas l'homme que je suis mais celui qui paraît. Ma gloire n'est pas telle que j'en souffre, mais je n'aime pas être confondu avec mon image, contraint de lui ressembler exactement à toutes les heures du jour et de la nuit. Alors je passe sans lever les yeux parfois. C'est le contraire de l'arrogance qui guide mes pas.

Morterolles, 24 juillet

Ceux qui pour me consoler me disent : « Il te voit de là-haut » me font lever les yeux au ciel. Je n'en crois rien heureusement, cette idée même me détruirait. Je préfère penser qu'il ne me voit pas. Je ne suis pas beau à voir.

Si mon chagrin est illisible dans mes analyses de sang, il ravage mon âme et mon visage sournoisement.

Je suis désemparé, ma garde rapprochée s'est égarée pour quelques semaines, j'aime la savoir là, disponible et loyale comme je le suis pour elle.

Lulu vend des disques du côté de Marseille pour gagner quelques sous, Jules est au Canada en balade, en « repérage » pour notre voyage prévu en janvier. Il ne me donne pas de nouvelles, je ne devrais pas m'étonner, Jules est né sous le signe des Gémeaux, ce qui aggrave son cas. Jean-Claude est en Italie avec sa fille et sa mère, Didier en famille aussi, en Vendée, s'égayant dans des noces et banquets interrompus seulement à l'heure de la messe. Les autres bronzent n'importe où. Prudy est là, elle me garde. Elle respecte mes interminables silences et s'en va bavarder avec Aïda qui n'attend que ça.

J'écrivais des chansons pleines d'espoir l'année dernière à ce bureau. Je vais les chanter à la rentrée avec l'énergie du désespoir. Je me demande ce que font ceux qui n'écrivent ni ne chantent pour supporter la vie quand elle n'est plus la vie.

J'écris sur Stéphane, c'est lui qui aura le dernier mot.

Morterolles, 25 juillet

Une photo de John Kennedy Junior prise sur une plage en hiver me saute au cœur. Ce jeune homme splendide qui s'élance en comptant ses pas sur le sable, les mains dans les poches de son pantalon de jogging bleu marine, casquette à l'envers, baskets blanches, écharpe au vent, c'est Stéphane qui marche vers moi, déterminé à me rejoindre au plus vite.

Une allure qui ne trompe pas, une grâce absolue, sans ambiguïté, qui devrait leur servir à émouvoir les anges.

Stéphane : je ne me lasse pas d'écrire et de prononcer ce prénom si beau, si tendre quand il passe sur mes lèvres, au contraire du mien si bête choisi par moi pour faire le chanteur.

Il ne me ressemble pas. De toute façon Stéphane m'appelait Jean-Claude, c'est ce prénom-là d'abord qu'il faudra graver sur ma tombe à côté du sien.

Morterolles, 26 juillet

Je peux rester des heures seul sans bouger, sans parler, sans écrire, seul au fond de moi dans les ténèbres, le ventre déchiré par l'angoisse. Je savais que l'été serait redoutable, il l'est toujours pour moi mais celui-là m'épouvante, il brûle implacablement l'ombre même de Stéphane. Jamais son absence n'a été plus lourde à porter.

Si je racontais tout ce qui me traverse l'esprit sans me laisser une minute de répit, si je disais les échafaudages de mon imagination comme autant de cauchemars éveillés, on me prendrait pour un fou. Je déraisonne, mais je le sais. C'est le contraire de la folie.

Si l'on admet que Dieu existe, qu'il n'est pas innocent de la beauté du monde et de l'intelligence des hommes, alors il est coupable forcément de ses horreurs et de leurs bêtises.

Je ne vois pas comment sortir de là. Il y a dans ce raisonnement une vulgarité qui ne m'échappe pas, mais je l'assume quoi qu'il m'en coûte, la niaiserie ne vaut guère mieux.

Stéphane ne croyait pas en Dieu, il croyait en moi comme je croyais en lui, absolument.

Je lui ai menti parce que la vérité est pire parfois

que le mensonge, il m'a menti pour les mêmes raisons, mais jamais sans doute nous n'étions plus proches de l'amour que dans ces moments-là où front contre front nous jurions les yeux fermés pour conjurer le sort.

Morterolles, 27 juillet

Je me régale à entendre mes jardiniers m'annoncer gravement qu'ils viennent de balayer l'allée François-Mitterrand, de désherber la colline Françoise-Arnoul ou d'arroser les chèvrefeuilles de la place Emmanuel-Berl.

Ces noms propres à ma vie semblent enchanter la leur. François Mitterrand, Dalida ils savent, mais on se doute bien que les œuvres de Berl et de Jouhandeau n'encombrent pas leur table de chevet. Je serais bien embarrassé si l'un d'eux me demandait de lui conseiller un de leurs livres. Non, ils ont d'autres ambitions et c'est très bien ainsi, ils me font confiance, fiers qu'ils sont déjà d'entretenir le territoire d'aussi grands personnages.

– Nous ferons demain le jardin Mireille et la promenade Charles-Trenet...

C'est une occupation charmante que je leur propose : jardiniers chez Mireille et Trenet, il y a de l'opérette à la clé des champs. Je n'ai pas, on le voit, choisi ces noms par hasard, j'ai raconté ailleurs pourquoi et comment ils ont ébloui ma jeunesse.

Lucienne Boyer a un domaine ici, elle qui termina sa vie aux alentours de Pigalle, à deux pas du bordel de madame Mad où Jouhandeau venait s'agenouiller devant quelques repris de justice. A Rachel Breton, mon premier éditeur, j'ai attribué une impasse près d'un ruisseau et c'est pour Stéphane que j'ai offert une colline à Françoise Arnoul ; il était figurant dans un film de Guy Gilles adapté de mon roman *Un garçon de France* dont elle était la vedette. Il était amoureux d'elle et prétendait qu'il avait mal au dos pour qu'elle le masse.

Me revient en mémoire une jolie scène dans mon salon à Montmartre (nous tournions juste à côté), lui torse nu allongé sur la moquette, elle accroupie sur lui s'employant à le soulager. Un jeune homme de vingt ans ne peut pas oublier les mains d'une star sur son dos.

Quand les plaques furent gravées, Stéphane était en clinique à Limoges, c'est celle de Françoise Arnoul que j'ai montée dans sa chambre pour la lui montrer en lui promettant que nous la poserions ensemble. J'ai dû me décider seul à honorer ma « rivale » des jours heureux.

Morterolles, 28 juillet

Hier au soir à table ma mère racontait que petit garçon j'étais d'un naturel très souriant, décidé à séduire ceux qui se penchaient vers moi y compris une boulangère très peu avenante à qui j'ai fini par tirer la langue, vexé de n'obtenir aucun succès.

– Oui mon fils, tu étais très souriant, il faudrait que tu le redeviennes...

Ma mère se désespère ; mon désespoir est trop visible en privé. L'épisode de la boulangère me résume assez bien, je me ressemble encore. Je ne marchande pas mon affection, je la donne d'emblée en toute innocence malgré les déconvenues que chacun de nous rencontre au long de l'existence, il suffit encore d'un mot qui sonne juste à mon cœur, d'un geste furtif, d'un regard posé sur moi quand je l'attendais ou au contraire n'osais l'espérer pour qu'aussitôt je réponde à l'appel de qui me cherche.

Je ne défaille pas au premier sourire mais je me tiens à sa disposition.

Je veux mériter les bons sentiments que j'inspire, si c'est l'antipathie qui prévaut je la perçois mais elle ne m'atteint pas, ma capacité à l'indifférence est sans faille. Rien. Qu'on n'attende rien de moi, pas le moindre effort pour séduire qui ne veut pas l'être.

L'amour, ce grand mot encombrant qui nous fait tout confondre, dire tant de bêtises et qui nous blesse finalement à la moindre imprudence, il faudrait pouvoir se contenter de son illusion. C'est impossible pour qui n'a pas le cœur sec, mais quelles douleurs en perspective. Seul l'amour de Stéphane m'a sauvé, les autres avant le sien m'ont abattu.

Je parle ici de l'amour que l'on donne et que l'on reçoit, pas de celui que l'on fait en passant ou que l'on sublime « en montant l'escalier ». Il y a moins de légèreté qu'il n'y paraît dans la définition rabâchée de Sacha Guitry ; l'idée de l'acte et j'ajouterais son souvenir parfois sont plus délicieux que l'acte lui-même, embelli toujours par notre imagination.

Ce qui gâche l'acte d'amour le plus souvent c'est qu'il demande trop de conventions, de précautions, qu'il nous entraîne à des débordements hasardeux, à des gestes maladroits, à des mots de trop décourageant les meilleures intentions de notre partenaire.

Il suffit bien de raconter ses fantasmes à ses copains de caserne, d'en faire des livres ou des films, sans prendre le risque de les mettre en pratique. Et d'ailleurs avec qui ? Après quel interrogatoire de police ? Le recrutement n'est pas évident, comment deviner sur la bonne mine d'un maître nageur ou d'une pin-up de plage qu'ils seront à la hauteur de nos désirs les plus fous ? Mieux vaut les acquitter au bénéfice du doute, on évite ainsi le fiasco annoncé.

On trouvera sans doute un peu pessimiste ma vision des choses de l'amour, elle l'est, c'est une manière pour moi de tempérer mes exigences qui sont grandes. On attend toujours trop de l'amour, l'impatience nous use le cœur.

Morterolles, 3 août

Je n'ai pas pu écrire depuis cinq jours, occupé que j'étais par une douleur violente dans l'épaule droite qui paralysait ou presque mon bras et mon esprit.

Ce bon monsieur Claude, l'infirmier du canton, un colosse de cent vingt kilos, doux comme un agneau, m'a piqué les fesses soigneusement.

Je vais tenir ! écrivais-je il y a quelques mois comme pour m'en persuader. Je suis moins fanfaron aujourd'hui, ma volonté suffira-t-elle ? Mon corps résistera-t-il ? Nous verrons bien ! Je n'ai pas l'intention d'intéresser qui que ce soit à mes maux, devant la maladie nous sommes seuls, chacun a eu ou aura à le vérifier. Les rhumes de Léautaud ou les angines de Gide avant guerre n'ajoutent rien à leur gloire et nous laissent indifférents.

Mon épaule en feu ne brûle que moi.

Je suis seul.

Lulu est retourné chez sa mère. Son périple sur la Côte d'Azur l'a laissé déçu : « Il fait trop chaud, il y a trop de monde, trop de bruits. » J'avais parié qu'il ne resterait pas là-bas, au milieu de cette faune débraillée et braillarde. Il est trop fin pour tant de vulgarité.

J'irai le rejoindre à Montmartre dimanche prochain et nous partirons sur une île en Allemagne du Nord où il y a des gens calmes qui marchent sous la pluie. L'irrésistible tendresse de Lulu me manque. Sur la carte postale qu'il m'a adressée trois jours après son départ de Morterolles, il m'écrivait : « Je t'aime temps », je le crois bien sûr, mais il faudra quand même que je lui apprenne l'orthographe.

J'ai ramené Didier hier sur ses terres vendéennes, il était venu ici quelques jours pour me distraire, sa gaieté naturelle, sa disponibilité me sont précieuses. Nous avons passé la nuit dans un château vide et perdu au milieu du bocage, lui buvant du champagne au bord d'une piscine avec deux inconnus qui déambulaient nus dans le parc et moi seul dans une chambre immense à m'inquiéter de ne pas le voir rentré à cinq heures du matin. J'étouffais, j'avais peur, je me sentais abandonné. Quand il s'est présenté enfin à l'heure du petit déjeuner plateau en main, j'étais épuisé, ivre de colère et de chagrin. J'aurais dû le suivre, nu moi aussi, et me laisser aller à quelques débordements joyeux.

Où est passé Julien ? Il me manque. Son silence me préoccupe, sans nouvelles depuis dix jours je m'interroge. Désinvolture, nonchalance, goût du mystère ? S'il est toujours au Québec, il y a le téléphone là-bas. Il m'avait dit « Venez me rejoindre », trop tard, je ne prends pas les trains en marche ni les avions.

Il sera étonné Julien quand il reviendra, étonné de m'avoir peiné, il ne l'aura pas voulu évidemment, il n'aura pas d'excuse mais je lui pardonnerai sans doute. Une fois de plus, une fois de trop ?

Ah, l'imparable sourire de Jules, jamais vraiment où on le cherche et qui éclate inattendu, moqueur, innocent ou perverti. En joue-t-il ou est-ce moi qui le charge de grâces qu'il n'a pas ?

Le sourire de Stéphane était irréprochable, celui de Jules ne l'est pas toujours.

Il faut que Julien pleure, vite, avant que son sourire ne devienne impardonnable.

Morterolles, 4 août

Des jours interminables. Je me fais peur tout seul en imaginant la suite de ma vie, je ne trouve rien pour me rassurer, mon cerveau ramolli par la chaleur ne me transmet que des mauvaises pensées. Heureusement Prudy est là, exactement où il faut : à ma table le soir pour dîner, sur le canapé du salon la nuit pour que je m'endorme moins abandonné. Nous ne nous voyons pas de la journée, elle arrive vers vingt heures pour déboucher le vin qui me sortira de mon mutisme, et nous jouons aux cartes en écoutant Julie London à la même place que l'an passé, tandis que Stéphane de son bureau à l'étage m'encourageait à gagner. Nous nous demandions ce qu'il faisait, aux prises avec son ordinateur, la main posée sur la souris qui dort là où il l'a laissée.

Il me sera très difficile, voire impossible, dans les trois semaines qui viennent d'échapper à la commémoration. Ses derniers gestes ici, ses mouvements emportés ou hésitants, les mots qu'il m'a murmurés ou criés prennent valeur de testament.

Que voulait-il me dire encore qu'il n'aura pas eu le temps d'exprimer ? Ses silences aussi m'obsèdent. Quand aurai-je la force de relire ses lettres pour l'entendre me parler à l'oreille ?

Je ne suis vraiment pas doué pour le malheur, les femmes savent mieux que nous l'apprivoiser, moi je veux le dominer. Mon orgueil et ma santé en dépendent.

Morterolles, 5 août

Cette référence à Dieu (cette révérence) quotidienne sous la plume de Jouhandeau ne me gêne pas, un peu exaltée sans doute mais sincère elle ne l'éloigne pas de l'amour des hommes, elle l'en rapproche au contraire. Il trouve toujours une bonne excuse à la main de Dieu quand elle s'égare, à la main de l'homme quand elle tue. Il reste dans « l'épouvante le sourire aux lèvres ». Est-ce le privilège des sages ou celui des fous ? La béatitude n'est pas mon genre, elle demande une force d'âme que je n'ai pas, une passivité qui ne me ressemble pas. J'affronte stoïque mon lot de souffrances, sans maudire le ciel mais sans non plus le remercier.

Je n'ai pas reçu la grâce divine qui soulève les malheureux tombés à genoux. Il faudra bien que je me relève seul.

Morterolles, 6 août

Nos canotiers de paille posés sur la console de l'entrée, en souvenir des étés d'autrefois, ses deux casquettes, l'une grise l'autre beige, qu'il choisissait pour partir à cheval, son polo bleu et noir sur mon oreiller et que je porte à mon visage avant de m'endormir pour tenter de retrouver son odeur qui s'évapore au profit de la mienne, son trousseau de clefs dans un panier d'osier qu'il m'avait offert chargé de violettes, ses affiches de music-hall accrochées aux murs de son bureau, ces petits riens et mille autres encore éparpillés autour de moi et qui m'encerclent, c'est lui comme un furet insaisissable que je suis à la trace sans espoir.

Faut-il tout effacer ? Jeter ses clefs à la rivière et ses casquettes par-dessus les moulins ? Faut-il que j'organise un cirque sur la place du village où des saltimbanques viendraient cracher le feu sur ses chemises et ses costumes de scène, ou devrais-je en cachette une nuit m'en aller seul me défaire dans le vent de ces trésors misérables ?

Je ne ferai rien de tout cela naturellement, je ne mettrai pas mon chagrin aux enchères. Je vais rester là, ne rien déranger autour de nous, respecter l'ordre que nous avions voulu, ouvrir la fenêtre de sa chambre et attendre.

Qu'aurait-il fait, lui, s'il avait dû marcher sur mes pas, fouiller dans mes tiroirs, embrasser mon linge et mes photos, s'il avait dû dormir face à mon bureau vide ?

Si je l'avais laissé seul encombré de mon souvenir, il

n'aurait pas dispersé les morceaux de ma vie, il n'en aurait pas non plus fait des reliques. Je fais comme lui : cette maison ne sera ni un tombeau ni une église.

Stéphane, je l'imagine chantant mes chansons, peut-être même le soir de mon enterrement, je le vois dilapider gaiement mes comptes en banque au profit de quelques vautours, il ne savait pas compter, mais j'aurais pu mourir tranquille, il n'aurait permis à personne de cracher sur ma tombe.

En cherchant quelques livres pour les prêter à ma mère chez qui je dîne ce soir et qui en lit trois ou quatre par semaine, je suis allé brusquement regarder sur la table de chevet de Stéphane où je n'avais pas posé les yeux ni les mains depuis bientôt un an.

Sur deux romans de Marguerite Duras : *Un barrage contre le Pacifique, Le Ravissement de Lol V. Stein* édités en collection de poche, j'ai trouvé le livre qu'il lisait sa dernière nuit ici, il s'intitule *Le Bonheur* de Philippe Delerm.

Le bonheur ! C'était mon plus beau projet pour lui que je croyais sorti d'affaire. Il le tenait au bout des doigts cette nuit d'août, le 23, le 24 ? Le marque-page est placé à la page quarante-trois, au début du troisième chapitre qu'il n'a pas dû commencer. On peut donc penser qu'il avait terminé sa lecture par ces trois lignes page quarante et un : « Le décor est en place, et la maison n'est pas fermée. Entrez boire un vin chaud, dans les couleurs et les images. »

Après quoi les couleurs et les images se sont brouillées pour lui.

Morterolles, 7 août

Mon neveu Jean-Christophe, un grand blond solide comme un basketteur, et timide finalement devant moi. Il veut me parler « sérieusement », je l'écoute, ému d'avance comme il l'est lui-même.

– Bon… Tonton, il faut que tu me racontes comment tu as fait pour réussir dans la vie, tu as du succès, des amis, du fric, pourquoi pas moi ?

Comment ne pas le décevoir, comment répondre simplement à une interrogation si anxieuse sans freiner son élan ? Je crains n'avoir pas été très original, je lui ai parlé travail, détermination, honnêteté, je lui ai recommandé de donner beaucoup de lui s'il voulait recevoir un peu.

– Tu auras ce que tu mérites, lui ai-je dit, et des larmes en plus que tu n'auras ni voulues ni méritées, mais tu as le temps…

– Le monde est méchant, Tonton, faut-il être méchant ou gentil ?

Il a peur de se faire manger, il plisse le front et prend un air buté que son regard si tendre dément aussitôt.

Mais enfin où a-t-il été chercher qu'il faut être méchant pour réussir sa vie ? Je le détrompe, évidemment. Gentil, il l'est, Jean-Christophe, mais je vois bien que cela l'inquiète. J'espère l'avoir rassuré, en l'invitant à se battre pour réaliser ses rêves d'enfant.

– Mais je n'en ai pas, Tonton, je veux réussir pour avoir du fric et rendre heureuse ma famille…

Ce garçon, doué pour l'électronique, qui répare un moteur ou un ordinateur en s'amusant, capable dans le même temps de livrer des pizzas la nuit aux alentours d'Alfortville, a une formidable ambition mais aucune passion ; et là, je ne peux rien pour lui.

– Devenir riche n'est pas une ambition convenable, lui ai-je dit. Le talent, l'imagination, le courage seuls comptent.

Il m'écoute sagement mais me croit-il ?

– Moi, Tonton, je suis bon pour la débrouille.

Il n'a pas dit « la combine », mais j'ai bien compris qu'elle pourrait le tenter.

– Non non, pas des trucs de voyous, je sais pas, moi... des idées pour avoir du blé et du pouvoir.

Jean-Christophe veut mettre le monde à ses pieds, je le sens prêt à s'échapper et il me demande le chemin. Il devra le trouver seul, quitte à se perdre un peu. Je vais quand même le suivre de loin. Il ne fera pas de bêtises, mais s'il s'égare je le rattraperai.

– Je veux être fier de toi, Jean-Christophe.

– Tu le seras, Tonton, comme je suis fier de toi.

J'ai aimé qu'il vienne vers moi à l'heure du doute et qu'il essuie quelques larmes en évoquant notre famille et sa mère et son frère qu'il aime tant sans le leur dire aussi simplement qu'il me l'a avoué.

– Quand je suis trop gentil, Tonton, je me fais avoir.

Comment lui enlever cette idée de la tête que la gentillesse est synonyme de faiblesse ?

Westerland, 10 août

Le but de ce voyage était d'échapper aux grosses chaleurs toujours probables en France au mois d'août. J'avais demandé à Annie L. de nous organiser une semaine, sous la pluie si possible, quelque part en Europe du Nord.

Après avoir beaucoup consulté Internet, en qui elle met toute sa confiance, elle m'avait promis des rafales de vent, des averses quotidiennes et une température n'excédant pas quinze degrés. Raté ! Nous sommes depuis hier au soir à Westerland, une petite île de quarante kilomètres de long, dans un hôtel cossu et très cher où je m'ennuie déjà. La fenêtre de ma chambre donne sur les cuisines et les odeurs qui s'en dégagent ne sont pas celles de la marée. J'avais rêvé une côte sauvage battue par les vents, une mer déchaînée hostile aux touristes et à leurs familles nombreuses, une mer grise sous un ciel d'apocalypse ; ce sera pour une autre fois, dans une autre vie.

Ici comme partout la plage est aménagée pour accueillir des couples en short et des enfants qui cavalent, il y a des marchands de glaces et de hot dogs, des joueurs de volley-ball, et naturellement il fait trop chaud pour moi.

On me dit que la bonne société allemande vient là en villégiature depuis les années soixante-dix, on se demande bien pourquoi. C'est une cité balnéaire sans charme, pareille à beaucoup d'autres ici ou ailleurs, avec des boutiques de mode, des restaurants en bataille, des étalages de maillots de bain et des gens qui déambulent indéfiniment le long des rues piétonnes qui mènent au bord de mer.

Ce n'était vraiment pas la peine de faire un si long voyage pour fuir l'été alors qu'il pleut des cordes à Ostende et qu'il fait frais au Touquet.

Ma mauvaise humeur désole Annie L. qui, guide touristique en main et plan de l'île déployé sur les genoux, tente désespérément d'improviser une échappée vers des cieux plus tourmentés, mais nous sommes pris au piège, ni les bateaux ni les avions ne sont à notre disposition. Je comprends vite qu'il faudra que je me résigne à attendre ici une improbable fin du monde.

– Regarde, Papa, me dit Lulu, il y a des gros nuages là-bas, il va pleuvoir, on peut rester ?

Lulu est content de tout, qu'il ne le soit pas me scandaliserait, qu'il le soit si spontanément m'enchante et son sourire suffit à me rafraîchir.

Westerland, 11 août

Paris brûle-t-il ? Le Gers est-il rayé de la carte de France ? Et monsieur Paco Rabanne a-t-il bien dormi ?

Ils ont l'air malins tous les zozos qui depuis des semaines se font peur en espérant quelque catastrophe pour les distraire de la médiocrité de leur vie. Ici rien, pas la moindre éclipse en vue, le soleil ne triomphe pas, mais il résiste aux injonctions des mages et des astrophysiciens. Une trouée de ciel bleu passe à ma fenêtre, Lulu ira peut-être se baigner tout à l'heure et son bonheur sera le mien. Voilà tout. Le désordre du monde me laisse indifférent. Stéphane dort et je vais surveiller Lulu pour qu'il ne prenne pas froid.

Westerland, 12 août

Nous sommes, paraît-il, dans la capitale mondiale de l'accordéon, les musiciens doivent être en vacances ailleurs car les seuls flonflons que l'on entend sont ceux du vent.

Annie L., qui surveille le baromètre, me fait remarquer que ses prévisions étaient bonnes.

– Il ne fera pas plus de dix-huit degrés, vingt au pire, ça ira ?

Elle craint que je la tienne pour responsable des variations climatiques, cela fait rire Lulu qui trouve tout naturel, lui, que les choses de la vie et du ciel s'organisent autour de moi, car il ne doute pas qu'un jour ce sera lui le héros de la fête.

Saura-t-il patienter en attendant de mettre les foules à ses pieds et le soleil à ses ordres ? Peut-être. Il se tient prêt à bondir dans la lumière. Il est aussi plus sage qu'on ne le croit.

Il y a des marins le soir, vers dix-huit heures, qui chantent en chœur sur le kiosque à musique en bord de mer, et des gens calmes assis sur des gradins qui écoutent religieusement les marches de leur jeunesse. Celles de mes parents et celle de *Lili Marlène*.

Westerland, 13 août

Un murmure ! Sur la plage, au restaurant, dans les rues aux terrasses des cafés, les Allemands qui séjournent ici n'élèvent pas la voix. Ce sont sans doute les fils et les petits-fils de ceux que nos grands-mères trouvaient « si bien élevés » quand ils débarquèrent dans nos villes et nos campagnes en 1940. Rien de commun en tout cas avec leurs compatriotes qui envahissent les campings de France et de la Costa Brava. Un murmure ! Les voitures ne roulent pas, elles glissent lentement entre les vélos, des voitures de luxe, noires, impeccables en un cortège diplomatique, ici et là dans la lande des maisons lourdes et sombres qui ne donnent à voir que leurs immenses toits de chaume, des dames riches qui boivent du thé en caressant leurs colliers de perles et des jeunes gens bien nés qui goûtent, sans se presser, l'été de leurs vingt ans.

Et nous, Annie L., Lulu et moi, un peu égarés, hésitant à prendre nos marques, nos places dans un film qui se déroule sans nous. Personne ne nous voit, hormis de gros messieurs rougeauds enfermés dans leur guérite qui sont chargés de faire payer les accès à la promenade du bord de mer.

– C'est contraire au droit communautaire quant à la libre circulation des personnes en Europe, s'écrit Annie L. qui connaît les règlements et leurs numéros par cœur.

Lulu passe en sautillant mais elle et moi devons nous acquitter de six marks, juste pour respirer l'air du large et regarder s'envoler quelques cerfs-volants. Annie L. menace de saisir le Parlement européen qui n'aura probablement rien de plus urgent à régler à la rentrée prochaine.

Cette femme-là est déroutante, calme et emportée, cultivée et naïve à la fois. Elle a une très haute idée de sa fonction et affirme sans rire que le monde est un complot permanent et qu'il faut rester trois semaines sans manger pour se délivrer des forces du mal. Trois jours passe encore, mais trois semaines Lulu n'est pas d'accord du tout.

Chère Annie ! qui n'aime pas que je l'interpelle ainsi, prétendant que c'est une expression de notaire, mais qui m'offre les chocolats préférés de la reine Paola et se passionne pour mes livres et mes chansons. De bien délicates attentions qui me font lui pardonner ses brusques emportements.

Elle m'a demandé hier au soir après quelques verres de vin blanc la permission de me tutoyer en m'invitant à faire de même quand je m'adresse à elle. Cette proposition excentrique m'a inquiété. J'ai peur quand les femmes perdent le sens commun.

Westerland, 14 août

Ici, même les mouettes sont muettes, j'ai observé leur manège cinq heures durant hier après-midi au-dessus de la plage où Lulu se baignait. Elles étaient des centaines à tourner inlassablement sur nos têtes entre le ciel et l'eau sans jamais déranger par un cri ma rêverie solitaire au milieu d'une petite foule d'estivants silencieuse elle aussi. Incroyable !

Des enfants qui jouent sans hurler et rappliquent

sans un mot au moindre signe de leurs parents. Une jeunesse qui ne s'égosille pas sur un air de rap ? Existe-t-il un autre endroit au monde où cela est encore possible ?

J'aurais pu rester là assis indéfiniment, à contempler le genre humain avec admiration quand il se tient bien.

– Tu vois, Papa, nous avons bien fait de ne pas repartir, m'a dit Lulu en se contorsionnant pour enlever son maillot de bain sans laisser tomber la serviette blanche qu'il avait nouée autour de sa taille.

En effet ! Le soleil lui-même s'était montré, juste assez pour ne pas gâcher cette journée, et les musiques bavaroises sont venues nous donner l'aubade, tandis que je m'émerveillais une dernière fois devant la mer, indécise comme moi, avant l'orage.

Il faut décidément que je m'oblige au plaisir.

Morterolles, 15 août

Julien m'est revenu hier au soir aussi tranquillement que possible, l'œil clair et le teint frais, à l'heure dite boulevard Saint-Germain à Paris, devant chez Lipp où je l'attendais pour dîner.

Veste cintrée en alpaga noir, chemise blanche col ouvert, il avait l'élégance désuète d'un lycéen des années soixante, mais il marchait pieds nus dans des sandales de moine comme on en voit sur les boîtes de camembert.

Jules dans sa splendeur, qui s'était fait beau pour moi sans renoncer pour autant à ses espiègleries vestimentaires qui l'amusent et m'étonnent.

– Je suis content de vous voir, me dit-il, mais je ne vous ai pas quitté de l'été. Je viens enfin de terminer les mille pages de la biographie de Napoléon et j'ai souvent pensé à vous en la lisant : il y a du Napoléon en vous…

Il avait l'air épaté Julien par sa découverte et moi vaguement flatté. Je ne sais rien ou presque de Napoléon, je n'ai pas de goût pour les chefs de guerre, mais cet hommage inattendu m'a rassuré. Jules était moins loin de moi que je ne le craignais.

– J'ai déambulé de Toulouse à Montréal, de Limours à Dunkerque, je ne sais pas trop pourquoi.

Julien va où le vent le pousse.

– C'est vrai, me dit-il, mais il me pousse dans le bon sens.

Il se trouve bien là où il est, tranquille mais curieux de tout, des choses et des gens. Nonchalant quand même.

– Oui un peu, je l'admets. Mon père aussi me reproche de toujours penser que rien n'est grave. Je vais faire attention.

Quand il a dit « mon père », Julien a tout dit. C'est lui qui l'a élevé et c'est chez lui qu'il rentre dormir quand il n'est pas égaré dans un hamac de fortune ou sur le canapé d'un ami au Québec.

– J'ai toujours peur de déranger, m'avoue-t-il en rougissant, je suis timide, vous savez…

Un timide qui, mine de rien, trouve sa place pour voir sans être vu. Au contraire de Lulu, Julien ne se veut pas remarquable, il n'y a rien de dévergondé en lui, juste son sourire qui le trahit quand il voudrait échapper à une question trop précise. Il joue très bien à laisser planer le doute sur ses désirs et ses intentions. Julien estime que le flou va bien, il n'en abusera pas avec moi qu'on ne trompe pas longtemps.

– Votre lucidité m'impressionne, elle corrige votre sensibilité si vive.

Quand il est avec vous Julien n'est pas ailleurs, il n'a pas d'impatience ni d'autres tentations que vous. Cela le rend irrésistible. A lui seul j'éprouve le besoin de parler de Stéphane qu'il a si peu connu.

– Je garde de lui le souvenir d'un fou rire incontrôlable qui nous a saisis à la même seconde, un soir à table, et qui scella entre nous une complicité définitive. J'écouterai ses chansons chez ma grand-mère dans le Puy-de-Dôme où je pars demain.

Nous avons parlé beaucoup, autant l'un que l'autre, buvant mutuellement nos paroles. Ma soif était grande, la sienne ne l'était pas moins.

Notre aventure commune était des plus improbables, Julien aurait pu tout aussi bien devenir haut fonctionnaire à Bruxelles ou conseiller technique dans un cabinet ministériel, que sais-je encore ? documentaliste au *Monde diplomatique*.

– Oui et non, me réplique-t-il, parce qu'il y a la chanson avant tout qui me tient depuis l'enfance. J'ai confiance en ma destinée, vous êtes ma plus belle rencontre.

Julien est venu vers moi, bardé de diplômes après de brillantes études en sciences politiques, avec sous le bras une thèse savante de deux cents pages sur l'œuvre de Charles Trenet. Comment ne pas entendre et accueillir aussitôt un jeune homme de vingt-cinq ans qui avait les larmes aux yeux à seize ans en écoutant Trenet chanter *Revoir Paris* ?

– C'était au théâtre des Champs-Elysées en 87, je suis allé l'applaudir sept soirs de suite.

C'est à quatre ans à Tunis, où il a grandi, que Julien a eu la révélation pour le music-hall en assistant à un récital des Frères Jacques où ses parents l'avaient emmené. Quand il me raconte les éblouissements de son enfance, il y a dans les yeux bleus de Jules la gourmandise d'un enfant devant une tablette de chocolat.

– Il faudra que nous allions dîner chez Guy Béart en octobre, vous le lui avez promis et à moi aussi.

Il en rêve de ces soirées qui s'éternisent chez Béart et Trenet, qu'il me fait raconter inlassablement pour en profiter par avance. Je vais arranger cela, on ne peut rien refuser à un petit garçon de quatre ans qui connaît par cœur le répertoire des Frères Jacques.

– Et maintenant, me dit-il, si nous allions boire un « dernier verre au Danton » ?

Depuis qu'il a lu le beau livre de Denis Tillinac, Julien a pris ses habitudes dans ce café claironnant de Saint-Germain-des-Prés. Nous avons les mêmes références littéraires lui et moi, je lui ai fait découvrir Berl, Chardonne, Pascal Jardin, Jean Genet.

Nous aurons donc toujours quelque chose à nous dire ou à nous chanter. Il y avait du bruit mais il n'écoutait que moi, il y avait du monde mais je ne voyais que lui. La bière faisait briller ses yeux d'une lueur infernale. Il en a bu beaucoup, moi aussi. J'avais décidé de le suivre le plus loin possible, jusqu'au bout de nos passions avouées ou secrètes. A trois heures du matin, on nous a priés poliment de bien vouloir finir nos verres.

Julien m'a raccompagné à ma voiture où Michel m'attendait, vigilant, un peu étonné de me surprendre si tard dans la nuit.

– C'était bien, m'a dit Julien, nous recommencerons...

Puis il s'est penché vers moi, j'ai posé mes lèvres sur les siennes et je lui ai murmuré :

– Il faut m'aimer, Julien.

– Mais je n'ai jamais cessé, m'a-t-il répondu tranquillement, avant de s'éloigner n'importe où, vers une rencontre de hasard.

– On ne le ramène pas chez lui, Monsieur ? m'a demandé Michel.

– Non, laissons-le aller, on l'espère sûrement quelque part, il trouvera en chemin avant l'aube le canapé d'un copain accueillant.

Les copains de Jules ne dorment pas. Ils l'attendent.

Morterolles, 16 août

Et si c'était vrai ce que l'on raconte dans les églises ou dans les livres saints ? Et si vraiment Stéphane m'attendait au ciel pour m'aimer dans l'éternité ?

Si j'étais certain de pouvoir l'aimer une fois encore, même une seule, je me serais tué sur sa tombe tout à l'heure à Saint-Pardoux.

La vie sans lui n'a pas de goût.

Morterolles, 17 août

Si l'on disait réellement ce que l'on pense d'eux à certains êtres qui nous embrassent, leurs baisers deviendraient morsures. La vie en société n'est pas possible sans un minimum d'hypocrisie, c'est une garantie contre le grabuge, une forme de politesse aussi. Julien l'autre nuit se reprochait devant moi de ne pas savoir dissimuler l'aversion que lui inspirent certaines gens. Je lui ai répondu que les gens en question ne méritent même pas notre aversion, que c'est encore trop, un peu d'hypocrisie leur suffit bien. Je crois l'avoir convaincu.

Il s'agit avant tout de ne pas aimer tout le monde, Julien ne court pas ce risque, Lulu oui. Il s'imagine que le monde est gentil comme lui. Je n'aime pas le voir se jeter au cou du premier qui passe et qui ne le mérite pas forcément. Je vais lui faire peur, pour éviter qu'on lui fasse mal.

Cette lucidité que Julien m'envie m'épargne, certes, quelques désillusions mais elle a des limites au-delà desquelles je suis perdu.

Une cousine, une amie d'enfance, un faux frère, une chanteuse d'autrefois qui parlaient si fort de pureté de leurs sentiments, de leur amour même, m'ont laissé seul devant la tombe de Stéphane et ils se cachent depuis ce jour-là. Je les préfère loin, il y a désormais des promiscuités que Stéphane ne me pardonnerait pas. On doit toujours se méfier des déclarations intempestives ; elles ont la fausseté des instants de comédie.

J'affronte mes démons en silence et je tutoie les

anges quand ils ne volent pas trop haut. Je ne crie plus. La fête est finie. Je patiente en retenant mes larmes. Je vais encore en avoir besoin.

Morterolles, 18 août

Paco Rabanne s'excuse, il s'est trompé, ce n'est pas Paris qu'il voulait dire mais Istanbul. L'erreur est humaine, les milliers de morts du tremblement de terre lui ont déjà pardonné.

Il pleut. L'été va finir prématurément, dit-on. On ne le regrettera pas, je vais demander à mes jardiniers de rentrer au plus vite les tables, les chaises de jardin, les matelas, les parasols. Tout cet étalage qui invite au laisser-aller, s'il ne tenait qu'à moi, je le brûlerais avec plaisir. Le folklore des vacances avec ses couleurs criardes et ses chansons idiotes ne convient pas du tout à ma nature anxieuse, il l'exaspère.

Prudy s'est inventé un régime amaigrissant à base de pommes de terre, de crème Chantilly et de clafoutis aux cerises et elle s'étonne qu'il produise l'effet contraire. Les rondeurs lui vont bien, elle n'a pas de rides.

Je viens de prendre le dernier chemin que nous avons parcouru côte à côte, Stéphane et moi. « Je peux venir ? » m'avait-il demandé alors que je commençais ma promenade sans l'y avoir invité. Ce long chemin au bord de l'eau, entre les sapins et les peupliers où nous marchions main dans la main, ne mène plus nulle part.

Tout se termine toujours, sauf la mort, dont Jouhandeau prétend qu'elle est un commencement. Quel optimisme !

Morterolles, 19 août

Aïda est mourante un jour sur deux.

Stéphane l'appelait « Notre-Dame des Sept Douleurs ». Dieu merci, elle boit chaque soir des bouillons de poireaux et cela semble, quoi qu'elle dise, lui réussir très bien.

Il y a quelques années, avant que la télévision n'embrouille mon image, Jérôme Garcin m'avait demandé, ainsi qu'à d'autres écrivains, de rédiger ma propre nécrologie. Ce petit exercice de mélancolie m'avait bien amusé. Je me souviens l'avoir fait assez légèrement, détaché de moi comme si je n'étais pas le premier concerné. J'en serais incapable maintenant que la mort n'est plus irréelle pour moi.

– Allô, ça va ? En pleine forme ? Tu passes de bonnes vacances ?

J'ai répondu oui, c'est dire dans quelle estime je tiens mon interlocutrice.

Ni la compassion ni la désinvolture ne me conviennent, ceux qui ne savent pas me prendre feraient mieux de me laisser tomber.

Pas une fois Stéphane ne m'a menacé de partir voir ailleurs si la vie était plus belle, jamais il n'a envisagé de quitter la maison pour s'égarer dans d'autres lits, cette idée lui paraissait même invraisemblable. A moi aussi. Au plus fort de nos tempêtes je n'ai jamais eu peur de le perdre. Je le regardais s'emporter contre moi, me lancer des mots violents en réponse aux miens, mais sans haine, et claquer la porte finalement, pas trop fort pour ne pas me faire sursauter.

La nuit de Noël 1987, il a dormi sur la paille dans le box de l'âne Baladin et de Tarzan, entre leurs flancs. Il avait bu du champagne, très peu mais encore trop pour lui, il savait pourtant que je lui pardonnais tout sauf l'alcool. J'ai guetté toute la nuit derrière les rideaux de ma chambre, à l'affût du moindre bruit, incapable de m'abandonner au sommeil sans le savoir à l'abri.

Il est rentré aux premières lueurs du jour, de la paille dans les cheveux, ses sabots à la main, aussi beau qu'il est possible d'être beau, petit garçon malheureux d'avoir gâché notre premier réveillon ici. Il nous en restait dix autres à vivre ensemble, avec des médicaments autour de son assiette, beaucoup de médicaments blancs, roses, bleus, à avaler avec de grands verres d'eau. Il rejetait la tête en arrière pour les ingurgiter d'un seul coup, rapidement. Les minutes qui suivaient ce supplice, accepté par lui avec détermination, étaient insoutenables. Allait-il tenir ou rejeter cette potion infernale ? Son nez se pinçait, son teint devenait pâle, alors il s'enfuyait le cœur au bord des lèvres vers la cuisine ou la salle de bains en proie à des râles qui lui déchiraient le ventre.

Christiane savait qu'elle pouvait desservir. Je n'avais

plus faim. Elle préparait une salade de fruits avec l'espoir que Stéphane la mangerait un peu plus tard. Il la mangeait parfois en se forçant pour me faire croire qu'il allait mieux.

Morterolles, 20 août

France Dimanche publie ce matin une photo de Stéphane et de moi prise un été dans le pré qui borde l'étang, devant mon bureau. Je n'ai pas voulu la regarder, Prudy et Aïda me disent qu'elle est belle, qu'il est beau, les bras nus dans son tee-shirt violet.

Les agences de presse ne doivent pas avoir beaucoup de photos de nous ensemble. Stéphane ne bousculait personne pour poser à mes côtés, il fallait que je l'invite devant les objectifs. S'il n'était pas timide, il avait le sens des convenances, s'il était fier de moi jamais il n'aurait voulu jouer les princes consorts.

Ce n'est pas mon image qu'il aimait, elle l'encombrait parfois, c'est moi. Combien de fois m'a-t-il répété : « Si tu étais garçon boucher les choses seraient plus simples. » Cela me faisait sourire, les choses n'étaient pas tellement compliquées dans notre vie.

– Un jour c'est toi qui me feras poser près de toi pour les magazines de télévision.

Stéphane n'avait pas de ces ambitions médiocres, il n'était pas dévoré par l'idée de revanche. J'étais sa gloire et il était la mienne. Il y avait de l'orgueil, bien sûr, dans son refus de paraître sur la photo dans mon ombre, mais un orgueil magnifique qu'il déposait au pied de mon lit.

Stéphane voulait chanter longtemps, sous sa douche, n'importe où, mais chanter. Son aventure sur les planches aura duré dix ans, avec des vraies joies et de beaux succès. Comment a-t-il fait pour chanter « Prosper yop là boum », lippe gourmande et canotier sur l'œil, le 11 mars 1988 sur la scène de la salle des fêtes du Blanc-Mesnil ? Nous sortions de chez le médecin qui venait de lui annoncer que le malheur était tombé sur lui. Sur nous.

Cette nuit-là nous avons dormi ensemble, unis pour toujours, désespérément.

J'espère que le cœur de Stéphane bat entre ces pages, mais je ne veux pas qu'on l'entende crier de douleur.

Ce n'est pas par hasard qu'il avait fait interdire les portes de ses chambres d'hôpital à ses proches mêmes. Seul j'avais le droit d'entrer sans frapper, une femme avec moi, Bedra dans les années 1993-1994 et Annie J. ces dernières années, admirables toutes les deux de patience et de dévouement. Stéphane se montrait nu sans complexe, il le pouvait, mais il refusait qu'on le voie malade.

– Dis-leur qu'ils me reverront mais debout.

Il redoutait la compassion qui ne va pas toujours sans voyeurisme. Je l'ai vu sortir les infirmières et les docteurs les mieux intentionnés. Stéphane ne se plaignait pas ou si peu, il encaissait les coups sans broncher. C'est moi qui sortais de sa chambre KO pour alerter le premier interne de service, c'est Annie J. qui descendait attendre derrière la porte du docteur P. pour lui arracher un mot d'espoir entre deux consultations.

Ce ballet blanc dans les couloirs, à travers les étages, d'hommes et de femmes pressés, je le connais par cœur, spectateur intimidé je me collais aux murs pour ne pas le déranger, j'osais à peine respirer pour ne pas perdre un murmure, je reconnaissais les médecins au rythme de leurs pas. Passager clandestin, je battais en retraite quand le bataillon des professeurs apparaissait, brandissant des radiographies. Lâchement je laissais Annie J. aller aux mauvaises nouvelles.

Et le bruit des chariots métalliques vers dix-huit heures et l'odeur de la soupe me hantent.

Morterolles, 21 août

Dix-sept mille morts en Turquie !

« C'est la volonté de Dieu », déclare le président de la République de ce pays martyr. Je préfère croire, moi, que Dieu était en vacances. Mauvaise intention ou moment d'inattention ? Les morts apprécieront.

« Il y a des hommes que l'on approche et qui restent gravés dans notre mémoire, auréolés d'une indicible affection. Tu es ainsi toujours présent dans mon imaginaire, comme un tendre flash-back. C'est par discrétion que je n'ai pas osé te déranger dans ton malheur. »

Flash-back ! Déformation professionnelle, Patricia, qui fut scripte de mon émission, m'adresse ce matin des mots simples qui m'émeuvent. Elle vit désormais en Dordogne, entourée d'enfants dont elle a l'air d'être la grande sœur. Elle m'a écouté et regardé parler devant les caméras très tendrement pendant dix ans sans interrompre mon monologue, mais elle m'a bien entendu.

Si je suis l'homme qu'elle dit, je n'aurai pas parlé pour rien.

« Les agriculteurs en colère » bloquent l'accès aux « restaurants » américains McDonald's, ils ont sans doute de bonnes raisons. Mais qui sont les clients de ces marchands de sandwichs chauds et mous sinon leurs enfants ?

Stéphane n'allait pas à Limoges sans passer par celui qui trône à l'entrée de la ville pour se ravitailler copieusement en buvant du Coca-Cola. Pourvu qu'il mange, j'étais content.

Lorsque par hasard, une ou deux fois l'an, je cède moi-même à cette tentation, j'ai un peu honte, mais mon prestige aux yeux de la jeunesse s'en trouve renforcé. Je l'épate ainsi, moderne, avec un peu de sauce tomate sur le nez.

Maître D. vient de me remettre la photocopie du manuscrit (quatorze pages) de mon testament définitivement provisoire. L'original est en lieu sûr, tout est en ordre maintenant, je peux mourir tranquille. C'est ma mère qui m'a appris dès l'enfance à me défaire de toutes les superstitions. J'ai relu ces pages sans émotion, sans peur. Dans mon grand âge (si je l'attrape un jour) peut-être que mes mains trembleront en reprenant ces pages jaunies, pour les corriger encore, juste à la dernière minute. Quand Stéphane était là, c'est à lui naturellement que j'avais pensé d'abord.

– Je ne veux rien que toi vivant, tu m'entends ?... Le reste...

Il considérait amoral comme moi le droit d'héritage, les comptes bancaires qui vont de père en fils et pour cette seule raison.

L'affaire est entendue, j'ai fait de mon mieux et je me suis distrait un long moment (je ne dis pas amusé mais distrait) à calculer la part exacte qui reviendrait à chacun de mes héritiers si je disparaissais demain ou dans les prochains mois.

Quelle étrange occupation quand même, des chiffres à me brouiller la vue, des pourcentages savamment répartis, voilà je sais où ils en sont mes héritiers. Déduction faite de la part qui revient à l'Etat il leur restera de quoi fleurir notre tombe. Au cas où ils oublieraient, j'ai prévu ce qu'il faut pour trois générations de fleuristes et de jardiniers qui s'en chargeront.

Je ne veux rien devoir à personne.

C'est de mon père que je tiens cette manie du centime près qui méduse les banquiers et faisait rire Stéphane. Il y a quelques noms sur mon testament que j'ai ajoutés à la liste, pour lui, d'autres que j'ai rayés, pour lui aussi.

Mes amis, mes proches vont-ils finir par se méfier avant de parler ou en rajouter pour mériter quelques lignes dans ce journal qu'ils me regardent écrire avec pour certains une curiosité gênante ? Martine et Jean-Claude qui arrivent ne sont pas de ceux-là, c'est le seul couple qui partage ma vie, les autres s'ennuient vite avec moi, préoccupés qu'ils sont d'enfants et de petits-enfants, uniques au monde comme il se doit. Il y a de l'hystérie dans le comportement des parents face à leur progéniture. Ce n'est pas un spectacle dont je raffole. Stéphane, lui, aimait les bébés, moi j'ai peur de les casser. Le chagrin des enfants me bouleverse mais leurs caprices me scandalisent. Amandine, la filleule de Stéphane, aura pourtant eu droit à toutes mes indulgences.

– Pour quelqu'un que les petites filles énervent, je te trouve bien patient mon petit Jean-Claude...

Il avait raison, mais c'est pour lui d'abord que j'avais renoncé à beaucoup de mes préventions.

Amandine grandit bien au chaud à deux pas d'ici, dans une famille d'accueil, parmi les champs, avec des chevaux qu'elle connaît depuis sa naissance. Je ne la vois plus, elle me rappelle trop Stéphane qui a embelli son enfance, et qu'elle n'oubliera pas.

Morterolles, 22 août

La foule m'écœure face à celui qu'elle lynche ou qu'elle porte en héros, sa jouissance est dégoûtante. La foule ne pense pas, elle vocifère, elle fonce, elle renverse, elle écrase et se disperse lâchement. La loi du plus grand nombre est finalement inacceptable. Elle déshonore le genre humain, c'est la singularité qui fait l'homme, celui-ci n'est fréquentable qu'en particulier.

Les groupes, les communautés, les corporations où les hommes se cachent les uns derrière les autres pour prier ou pour revendiquer ne me disent rien de bon.

On est vraiment courageux que seul. Il faut une tête au troupeau.

Je suis assis sur un tabouret au bar du casino du bateau, Lulu debout derrière moi a passé ses bras sur mes épaules et Martine a fait la photo qu'elle me donne ce matin. Souvenir déjà ! J'en ai trop. Il faut que je range ma tête comme ma maison sous peine de disparaître sous l'amoncellement. Lulu fixe l'objectif, il le boit, moi je le subis et cela se voit. Aucun photographe au monde ne parviendra à rendre à mon regard l'éclat qu'il a perdu l'automne dernier.

– Vous êtes beaux tous les deux, non ?

– Lulu surtout est beau.

Je vais la garder pour lui cette photo triste. Mais toutes les photos sont tristes, qu'elles nous retiennent dans la joie ou la douleur. Elles passent avec nous.

Ce n'est pas vrai que l'on n'attend rien. Désabusé, désemparé, on reste à l'affût d'un sourire, d'une main tendue, d'une improbable connivence avec le ciel. Nous attendons toujours quelque chose ou quelqu'un, c'est la définition même de la vie. Ne pas désespérer tout à fait, reprendre chaque matin ma place dans le cortège, me signaler discrètement parmi les vivants. Je m'y efforce.

– Il faut vous fixer un but chaque jour, nous disait notre mère à l'âge indécis où les enfants hésitent à être heureux.

Je pense à elle qui, à quatre-vingts ans passés, n'a renoncé à rien qu'elle ne puisse entreprendre, qui chamboule sa maison au milieu de la nuit et poursuit la femme de ménage dans les coins pour « l'aider » !

– J'aime beaucoup le Chardonne que tu m'as prêté, je le relirai dans deux ou trois ans…

Elle n'est pas folle ma mère, ni très optimiste de nature, mais elle ne s'écoute pas, sa volonté l'emporte sur sa fatigue. Jusqu'à quand ? Sa sœur, ma tante Emilienne, a quatre-vingt-quinze ans, si la longévité tient de famille elle pourra revisiter toute ma bibliothèque et si ce n'est pas suffisant je lui offrirai une librairie.

Mon père est fataliste, ma mère ne l'est pas, confrontée au pire elle l'assume pour mieux le nier. Ses nuits sont moins paisibles que celles de mon père qui s'abandonne voluptueusement. Ma mère ne s'abandonne jamais, en cela je lui ressemble, c'est ma gloire et mon malheur.

Morterolles, 23 août

Prudy s'habille désormais pour dîner. Je ne lui cache pas mon étonnement. J'ai assez moqué ses accoutrements pour ne pas lui rendre grâce de cette élégance inattendue. Chemisiers de soie, pantalons flous de coton sobrement chamarrés. Mais d'où sort-elle cette garde-robe introuvable hier encore ?

J'ai bien raison d'être intransigeant. Mais suis-je tellement intransigeant de vouloir que les femmes ressemblent à des femmes et les hommes à des hommes ? Je n'ai pas beaucoup de goût pour le déguisement. Il y a des cirques pour cela.

Prudy a des réflexes de chiffonnière, elle entasse tout ce qui lui tombe sous la main sans discernement, ce besoin maladif de posséder des riens qui ne servent à rien me renverse, moi qui jette tout.

– Tu finiras la tête dans une poubelle ma pauvre fille, lui dis-je quand je suis d'humeur taquine.

Aïda et Annie J. sont allées la semaine dernière la débarrasser de force d'une grande partie de ses « trésors » dont personne ne voudrait, même aux puces. De la fête foraine du village voisin où elle a passé un moment hier après-midi, elle a ramené comme un trophée la preuve de ses prouesses au stand de tir : trois trous bien ciblés sur un morceau de carton rouge. Je redoute qu'elle ne l'encadre au-dessus de sa cheminée.

Morterolles, 24 août

Où est passée la fortune du comte de Paris ?

Cette réjouissante comédie nous promet bien des rebondissements. Les fils de Monseigneur s'énervent, ils n'ont trouvé qu'une paire de chaussures et quelques mouchoirs brodés aux armes de la maison de France. Ils pourront toujours s'en servir pour sécher leurs larmes.

Les signatures sont souvent illisibles sur les cartes postales de vacances griffonnées n'importe où sur le sable ou dans un aéroport. Stéphane, plus patient que moi, finissait toujours par identifier l'expéditeur. Maintenant je les jette, que faire d'autre de ces couchers de soleil, de ces voiliers blancs qui croisent si loin de moi ? Des chansons bien sûr, mais je n'ai plus envie d'écrire des chansons.

« Il faut vivre avec son temps », déclare, péremptoire, un journaliste à la radio pour présenter le nouveau disque d'un chanteur de la fin des années soixante qui vient d'enregistrer un rap « social ».

Cette injonction est ridicule. Le chanteur aussi.

Martine lit *Elle,* un magazine indémodable plein de femmes en combinaisons de nuit, de recettes de pâtes au pistou et de conseils pour la rentrée des classes ; des sujets qui me passionnent énormément, on s'en doute. Reste l'horoscope, je ne connais personne qui résiste à ce plaisir minuscule : des promesses de bonheur entre quatre ou cinq lignes, assez floues pour que chacun de nous y trouve ce qu'il cherche.

De quel côté penche la Balance cette semaine ?

« On pourrait bien se presser au portillon de votre cœur. Alors ouvrez-le tout grand ! Vous serez particulièrement visé si vous êtes né le 7 ou le 16 octobre. »

J'ai une chance sur deux.

Si je m'obstine à vouloir comparer les élans amoureux que j'inspire à certains à ceux que Stéphane avait pour moi, alors la messe est dite. Je suis sans illusions. La pureté inaliénable de ses sentiments m'a rendu d'une exigence insupportable à qui voudrait me proposer de « m'aimer bien », ce n'est pas assez pour moi. Je ne suis pas né pour entretenir des relations mondaines, c'est une occupation de vieilles dames. En amour comme en amitié (mais je fais si peu de différence), je réclame la première place. Rien de moins. Si on ne me l'offre pas d'emblée, j'attends mon heure ou je renonce.

« Faute de grives on mange des merles », disait mon père quand je boudais ma soupe. S'ils sont moqueurs et pas farouches les merles, j'en croque un en passant pour voir le goût qu'il a, et cela suffit souvent à mon appétit délicat. Il n'en va pas de même pour les grands sentiments, je reste insatiable et généreux. Sans défense.

Morterolles, 25 août

Lulu trouve que mes pantalons blancs sont vraiment trop démodés. Il m'a offert le sien avec des pinces à la taille et des poches aux genoux. Il me va bien. Je le porte depuis hier avec une chemisette bleue de Stéphane. L'ensemble plaît à Martine. Je suis fier comme un gamin depuis qu'elle me l'a dit. Je me rassemble dans le regard des femmes.

Il va bien falloir que je sorte de ma cachette. La télévision diffuse depuis lundi des spots publicitaires où j'apparais bondissant. Ce disque en piles dans les grands magasins s'appelle *Chanter la vie,* qui va me croire si je ne m'y oblige pas ?

Reprendre mon élan, comme les perchistes qui avancent à pas comptés et courent dans les derniers mètres avant de donner le coup de reins qui les conduira au ciel, mais j'ai l'impression que je ne parviendrai pas à saisir le micro qui me sert de perche.

Petit garçon, je jetais les habits de cow-boy et les trains électriques, j'avais du goût en revanche pour les marionnettes, mais c'est moi qui les manipulais. Je ne deviendrai pas une marionnette.

A quoi pensent les chevaux ? A rien naturellement. Je les envie parfois.

Comment ne pas me remémorer les derniers pas de Stéphane ici ? Il y a un an aujourd'hui, il quittait la maison pour toujours, chancelant à mon bras. Nous avons croisé Jean-Claude et Martine qui arrivaient, il les a embrassés puis il est monté dans ma voiture pour que je le conduise à Limoges où une chambre l'attendait dans la clinique où mon père venait de passer quinze jours dangereux. Nous allions le visiter tous les après-midi à l'étage même où Stéphane devait lui succéder.

Rien ne laissait prévoir que ce serait lui qui ne se relèverait plus. La veille il avait inventé des menus pour la fin de l'été, et commandé des profiterolles et des coquilles Saint-Jacques, il avait joué à la pétanque avec Sheila et son fiancé. Nous nous étions baignés dans le lac de Vassivière.

– Une sinusite probablement, nous allons quand même le garder deux ou trois jours en observation, a dit le docteur T.

Une sinusite ? Il y a des noms de maladies qui font plus peur que celui-là. Je m'accrochais à lui avec un fol espoir.

Stéphane déjà était ailleurs, il goûta du bout des lèvres la compote qu'Aïda lui avait préparée avec des fruits de notre jardin. Il m'avait dit : « Il ne faudra pas laisser pourrir les pommes... » Avant de quitter la maison a-t-il embrassé Christiane ? Non, puisqu'il allait revenir vite pour finir son bol de framboises.

Dans sa chambre de clinique il m'a fait retirer les dahlias que j'avais coupés pour lui, l'odeur lui tournait la tête.

Il m'a demandé de baisser les stores, la lumière du jour lui blessait les yeux.

Les symptômes exacts de la sinusite, me disais-je. C'est seulement lorsque j'ai appris qu'il avait inondé la salle de bains en prenant sa douche que j'ai pris peur définitivement.

Stéphane n'avait jamais perdu ses esprits avant ce matin-là. Il n'allait plus les retrouver que par intermittence pour me dire qu'il m'aimait.

Morterolles, 26 août

Je ne me suis jamais ennuyé avec Stéphane, nous avions toujours une chanson à finir, une promenade à recommencer. Sans lui, elle me paraît interminable.

« Faire son deuil », cette expression affreuse je la laisse aux psychanalystes : voyeurs impuissants.

Je ne le ferai pas, je ne mettrai pas une croix sur Stéphane.

J'embrasserai Lulu, j'irai « voir les filles » dans le seizième et des garçons à Montréal, j'animerai des émissions « amusantes » à la télévision, diversions charmantes que tout cela, mais mon âme restera voilée de noir.

Je vois bien ceux qui brûlent de retrouver en moi l'entraîneur conquérant qui leur manque, c'est leur impatience qui me tient.

Morterolles, 27 août

Stéphane nous échappait. A peine l'avions-nous redressé sur son oreiller qu'il glissait au fond de son lit, tirant les draps sur son visage.

Il était malade mais en vie, une ébauche de sourire sur ses lèvres nous transportait de joie. Les jours que nous avons passés Annie J. et moi au chevet de Stéphane d'abord à Limoges, puis à l'hôpital Saint-Antoine de Paris, furent bouleversants mais pas désespérés. Nous allions à la dérive sans y croire vraiment. Un geste de lui un peu énergique pour saisir sa bouteille d'eau et nous nous regardions elle et moi, rassurés un instant par « l'exploit ».

Nous tendions l'oreille pour comprendre des mots qu'il n'articulait plus, prêts à répondre au moindre de ses désirs, de ses envies. Il n'en avait plus.

Nous mettions de l'eau sur ses lèvres brûlantes, notre main sur sa poitrine pour le sentir respirer, nous étions prêts Annie J. et moi à attendre indéfiniment qu'il se réveille.

– Regardez-le, me disait Annie, il a quand même meilleure mine qu'hier, non ?

Nous n'avons fait que cela durant ces cinquante derniers jours, le regarder, penchés sur lui pour qu'il nous trouve quand il ouvrait les yeux. Annie J. avait épinglé des posters de chevaux de course aux murs de la chambre, j'avais entassé le linge sale dans un sac de l'Assistance publique pour que Michel le porte à la laverie automatique.

– J'ai soif, disait-il.

Et nous lui faisions ingurgiter avec une paille autant

de jus de fruits vitaminés qu'il en voulait pour compenser en calories ce qu'il ne mangeait pas.

– Tu as faim ?

– Non...

Annie J. ne lâchait jamais prise, quand il cédait elle lui proposait des fromages blancs ou des crèmes vanillées. Ces soirs-là nous étions heureux et nous allions porter comme une victoire la bonne nouvelle aux infirmières.

Annie pouvait descendre fumer une cigarette et avaler un café. Des heures éprouvantes, mais il était en vie.

A l'instant où j'écris ces lignes que ma mémoire m'impose, Annie J. repeint le placard de sa cuisine dans le Val-de-Marne, et moi je me dis qu'on était bien à la fin de l'été dernier autour de lui, déjà plus léger qu'un ange.

Morterolles, 29 août

Il est urgent que Lulu revienne éclater de rire dans cette maison, pour rien, une bêtise, une publicité à la télévision.

Lulu, je ne vois que lui pour rompre joliment ce silence qui me sauve et me tue.

Hier, sur la place de l'église où nous bavardions en attendant la nuit, Reine, la femme du duc, m'a suggéré le nom d'un antidépresseur très léger qui lui réussit « parfaitement ».

Trouve-t-elle que j'en ai besoin ?

Morterolles, 30 août

Françoise, la dame du Moulin chez qui nous dînions hier au soir, m'a dit :

– Peut-être suffirait-il que vous l'écriviez ce livre, le publier n'est pas obligatoire...

En effet ! Pourquoi mettre mon chagrin en vitrine ? Pour le faire partager ? Non, je ne veux déranger personne. Alors ? Je viens de me relire et je tergiverse, mais je vais sans doute laisser imprimer ces mots qui le racontent, qui nous racontent ; on pourra les trouver trop tendres ou trop convenus, mais qui osera me les reprocher ? Je les ai choisis pour lui, avec précaution.

Je n'en finirai jamais d'écrire son prénom qui claque d'abord et s'adoucit pour finir sur mes lèvres.

Toutes les histoires d'amour se ressemblent, uniques et banales à la fois. Depuis le premier « je t'aime » la chanson est la même, lancinante et joyeuse. Je la chante seul, irrémédiablement lancinante.

Morterolles, 31 août

« Parlez-moi d'moi y a qu'ça qui m'intéresse. » Guy Béart chante tout haut avec entrain ce que nous fredonnons tout bas.

L'égocentrisme ? Je n'y échappe pas bien sûr. Ecrire (à la première personne du singulier ou pas), c'est d'abord se pencher sur soi. « Est-ce une inclinaison si condamnable dans le pays de Montaigne, de Chateaubriand et de Gide ? » La réponse est dans la question malicieuse que pose Jean Daniel cette semaine dans *Le Nouvel Observateur*. Il parle de lui naturellement et de nous, pauvres de nous qui ne faisons que cela : nous pencher sur nous. Il s'agit de ne pas se mentir le matin devant la glace du lavabo, de ne pas s'attarder non plus, et puis de regarder ailleurs pour voir si nous y sommes. Oui, nous nous cherchons partout, affolés que nous sommes à l'idée de nous perdre de vue.

Je me retrouvais toujours dans le regard de Stéphane.

Laurent K. est arrivé pour me couper les cheveux, c'était son métier avant qu'il ne s'occupe pour moi des relations avec la presse et de ce fameux Internet qu'il est le seul à savoir maîtriser à mon bureau.

Laurent a vingt-cinq ans et des poussières, je l'ai connu adolescent gracile et si léger qu'on eût dit qu'il allait s'envoler.

Il me revient aujourd'hui avec des épaules de lutteur et un ventre d'athlète, splendide et content de lui. Laurent est plus solide que nous l'aurions cru, volontaire aussi mais sans ambition excentrique. Il se trouve bien là où il est, ni l'argent ni le pouvoir ne le feront courir. Il veut seulement se trouver beau le matin dans sa glace de lavabo. Laurent n'est au courant de rien, il a entendu parler du président de la République par hasard et de son prédécesseur par moi. De toute façon, il ne vote pas, il ne se plaint de rien et n'a pas du tout l'intention de changer le monde ; là où Stéphane était rebelle, Laurent est évanescent. Il rêve du grand amour, c'est sa faiblesse. Ils partagèrent six mois le même appartement près de moi, aussi différents que possible, ils s'entendaient pour rire d'abord.

Stéphane lui reprochait quand même d'envahir trop longtemps la salle de bains.

– Je ne sais pas ce qu'il fout là-dedans, me disait-il.

Stéphane ne s'admirait pas, c'était un garçon très net mais sans apprêt. Il sautait sous sa douche, aussi prestement qu'il sautait à cheval et s'en allait courir cheveux mouillés à moitié nu. Ce n'était pas son genre « les trucs de filles ». Stéphane avait la beauté du diable à la merci ni de la pluie ni du vent.

Il n'aura jamais eu l'âge où il faut faire attention à ne pas prendre froid.

Morterolles, 1er septembre

J'ai vérifié, mis à jour et classé une fois de plus les actes notariés que j'accumule ici depuis treize ans. Chaque parcelle de terrain, chaque plan d'eau et chaque grange nous raconte Stéphane et moi. Quelle joie quand nous obtenions, de haute lutte parfois, le coin d'herbe et le ruisseau que nous convoitions pour nos promenades et la tranquillité de ses chevaux. C'est en 1996 que j'ai réalisé le plus grand nombre d'acquisitions, ce n'est pas par hasard. Cette année-là j'ai vraiment cru que Stéphane était guéri enfin, hors de danger avant longtemps, je ne baissais pas la garde mais je respirais de nouveau presque normalement. J'étais transporté d'espoir, j'aurais acheté la terre entière pour lui.

Alors qu'il venait d'échapper au pire de justesse, en quelques semaines, presque d'une minute à l'autre ce printemps-là, Stéphane est revenu de l'au-delà de lui-même, surgissant dans ma chambre avec ses joues d'enfant redevenues rondes, et son pantalon rouge que ses fesses faisaient craquer.

– Vise l'athlète, me disait-il en gonflant ses biceps comme à la foire.

Un bonheur inimaginable nous submergeait, j'aurais voulu me prosterner aux pieds des médecins, des chercheurs qui avaient rendu cela possible : Stéphane en vie, Stéphane grimpant sans souffler sur la butte Montmartre au petit matin pour nous acheter des croissants. Il donna ses jeans, ses chemises et ses maillots de corps trop petits à de plus pauvres que lui et s'en alla avec Annie J. dévaliser les magasins de mode.

Il rentrait à la maison les bras chargés de boîtes et de paquets argentés qu'il jetait sur mon lit pour que je choisisse. Je porte aujourd'hui un pantalon de toile ocre, le sien, qu'Aïda a mis à mes mesures et qui lui allait si bien en ces jours bénis où jamais il ne fut plus beau, resplendissant d'énergie, comme si de nouveau du sang circulait dans ses veines, du vrai sang rouge propre.

On aurait pu croire qu'il avait une perruque, ses cheveux avaient doublé de volume et frisaient sur sa nuque.

– Regarde, j'ai la même tête bouclée de bébé joufflu que sur cette photo !

Stéphane renaissait. Il a quatre ans sur la photo, un petit chat dans les bras, je l'avais fait encadrer et posée par terre contre le juke-box du salon à Montmartre. J'ai demandé qu'on l'enlève le 16 octobre. Elle restera derrière le bar jusqu'au jour où je pourrai l'affronter. Lui exactement. C'est sur cette photo qu'il se ressemble le plus, le sourire encore mouillé de larmes mais canaille aussitôt de celui qui vient juste de se rattraper à temps. Tout Stéphane est là, transformé dans le même instant, nous laissant ébahis alors qu'on ne l'espérait plus.

O la stupeur sur les visages de ceux qui l'avaient enterré trop vite. O mon orgueil de lui.

Je voulais qu'on le voie partout et qu'il fasse taire les oiseaux de mauvais augure. Ils sont partout. Mais Stéphane chantait si fort qu'il ne les entendait pas. Des drames de sa vie, il faisait des péripéties. C'est par téléphone, le 1er avril 1996, qu'il m'a annoncé, sans hurler de joie, sans pleurer, que toutes ses analyses étaient redevenues normales.

– Tu vois bien qu'il fallait y croire, mon coq. Allez ne pleure pas.

La délivrance ou presque ! le corps en liesse, Stéphane tenait des paris inimaginables la veille encore. Il enjambait la rampe d'escalier qui monte à sa chambre pour redescendre aussitôt virevolter dans la cuisine en liquette, fesses à l'air, et se régaler d'une dizaine de madeleines au chocolat alors que nous sortions de table.

– J'ai faim, il faudra racheter des madeleines, je viens de les finir…

L'entendre dire : « j'ai faim », j'avais attendu cela pendant des années. Stéphane libre, affamé, qui ne se contentait pas des madeleines, qui me voulait moi tout entier dans sa bouche.

Stéphane allongé, les bras en croix, jambes écartées, repu, rompu, apaisé, que je débarbouillais à sa demande et qui me tendait ses doigts collants ; ceux d'un enfant qui n'a pas résisté au pot de confiture. Stéphane triomphant après l'assaut :

– Tu vois je bande encore.

Morterolles, 3 septembre

Je trouvais que les framboises faisaient désordre en bordure du parc derrière l'église. Je voulais les faire arracher, Stéphane, qui les avait plantées, m'en avait empêché.

Il y a quelques endroits ici que je ne toucherai pas, c'étaient les siens plus particulièrement, les jardiniers les entretiennent comme s'il était là. Je viens de manger ses framboises dans le bol qu'il prenait quand il allait les ramasser pour moi. Il reste des pommes, des rouges, des jaunes qu'il croquait en passant, il y aura des noix bientôt.

Et les dernières roses de l'été, je le revois penché sur elles et cueillant la plus belle pour la déposer sur ma table de chevet.

C'est tout pour aujourd'hui, c'est trop.

Morterolles, 4 septembre

A quoi rêvent les jeunes filles en cette fin de siècle ? Elles rêvent d'amour et de chair fraîche, elles veulent notre peau, notre « viande », nos tripes sur la table.

Leurs arrière-grands-mères, les jeunes filles de Chardonne à Barbezieux, ne pensaient qu'à cela elles aussi, mais elles n'en disaient rien, elles gloussaient de plaisir en apercevant les tabliers tachés de sang des garçons bouchers et s'en allaient vite faire des ronds dans l'eau de la Charente pour se calmer.

Aujourd'hui elles écrivent avec un couteau de cuisine des histoires dégoûtantes où il est beaucoup question de nos bites et elles s'étonnent après qu'on ne bande plus comme avant.

Il faut être bien nigaud pour prendre au sérieux les menaces de ces demoiselles, du vent que tout cela, des gros mots de cour de récréation ! Elles ne feront rien de ce qu'elles nous promettent, au pire quelques livres pour affoler les nigauds, et des bébés roses et joufflus pour se faire pardonner. Les histoires de jeunes filles finissent toutes dans un lit. La modernité a ses limites.

De quoi ai-je l'air moi qui ne rêve pas de découper Lulu en morceaux ? Moi qui dépose des mots d'amour sur une tombe en croyant bien faire ?

Le docteur P. sortait de la chambre de Stéphane, un énorme dossier jaune sous le bras qu'elle a tendu aussitôt à l'interne qui l'accompagnait (une belle jeune femme brune et sévère, à qui nous aurions beaucoup affaire), elle s'est dirigée assez lentement vers le bureau des infirmières, l'air soucieux, hésitant à passer devant moi qui la guettais la peur au ventre. Etait-ce bien moi d'ailleurs qu'elle regardait si curieusement ? Je me suis avancé de deux pas, vers elle si petite, si menue dans sa blouse blanche trop longue pour elle, apeuré mais confiant comme les enfants d'autrefois devant leur institutrice, je lui ai pris les mains qu'elle a laissées dans les miennes puis elle m'a dit :

– C'est très grave, je préfère que vous le sachiez, si c'est ce que je crains cela sera très compliqué… j'espère me tromper.

Elle m'a donné des noms terribles de maladies inimaginables et tous les noms des médicaments, des perfusions, des antibiotiques existant au monde pour « le sortir de là ».

– Je vais tout essayer dès maintenant, j'ai donné des ordres.

Ce jour-là, à cinq heures du soir, à cet instant précis, j'ai remarqué que le docteur P. était affligé d'un léger strabisme charmant et protecteur. Pendant presque deux mois chaque fois que je la croiserais, je chercherais dans son insaisissable regard une lueur d'espoir.

Avant de lui lâcher les mains je lui ai dit des bêtises qui ne servent à rien, je lui ai dit :

– Stéphane ne mérite pas ça... il a confiance en vous... ne baissez pas les bras docteur, tout est encore possible, il est déjà revenu de loin grâce à vous, grâce à lui...

Elle m'a dit :

– Oui, tout est encore possible, nous en reparlerons, dans une semaine.

Le docteur P. était attendu au bout du couloir par d'autres qui, comme moi, voulaient savoir si tout était encore possible.

Annie J. était là, embusquée à la porte de la cuisine de l'étage, elle avait entendu comme moi « c'est très grave », et comme moi elle refusait de le croire vraiment.

Nous sommes retournés ensemble dans la chambre n° 5 où il dormait, elle a dit :

– Stéphane, si tu nous entends, bouge le nez.

J'ai répété :

– Mon ours, si tu m'entends, bouge le nez.

Il a bougé le nez, tout était encore possible.

Paris, 5 septembre

Paris est une ville trop brutale pour moi désormais. J'appréhende les sirènes des pompiers et des cars de police. Dans toutes les ambulances qui hurlent en passant c'est Stéphane qui s'en va.

Cette ville où je suis né a un accent que je ne reconnais plus, une façon de se tenir, de s'habiller qui n'est pas convenable pour qui prétend dicter le bon goût au monde entier.

Je sais bien qu'il est lassant le couplet qui commence par « c'était mieux avant » mais que chanter d'autre sans mentir ? Ce n'est pas vrai qu'il fait meilleur vivre à Paris aujourd'hui qu'hier, son esprit traîne dans les caniveaux. Il faut se boucher les oreilles quand on marche dans ses rues et fermer les yeux. Paris se démantibule comme une cinglée qui veut faire jeune.

Elle ne fait plus la mode, elle court après.

Paris, 6 septembre

La marmaille rentre à l'école : cris, pleurs et chuchotements, rien de nouveau. Juste un détail : autrefois les garçons se montraient leurs sexes dans les cours de récréation, c'était à celui qui pisserait le plus haut, aujourd'hui ils comparent leurs téléphones portables, c'est à celui qui porte le mieux et le plus loin. La communication est-elle meilleure ?

Paris, 7 septembre

Je ne me suis vraiment intéressé qu'à lui pendant dix-huit ans. Je n'ai eu ni le temps ni l'envie de m'occuper de moi, il le faisait très bien sans défaillir. Jamais, pas un instant il ne m'a quitté des yeux. Dans les romans populaires on appelle cela « les yeux de l'amour », est-ce si bête ?

Privé de lui, de son épaule, j'avance sans savoir où je vais. J'avance, cela veut dire que je me lève, que je me lave, que je réponds oui quand on me demande si ça va. Rien, des réflexes, des convenances.

Je ne me laisse pas aller. Je vais.

Namur, 11 septembre

Je vais chanter pendant quinze jours au milieu des champs de betteraves, dans un blockhaus en parpaings gris qui aurait résisté par miracle à un tremblement de terre, à un bombardement.

Il faut le voir pour le croire. On se demande en arrivant si c'est possible de chanter là, de faire du music-hall dans les gravats, les orties et les ronces. Eh bien oui, apparemment cela n'étonne personne. Depuis des années des foules enthousiastes débarquent dans cet endroit pour acheter des matelas, des casseroles et des saucisses fumées, après quoi elles nous applaudissent et tout le monde est content. Parfois des femmes arrachent leurs soutiens-gorge pour que j'écrive mon nom sur leurs seins ; la vie est pleine de surprises en Belgique parmi les ruines, dans une jolie campagne avec des vaches, des engins mécaniques et des pylônes électriques.

C'est la troisième fois que nous venons nous divertir ici. En attendant l'automne qui ne tardera pas, nous dormirons au bord de la Meuse, mes musiciens boiront de la bière et nous chanterons, et je chanterai aussi fort que je suis triste.

Namur, 12 septembre

Dans la loge où j'attends l'heure de monter sur scène, je me suis installé devant la glace qui était celle de Stéphane en 1993. Il chantait cette année-là en première partie de mon spectacle, j'étais plus heureux de son succès que du mien. Sa belle petite gueule, celle d'avant tous les désastres, elle est là dans cette glace où je vérifie les dégâts dans mon sourire.

C'est la photo de Lulu que j'ai posée sur ma table de maquillage, il a six ans, aussi blond qu'il est brun aujourd'hui mais déjà sur ses lèvres cette candeur infernale qui nous rend fous.

Stéphane je ne peux pas, c'est au-delà de mes forces, je ne peux pas affronter son image partout, tout le temps. Cette photo de nous deux, si tendres, prise en 1988, ma tête sur ses genoux, je la laisse dans mon portefeuille, je la connais par cœur, je sais l'instant même où l'on nous a surpris ainsi, je sais ce qu'il y avait dans nos cœurs ce jour-là. Nous sortions du cinéma où nous avions été voir *La vie est un long fleuve tranquille*. Notre vie, nous le savions depuis quelques semaines, ne serait jamais plus un long fleuve tranquille.

Il y a des voiliers blancs qui vont ce matin sur la Meuse où le soleil tombe assez discrètement pour faire joli sans me désespérer. Je me trouve bien, la Belgique est la plus accueillante des provinces françaises, il n'y a pas de murs autour des petits jardins devant les maisons de briques rouges, il n'y a pas de grilles, pas de chiens méchants, les jouets des enfants ne traînent pas sur les pelouses. Tout cela est parfait pour moi qui n'aime rien tant que l'ordre. Ils sont forcément gentils ces gens qui tiennent leurs maisons propres, on peut même penser qu'ils cirent leurs parquets et que certains d'entre eux ont accroché le portrait du roi dans leur salle à manger. On voit aux fenêtres des rideaux bordés de dentelles, assez courts pour nous laisser admirer des pots de faïence bleu et blanc peints à la main.

Le tumulte du monde, on ne l'entend pas ici. Stéphane chante dans ma tête, c'est son souffle qui fait danser les voiliers.

Namur, 13 septembre

Annie J. éclate de rire aux bêtises que raconte Zinzin l'accordéoniste qui n'en loupe pas une, elle est contente d'être là parmi nous, sa fille Laure danse avec moi sur scène ; c'est une jolie personne au teint pâle qui n'est pas décidée à se laisser faire un bébé par le premier venu. Tant mieux. Je m'inquiète tous les matins de savoir si mes danseuses sont enceintes, ce qui les amuse énormément. L'ambiance est à la bonne humeur, je ne veux pas la troubler ; si Stéphane était là nous ferions les fous tous ensemble, il s'en irait avec les filles m'acheter des chemises et des baskets à la mode, mais il n'est pas là et ça change tout. Quand Annie J. éclate de rire, je le cherche autour d'elle, je me dis que ce n'est pas possible de rire, d'être heureux sans lui, qu'il va surgir en poussant notre cri de ralliement pour se faire pardonner son retard. Mais non, c'est ainsi, je dois passer le reste de mes jours à l'attendre en sachant qu'il ne viendra pas.

On pouvait encore croire aux miracles il y a juste un an, garder l'espoir contre l'évidence même, nous accrocher aux moindres signes de vie. Annie J. lui coupait les cheveux, le changeait de maillot toutes les heures, de beaux maillots verts comme ses yeux, ou jaunes pour lui donner bonne mine, parfois il réclamait un miroir. Nous lui disions tellement qu'il était beau.

– J'ai un regard de fou.

Je l'ai rassuré une fois en lui répondant que les fous ne savent pas qu'ils le sont. M'entendait-il seulement ? Il avait des crises d'hallucinations, on nous expliquait qu'il manquait peut-être de sel, ou que c'était l'effet de certains médicaments, que la lésion au cerveau allait se résorber, qu'il ne fallait pas s'alarmer.

Nous étions prêts à tout, à tout croire, sauf au pire. Annie J. prenait peur parfois en le voyant délirer, je n'en menais pas large non plus, nous nous regardions par-dessus son lit, en silence, pétrifiés de chagrin. Stéphane nous avait réunis à son chevet, de cela il était conscient, il nous voulait là, dans la chambre n° 5, où le corps transpercé il décidait de nous, de nos moindres mouvements, nous étions à ses ordres, quand il les donnait brusquement nous le retrouvions vivant, nous lui tendions des pièges pour qu'il se rebelle et il se rebellait. Il nous engueulait même, quand nous ne réussissions pas à le faire viser juste dans le pistolet en plastique transparent où nous devions recueillir son urine analysée trois fois par jour.

Annie J. regardait les infirmières, la précision de leurs gestes et elle me disait : « Je sais maintenant, je sais comment faire pour le changer sans lui faire mal. Aidez-moi. »

Les femmes savent plus vite et mieux que nous comment se rendre utile dans une chambre d'hôpital.

Namur, 14 septembre

Elle repasse, elle plie le linge, rince le lavabo. Le même mouvement déterminé. Elle ferme parfaitement les sacs-poubelle, change l'eau des fleurs. Ma loge est une chambre d'hôpital où Annie J. retrouve les gestes tendres, efficaces, de la garde-malade qu'elle fut en ces jours sombres de l'automne 1998. Elle tourne autour de moi, comme elle tournait autour du lit de Stéphane. Je suis allongé parfois dans un fauteuil de cuir en attendant le lever du rideau, je la regarde et je nous revois tous les deux serrés contre lui.

Nous ne parlons pas, surtout pas de lui. Le moindre mot nous serait fatal. Stéphane habite nos silences. Quand je vais chanter tout à l'heure, il sera dans mes chansons. Les gens d'ici croient qu'Annie J. est ma femme. On la félicite, je suis flatté. Il ne faut jamais démentir les histoires d'amour que l'on nous prête. A quoi bon décevoir des gens si prévenants ? Leur expliquer quoi ? Comment pourraient-ils seulement imaginer que mon intimité avec Annie J. relève d'abord du lit de Stéphane ?

Namur, 15 septembre

– C'est votre livre que vous écrivez ?

La fille d'Annie J. s'étonne que je puisse me « concentrer » quand tout s'agite autour de moi. Je ne sais pas moi-même comment je fais pour n'être pas vraiment dérangé par le bruissement des coulisses. Peut-être la rumeur qui monte de la salle comme un souffle de vie m'aide-t-elle à supporter le souvenir de la mort de Stéphane qui approche. Ces trente derniers jours nous ne doutions pas qu'ils seraient ceux de la résurrection ; quand il se rasait tout seul, quand il réclamait des plats chinois ou son agenda de poche pour noter les prochains spectacles que nous lui promettions, alors sa mort devenait invraisemblable ; inacceptable aussi, la mort est inacceptable, celle de Stéphane était invraisemblable.

Namur, 16 septembre

– Quand vous saurez le mal qu'on me fait, vous m'aimerez encore plus…

– Ça sera difficile !

Ce cri du cœur de Zinzin hier au soir à table alors que je m'abandonnais un peu, je l'ai compris comme un message d'amour, clair, net, sans équivoque. « Impossible de t'aimer plus que je t'aime », voilà ce qu'il voulait me dire le gaillard droit dans les yeux. Stéphane aurait été fier de lui mais pas tellement étonné, jamais il n'a douté de son copain. Moi non plus. Mes autres musiciens n'ont pas eu le temps d'ajouter une parole, tout avait été dit en trois mots. Les ont-ils entendus ? Zinzin, qui n'a jamais rien lu d'autre dans sa vie que des notes de musique, ne se trompe pas quand il s'agit de laisser parler ses sentiments. Il vise juste, là où on ne l'attend pas. S'il est toujours disponible pour la fête, les flonflons et les filles, il n'a pas honte de ses larmes. Elles lui sont aussi naturelles que le rire, cela s'entend quand il joue de l'accordéon.

Namur, 17 septembre

Lulu a dormi sur le canapé de ma chambre. Hier après-midi, il a signé des autographes aux dames qui l'ont reconnu. Certaines trouvent qu'il me ressemble beaucoup. Elles ne manquent pas d'imagination. Il les embrasse gentiment, Stéphane se laissait embrasser, mais il ne se donnait pas aussi facilement.

Lulu ne reste jamais longtemps sans venir me rejoindre.

– Tu m'as manqué, m'a-t-il dit en arrivant, avant d'aller aussitôt fureter dans les coulisses pour accrocher ses rêves au rideau rouge.

Tandis que je répétais quelques refrains pour me chauffer la voix, je le voyais prendre possession des lieux, comme si c'était lui qui allait chanter, une scène

…s pieds il est chez lui, là évidemment il me res-…le.

… l'emmènerai où il voudra. Il se trouve bien par-…t, Lulu, il a une incroyable disposition au bonheur. Quoi qu'on en dise dans les chansons, à son âge cela ne va pas de soi. J'en connais beaucoup des garçons de vingt ans qui donnent raison à Nizan. Je ne dis pas que Lulu n'est pas tourmenté, je dis qu'il fait comme s'il ne l'était pas. Quand il me voit perdu dans de sombres pensées comme hier après-midi, il s'assoit face à moi, m'observe désolé, puis il me dit :

– Arrête de penser, ça te fait du mal, tu vas chanter maintenant, il faut que tu sois le meilleur…

Je cède toujours aux tendres injonctions de Lulu, je suis le « meilleur » pour lui, comme j'étais le meilleur pour Stéphane. Il se faufile au premier rang et je ne vois plus que lui, je lis sur ses lèvres les mots de mes chansons, et j'improvise des pas de danse pour le faire rire.

– Je ne sais pas comment tu fais avec tes pieds, me dit-il.

– Moi non plus, je me débrouille…

– Tu sais, Papa, les femmes elles me disent que tu es encore plus beau qu'à la télé.

Il est si content Lulu qu'on m'aime et qu'on me trouve beau, si joyeux d'être en vie dans mes bras, que seule ma tristesse pourrait gâcher son plaisir. Je la lui cache du mieux possible. Je le regarde s'endormir et ça va.

Namur, 18 septembre

Nous en avons enfin fini avec la brutalité des ciels d'été. Quand j'aime le soleil c'est plutôt en automne, comme les femmes. Me voilà comblé ce matin.

– Un temps pour toi, Papa, me dit Lulu en ouvrant les yeux.

On voit des péniches qui vont sur la Meuse, des feuilles mortes qu'un vent frisquet pousse sur la terrasse, tout est calme, moi aussi. Comme au Québec, l'autre province française, je suis rassuré en Belgique, il n'y a pas d'hystérie dans l'air, on croise ici des gens aimables qui viennent à nous sans arrogance au cas où on aurait besoin d'eux. C'est incroyable ça. Emouvant même.

Je ne peux pas rapporter ce qu'ils me disent, ce serait trop.

Namur, 19 septembre

Voilà deux nuits que je n'ai pas fait de cauchemars. Je n'en reviens pas. Les lumières de la salle de bains sont-elles flatteuses ou ai-je réellement meilleure mine ? Ma résistance aux coups m'étonne et me fait peur.

Annie L., venue nous retrouver hier au théâtre, me disait en me voyant écrire :

– Comment faites-vous pour changer de peau aussi vite ? Où allez-vous chercher en vous l'homme qui va bondir sur scène dans un quart d'heure alors qu'à l'instant même vous êtes si loin des bravos qui vous attendent ?

Je ne sais pas quoi répondre à cette question que je me pose parfois. Le goût du défi, l'intention d'épater la galerie ? Un peu des deux sans doute, mais ce sont là des réflexes de sportif, je réponds de mon âme comme ils répondent de leurs muscles. Un jour pourtant la barre sera trop haute ; pour moi et pour eux.

Il y a des limites à tout, sauf à mon imagination, hélas. Elle s'emballe trop vite, elle me promet forcément le pire. Je ne peux pas la dompter ; mon imagination est une fille perdue qui se donne au premier venu. Il n'y a que la vie qui compte pour moi, l'imagination c'est le contraire de la vie, le refuge des impuissants. Ce qui n'est pas palpable n'a pas de réalité, je veux toucher les choses et les gens, je veux qu'on me touche. Je n'existais vraiment que sous les doigts de Stéphane.

Namur, 21 septembre

– Les infirmières n'ont pas pu approcher facilement ce matin, c'est ton copain Jack Lang qui fout le bordel dans le quartier !

Stéphane avait l'humeur plaisante au téléphone. Réveillé assez tôt par les boum ! boum ! de la Techno Parade en préparation du côté de la place de la Nation, il me recommandait de ne pas venir le voir à Saint-Antoine.

– Tu ne passeras pas, il paraît que toutes les rues sont bouchées, je ne sais pas comment Annie va faire.

Je l'ai vu « mon copain Jack Lang » hier au soir à la télévision, les caméras le suivaient au milieu d'une jeunesse qui se reconnaît en lui. Cette année la fureur joyeuse de ses musiciens n'a pas réveillé Stéphane. Aucun barrage de police n'avait pu retenir Annie J. Jamais Stéphane n'aura été seul une minute, nous nous sommes relayés, chambre n° 5, jusqu'au dernier jour de sa vie.

Namur, 22 septembre

Quel contraste avec l'automne dernier ! Rien ne bouge ici, la moquette assourdit le pas des femmes de ménage dans les couloirs de l'hôtel, un vent léger pousse les voiliers sur la Meuse, Julien lit *Le Figaro* dans sa chambre. Le temps est suspendu.

Je lutte contre ma mémoire qui me ramène sous les marronniers du parc de l'hôpital Saint-Antoine où nous descendions nous asseoir, le temps d'une cigarette ou d'un café Annie J. et moi, quelques minutes pour nous rassurer l'un l'autre, invoquer un miracle possible après tout... nous nous répétions les mots des infirmières, des médecins, des aides-soignantes, des mots qui nous semblaient beaux. Nous interprétions les silences du docteur P. avec angoisse, et puis non...

– Si c'était perdu, elle parlerait, elle reste prudente voilà tout.

– Oui c'est normal, disais-je, et nous renoncions à l'interroger.

L'envol des blouses blanches nous épouvantait, de quels secrets ces hommes et ces femmes étaient-ils porteurs ? Nous scrutions leurs visages quand ils sortaient de la chambre de Stéphane pour y chercher un peu de réconfort. Si par hasard le docteur P. nous souriait, nous reprenions espoir, nos journées dépendaient de cela : un sourire du docteur P. ; si au contraire elle fonçait tête baissée vers le bureau des infirmières pour donner des ordres, c'était l'affolement qui nous faisait trembler. Nous reprendre, il fallait nous reprendre aussitôt pour franchir sa porte et ne rien lui laisser voir de notre angoisse. Annie J. portait de drôles de chapeaux qui amusaient Stéphane, je tenais à la main un ours en peluche qu'il m'avait offert.

De la comédie en plein drame.

Namur, 23 septembre

Qui occupe la chambre 5 au deuxième étage à droite puis à gauche en sortant de l'ascenseur ? Quel homme, quelle femme a pris sa place sur ce lit qu'il a gardé cinquante jours ?

Elle m'obsède cette pièce, si petite que nous ne cessions, Annie J. et moi, de la ranger pour qu'elle ne ressemble pas à un débarras, j'ouvrais le vasistas pour évacuer les odeurs de cantine et d'éther mêlées, nous glissions une cuillère à soupe sous la porte pour la maintenir ouverte sous peine d'étouffement. Nous nous occupions autour de lui pour prévenir le moindre de ses besoins, de ses désirs.

J'écris ce matin chambre n° 323 au Novotel, Annie J. est assise au pied de mon lit. Nous ne parlons pas de lui, mais nous ne pensons qu'à lui. Nous nous regardons furtivement pleurer sans larmes.

Namur, 24 septembre

– Vous ne mangez pas assez.

Madame Rosa est fâchée, chaque jour elle porte dans ma loge des plateaux-repas de tomates, de thon, de pâtes, de jambon, comme si j'étais Gargantua. Tout cela me lève le cœur, je n'y touche pas. Elle les remporte, désolée.

– Mais comment faites-vous pour tenir ?

L'an passé c'est moi qui m'inquiétais quand Stéphane refusait de manger, il cédait parfois lorsque nous lui tendions une cuillère de soupe ou de yaourt, mais c'était un calvaire pour lui comme pour nous. Il fallait à Annie J. des trésors de patience pour qu'il goûte seulement un fromage blanc ou une compote. L'arrivée des chariots dans le couloir était ma hantise, le supplice était pour moi aussi. Les jours où Annie J. n'était pas là pour me soutenir, je faisais de mon mieux, mais j'étais si malheureux qu'il devait le voir.

Je suis sur scène à l'heure où je le faisais manger il y a un an, je chante à pleine voix, mais ma tête est ailleurs, mes jambes me lâchent quand je m'essaie à refaire ces pas de danse qui l'amusaient tant.

Pourquoi m'agiter ainsi, pour qui ? Tous ces gens qui m'embrassent je leur dois de me ressembler. Une heure par jour, je suis celui qu'ils attendent, sans eux je ne serais plus qu'une ombre.

Namur, 25 septembre

Annie J. me tend une rose peinte en bleue qu'on dirait fausse.

– Tenez, me dit-elle, Stéphane m'en offrait souvent des comme celle-ci.

Je n'avais jamais vu de rose bleue autrement qu'en papier, je la pose devant la photo de Lulu sur ma table de maquillage. Elle n'a pas de parfum, pas de vie. Ce n'était pas le genre de Stéphane d'offrir des fleurs mortes, mais Annie J. a bonne mémoire, le bleu de la rose devait être assorti à celui de son vernis à ongles, ce jour-là où sans moi ils vivaient leurs vies. Nous vivons la nôtre aujourd'hui sans lui autour d'une rose bleue ou d'un foulard de soie qu'il portait à son cou.

J'ai dans ma poche de costume de scène un pompon en cuir que Liza Minnelli avait détaché de son sac à main pour le lui offrir en guise de porte-bonheur.

Paris, 27 septembre

Il y avait des journalistes, des caméras, des curieux, un car de police, il fallait présenter ses papiers pour pénétrer au Val-de-Grâce, l'hôpital le mieux gardé de France ce jour-là. Jean-Pierre Chevènement était dans le coma, les médecins militaires ne répondaient de rien, c'est le pire, disait-on, qui est probable.

On me laissa passer avec ma voiture, les flics me souriaient, je n'allais pas voir leur ministre, d'ailleurs les visites lui étaient interdites et je ne le connaissais pas. Je montai dans une chambre à côté, là où Stéphane attendait qu'on lui transperce le cerveau pour effectuer un prélèvement qui devait répondre aux questions que se posait le docteur P.

– Je n'ai pas le choix, m'avait-elle dit. Il faut absolument que je sache…

C'était une matinée splendide comme il n'y en a qu'en automne, semblable à celles où Stéphane se levait tôt pour courir les bois à cheval autour de Morterolles. On le voyait surgir de la brume des étangs et disparaître au grand galop dans quelque chemin creux où mon père l'emmenait autrefois cueillir des champignons.

C'est allongé dans une ambulance qu'il venait de traverser Paris à l'aube, de l'hôpital Saint-Antoine jusqu'ici, boulevard de Port-Royal. Annie J. l'accompagnait, naturellement.

– Je ne veux pas qu'on le trimbale n'importe comment et qu'il attende seul dans un couloir.

Je me répétais la même phrase, pour m'y habituer, pour qu'elle me fasse moins peur.

– Ils vont lui transpercer le cerveau… ils vont lui transpercer le cerveau…

Cela ne paraît pas possible une chose pareille, une aiguille qui traverse votre tête pour aller piquer juste là où il faut, sans s'écarter d'un dixième de millimètre, guidée par un ordinateur. On ne nous avait rien épargné. Le docteur P. nous avait prévenus : « Il y a des risques, ce n'est pas une intervention anodine. » Nous avions bien compris.

Et ce médecin, « un spécialiste », nous avait dit le docteur P., quel âge a-t-il, quelle expérience ? Aura-t-il bien dormi la nuit précédente ? Et s'il n'était pas en forme, un peu distrait, et si sa maîtresse venait de le plaquer ?

Nous en étions là, Annie J. et moi. Depuis des jours nous faisions une fixation sur l'homme qui allait transpercer le cerveau de Stéphane.

– Ça ira mon ours, ne t'en fais pas, moi je suis rassuré, ils ont l'habitude ici, je me suis renseigné.

J'ai posé un baiser sur ses lèvres chaudes, il a vu mon front se plisser.

– Non non, je n'ai pas de fièvre, j'ai chaud, j'ai soif...

On ne pouvait pas lui donner à boire, l'intervention était imminente. « Quand le spécialiste reviendra de déjeuner », m'avait dit l'infirmière. Aura-t-il bu du vin, lui ?

J'ai mouillé sa bouche, il parlait très faiblement.

– Et Chevènement, comment il va ?

– Mieux, paraît-il, mieux.

Je suis sorti aussitôt retrouver Annie J. qui faisait les cent pas dans le couloir.

– Il m'a demandé des nouvelles de Chevènement, vous vous rendez compte !

Elle ne se rendait plus compte de grand-chose, Annie J. Elle était debout depuis cinq heures du matin, pâle comme une star de Hollywood sous son petit chapeau rond de feutre gris.

– Avez-vous signé la décharge que nous avons posée sur la table de nuit ? Nous allons pratiquer sur vous une intervention délicate qui comporte des risques, je dois vous le dire, vous pouvez donc refuser, monsieur, ou signer...

Je suis arrivé juste à temps dans la chambre où un type qui n'avait pas trente ans expliquait à Stéphane, presque endormi sous l'effet d'une pré-anesthésie, que des séquelles graves pouvaient apparaître. Sans ménagement, sans gentillesse, sans respirer, il a débité son discours de mort comme s'il parlait à un pantin.

– Alors ?

Stéphane a demandé un stylo, et il a signé. Stéphane n'avait plus peur de rien.

Un salopard ! Faut-il écrire cela d'un homme qui fait son travail sans état d'âme ? Je ne peux pas retenir le mot, mais je ne voudrais pas qu'il fâche tous les hommes et les femmes que j'ai vus si bons et si dévoués pour leurs malades.

Et puis le chariot est arrivé, Annie et moi avons suivi Stéphane en lui tenant la main jusqu'à la porte du bloc, ensuite nous sommes sortis dans le parc beau et calme comme celui d'un monastère, et nous avons attendu longtemps, longtemps, longtemps...

Michel allait tous les quarts d'heure rôder dans les étages, autour du bloc, il revenait vers nous, tête basse en traînant les pieds. Rien, toujours rien. Il y avait un joli couple d'amoureux sur le banc, face à nous, la fille plaisait bien à Michel, mais c'est un autre qu'elle embrassait. Nos vies sont pleines de baisers volés.

Remonter embrasser Stéphane, l'arracher à ses « bourreaux », quand ils auront enfin fini de lui transpercer le cerveau, lui dire : « Tu vois tout c'est bien passé... », et puis l'embrasser encore. Nous aurons dû patienter près de six heures, serrés Annie et moi l'un contre l'autre pour que ce soit possible : l'embrasser vivant.

Il avait donc tenu une fois de plus, et une fois de plus nous avons cru Annie et moi que le plus dur était derrière nous, derrière lui surtout. Il était follement beau l'anesthésiste qui nous a rendu un Stéphane l'œil déjà ouvert sur l'anesthésiste follement beau.

– Tout s'est déroulé normalement, mais nous le gardons cette nuit au cas où, mais ça ira... ça ira.

Nous l'aurions volontiers embrassé lui aussi, l'anesthésiste follement beau, si doux pour nous rassurer.

Tout cela pour quoi ? Des mystérieux résultats d'analyses, des clichés illisibles que nous avions attendus dix jours, et que nous n'avons pas vus... qu'en aurions-nous fait ?

– Je n'ai pas la confirmation de ce que je croyais et que je crois toujours, nous a dit le docteur P., plus fragile encore dans sa blouse blanche trop longue.

– Alors ?

– Je vais continuer le traitement que j'ai commencé, il faut aller vite maintenant.

– Vous y croyez toujours, docteur ?

– Oui bien sûr, c'est mon métier. Allez, je vais le voir, on me dit qu'il est mieux aujourd'hui.

Nous sommes partis boire du vin blanc dans une brasserie joyeuse face à la gare du Nord, et nous avons parlé de lui, de lui vivant. Il n'allait pas mourir, ce n'était pas possible.

Paris, 28 septembre

Lorsque j'avais dix ans, je voulais être Gilbert Bécaud. Il me serrait dans ses bras hier après-midi sur le plateau de mon émission.

J'ai perdu mes joues d'enfant, il a pris du ventre. Rien n'est plus pareil.

Lulu était là entre nous, les yeux écarquillés, avec au bout des doigts un vieux 45 tours acheté la veille pour le faire signer par mon idole. Il buvait nos paroles, fasciné par la forte présence physique de Bécaud.

Lulu, l'enfant de Tremblay-en-France, une ville qui n'existait pas quand il chantait *Le jour où la pluie viendra,* c'est un bonheur pour moi de le voir à ma place savourer les mêmes émotions que moi, neuves pour lui.

Paris, 29 septembre

La fidélité... la fidélité... la fidélité...

Au journaliste de télévision qui les interrogeait, caméra en main hors ma présence sur mes qualités, ils ont tous répondu l'un après l'autre : la fidélité. Tous !

– Et son principal défaut ?

– La fidélité, a répondu Zinzin aussi sec, pas mécontent de sa trouvaille.

C'est toujours lui, décidément, qui tombe pile là où je l'attends : en plein cœur.

Il a raison, le voilà bien mon défaut le plus grave, le plus beau : la fidélité. Oui, elle porte en elle l'exigence des grands sentiments. Pourquoi n'ont-ils pas répondu la gentillesse tout simplement ? Trouvent-ils le mot trop faible ou trop fort ?

Je l'aime tant ce mot-là.

Celui qui me convient le mieux, Stéphane le savait, lui.

– Moi, en y réfléchissant bien j'aurais répondu droiture, me dit Jules en découvrant la séquence filmée à mon insu.

La droiture ! Ce n'est pas une qualité pour moi, c'est un devoir qui devrait être naturel à chacun, on peut être droit sans être gentil. S'il n'avait pas réfléchi Julien, qu'aurait-il répondu ?

Morterolles, 5 octobre

On vend les robes, les chaussures et les blue-jeans de Marilyn, cher, très cher. Tout ce fric, toutes ces fripes pour n'importe qui ! Pauvre petite, envolée il y a si longtemps, volée, violée encore. Elle n'a jamais eu de chance avec ses amoureux.

Sur la terrasse où il attend l'heure de reprendre le train pour Paris, Michel, mon chauffeur, lit *Le Vol d'Icare* de Raymond Queneau. Je tombe à la renverse, le pire étant qu'il trouve ce roman « formidable » et qu'il me le conseille vivement.

– Je vais acheter tous ses livres, je vous les prêterai... des poèmes aussi.

Je suis aussi loin que possible de l'univers de Queneau, mais je reste tellement épaté que je n'ose pas décevoir Michel, plus souvent plongé dans l'*Auto-Journal* que dans les auteurs Gallimard.

C'est dans ma voiture, devant l'hôpital Saint-Antoine où il passait parfois huit à dix heures par jour, que Michel a dû apprendre à lire. Lorsque je l'ai engagé, Stéphane venait juste d'être hospitalisé, gravement, pour la première fois. Depuis sept ans il aura eu le temps d'en lire des livres, des bons et des mauvais, en attendant que je redescende lui donner des nouvelles, des bonnes et des mauvaises.

Pour aller de la Bastille à la Nation nous évitons désormais la rue du Faubourg-Saint-Antoine, qui fut celle de ma petite enfance, parce qu'elle me ramène d'abord vers la dernière trace de Stéphane. C'est ici à Morterolles que je veux suivre sa trace, elle est partout, où bondissant et joyeux il apprivoisait le vent et la pluie.

Faut-il vraiment que je lise d'urgence *Le Vol d'Icare* ? Si Michel insiste, je ferai semblant.

Morterolles, 7 octobre

J'écris avec devant les yeux le paysage splendide que Stéphane découvrait chaque matin en sortant de son lit. Il a vu cela pendant onze ans, des sapins géants, des bouleaux argentés qui tachent l'eau de l'étang aujourd'hui de leurs feuilles d'or, l'écureuil dans le noisetier, les noisettes sont pour lui cette année.

Seuls les jardiniers vivent dans ce parc, je ne suis plus qu'une ombre qui le traverse lentement, hésitant à chaque pas, devant chacun de nos repères.

Ce parc abandonné comme moi ne répond plus qu'à l'ordre naturel des saisons, le chant des oiseaux ne remplacera jamais celui de Stéphane. Quand la pleine lune tombait dans l'eau la nuit en été, Stéphane plongeait nu pour aller la ramasser. Où s'est-il égaré mon pêcheur de lune ?

Morterolles, 8 octobre

Annie J. et Prudy viennent de partir à Saint-Pardoux. Je n'ai pas voulu les accompagner. A quoi bon ! Elles vont changer l'eau des fleurs, nettoyer la tombe, tailler les rosiers qui l'entourent, c'est la force des femmes ça, de pouvoir sans trembler faire des bouquets jolis sur la tombe d'un jeune homme qui les faisait très bien lui-même, les bouquets de la maison.

Moi je ne peux pas rester là-bas plus de trois minutes, figé par la douleur, à m'entendre pleurer.

Je suis là comme hier, comme demain, assis à ce bureau où Stéphane savait me trouver.

– Tu me feras lire ?

Qui pense me demander cela aujourd'hui ? Qui s'impatiente avec tant de gourmandise de me lire, de suivre les lignes de ma vie ?

Stéphane aura décidément réduit à rien, ou à presque rien, l'amour qu'on me propose.

– Un jour peut-être tu écriras sur nous…

J'avais glissé quelques mots pour lui, pleins d'espoir, dans un livre consacré à François Mitterrand, je lui avais demandé s'il voulait les lire avant leur parution et s'il m'y autorisait.

– Non, fais comme tu veux, je sais que ce sera beau et vrai.

La lettre qu'il a glissée sous ma porte datée du 19 décembre 97 à deux heures du matin, après avoir découvert le passage, restera parmi les plus bouleversantes des quelque deux cents qu'il m'a écrites. Je la touche du bout des doigts, mais je ne la relis pas, ce serait trop. Il me suffit de les savoir là, ces vingt lignes qui sont ma gloire et notre amour. Personne jamais plus, je le crains, ne m'emportera aussi loin que lui.

Morterolles, 11 octobre

Nous étions persuadés qu'il allait mieux. Annie J. venait de lui couper les cheveux, nous lui trouvions presque bonne mine. C'était sûr, il allait nous étonner, notre héros. Déjà nous organisions sa convalescence, notre « optimisme » n'avait aucune raison objective, mais nous nous accrochions à des riens pour le conforter.

– Vous avez vu la force qu'il a dans les bras aujourd'hui ? J'ai même l'impression qu'il a un peu pris des joues, non ?

– Oui oui, d'ailleurs l'infirmier m'a dit qu'il a bien déjeuné.

Nous étions d'accord pour qu'il guérisse, le moindre signe de vie était bon à prendre, nous le prenions et nous nous endormions avec, en nous répétant jusqu'à l'épuisement : « Il a mangé quatre crèmes vanillées, il n'a plus mal à la tête, il nous a parlé de ses chevaux et des framboises qu'il faudrait ramasser. »

J'allais pouvoir partir trois jours à Morterolles pour cueillir les derniers dahlias et rallumer le feu. J'hésitais.

– Allez-y, m'a dit Annie. Au contraire, cela lui paraîtra normal.

Je suis parti le 14 à quatorze heures, après l'avoir embrasssé entre deux cuillerées de potage qu'elle portait à sa bouche.

– Je reviens tout de suite mon amour, sois gentil avec Annie.

Ce matin, c'est elle qui a ramassé les framboises, elle vient de me les apporter : « Regardez comme elles sont belles… »

Lulu, qui est gourmand, fera une tarte pour ce soir.

– Elle sera très bonne, tu verras…

Je n'aime pas beaucoup les desserts, mais celui-là de toute façon je l'aimerai.

Morterolles, 12 octobre

Le soleil de l'automne éclabousse mon bureau, cela me convient parfaitement, il se tient haut, à sa place, loin des campeurs et de leurs javas. Nous étions allés le chercher à Québec il y a trois ans, Stéphane ressuscitait dans sa lumière introuvable ailleurs. Il faisait moins dix le matin au bord du lac où il chantait une chanson de Félix Leclerc qui s'appelle *Petit bonheur.* Il n'avait pas froid, il n'avait plus froid. Des jours impossibles à dire sans tomber dans la mélancolie qui assombrit forcément nos souvenirs des petits bonheurs. Comment oublier en cet automne qui se répète sans lui, tous ceux d'avant, et celui-là où il souffle les bougies de mon gâteau d'anniversaire dans une gargote au Canada ? Ça ne sert à rien, les photos des jours heureux, puisqu'on ne peut pas les regarder sans défaillir. Il y manque toujours quelqu'un, bientôt ce sera nous.

Tout brûler ! Mon amie Georgette Plana a sûrement raison, elle a fait cela je crois avec les journaux, les lettres, les photos, les robes qui lui racontaient sa vie. Je ne m'y résoudrai pas, pas maintenant. Un jour, peut-être, la sagesse l'emportera.

Le feu ! Oui, pourquoi pas le feu ? Un peu de vent sur les cendres et tout sera dit. Il ne faudrait pas que je sois trop encombré pour terminer ma route, plus léger sinon allègrement.

Je pense cela depuis longtemps, l'idée de ne pas finir étouffé, le nez sur un amoncellement de papiers jaunis m'obsède. Le moment venu tout sera en ordre, ma tête et mes tiroirs, je ne me laisserai pas surprendre.

Morterolles, 13 octobre

Qui est ce jeune homme si beau qui se promène dans le parc de Morterolles et court sur les chemins qui l'entourent ?

Ils doivent s'en poser des questions les gens de par ici, cela ne me scandalise pas, je veux croire que le sourire de Lulu leur fera plaisir, voilà tout. Je suis absolument indifférent à la rumeur, elle m'entoure, je la devine dans mon dos mais je ne me retourne pas, je passe.

« Il ne suffit pas d'être heureux, encore faut-il que les autres ne le soient pas. » Si Jules Renard a raison, certains doivent être dépités de nous voir Lulu et moi, main dans la main, marcher droit devant nous sans peur et sans reproche.

– Je suis bien ici, me dit-il. J'ai même coupé mon portable.

Je m'abreuve de sa rafraîchissante simplicité, que ceux qui ont soif m'envient me semble naturel, mais je n'ai pas l'intention d'offrir ma douleur à leur compassion.

Lulu ne m'a pas adopté pour que je pleure dans ses bras. J'ai le devoir de marcher droit puisqu'il veut mettre ses pas dans les miens. Il aura (il a déjà) autant besoin de moi que moi de lui. Je ne comprends l'amour que partagé au même instant, celui de Stéphane reste indépassable.

– Personne ne t'aimera jamais autant que moi...

Autant, sans doute pas, autrement peut-être. Si je ne me persuadais pas que cela est possible, je serais en loques même sous mon costume de music-hall.

Morterolles, 14 octobre

Je suis parti pour Morterolles le cœur lourd, mais je suis parti. Nous étions convenus Annie J. et moi que je prendrais sa relève quelques jours plus tard pour qu'elle se repose un peu à son tour. Nous avions touché le fond, il fallait attendre maintenant, attendre encore, Noël peut-être, cela nous paraissait possible.

T., l'infirmier, nous avait promis que Stéphane serait bientôt sur son cheval, sa certitude valait de l'or. Nous étions dans la cuisine, à l'heure de la pause, T. arrangeait la boucle de son casque de moto, il nous disait que lui aussi montait à cheval, et je l'invitais à rejoindre Stéphane au prochain printemps quand il irait tout à fait bien. Je les imaginais tous les deux, cavaliers flamboyants, devenus copains des jours heureux. Où avais-je la tête ? D'où me venait cet optimisme si peu naturel chez moi ?

La veille, j'avais fait jouer Stéphane à « Questions pour un champion » pour éprouver sa mémoire et ses facultés mentales malmenées. Il avait été parfait. Debout au pied de son lit, je l'interrogeais négligemment sur divers sujets touchant à son métier, à la politique, à notre vie, il répondait à tout sur-le-champ ou presque, je lui tendais des pièges qu'il déjouait aussi. C'était un rituel que j'avais inventé pour occuper les fins de soirées à l'hôpital, après le dîner, avant que n'arrive la relève du personnel de nuit.

– On joue, mon ours ?

– D'accord, mon coq.

– Quelle est ma date de naissance ?

– Le 16 octobre.

C'est la dernière question à laquelle il aura répondu en me reprochant sa trop grande facilité.

Le 16 octobre ! Il venait de me donner la date de sa mort, et j'étais content de le trouver si vif, si sûr de lui et de sa mémoire.

Invraisemblable ! Et l'on voudrait que j'écrive des romans ? J'ai couru le dire à Michel qui m'attendait dans la voiture, j'ai téléphoné à Annie J. bien sûr, et j'ai tout raconté à Julien à table chez Goldenberg, rue des Rosiers ; est-ce la vodka qui faisait briller nos yeux ?

Je l'ai convaincu : Stéphane serait debout avant Noël, il était soulagé et moi tendu vers lui qui m'avait fait porter quelques matins plus tôt une lettre si belle dans le jardin du Val-de-Grâce, lui que je voyais autrement désormais.

– Bientôt, il va falloir penser à vous.

– Stéphane s'en chargera, il n'a jamais cessé.

Qui pense à moi aujourd'hui ? Quelques-uns, quelques-unes, c'est déjà beaucoup, mais pas tout le temps, pas comme lui. On ne peut demander ça à personne de vous aimer sans repos, sans répit, c'est pourtant la seule chose que nous espérons secrètement. Nous vivons aux aguets.

C'était un mercredi, je portais une blouse verte et un masque de tulle sur la bouche pour ne pas lui transmettre de microbes. Nous nous sommes embrassés ainsi sans prendre de risques. Nous n'avions plus d'impatience, plus de révolte, nous étions soumis au destin, à la volonté de Dieu si c'est lui qui avait voulu cela.

Je n'allais plus jamais revoir Stéphane vivant.

Morterolles, 15 octobre

J'entends Lulu qui rit et bavarde dans la cuisine avec Christiane. Je ne veux pas savoir ce qu'il lui raconte, il me suffit de l'entendre rire. Il montera tout à l'heure après son « jogging » et sa douche me dire bonjour et s'inquiéter de « mon travail ».

– Tu as bien écrit ce matin ?

Des mots gentils déposés légèrement sur mon chagrin pour le distraire. Il n'est pas plus lourd à porter que d'habitude, c'est moi qui suis moins fort aujourd'hui.

L'onde de choc est à son point culminant.

Personne ne me parle plus, personne ne sait plus quoi me dire. Tétanisés, ils sont tous tétanisés. Seul Didier a rompu le silence :

– Je t'aime, je suis là, je sais ce que tu vis…

Il n'a pas le cœur à me raconter des bêtises. Il ne pleure pas mais il pleure quand même.

Sait-il déjà que son copain nous lâche ?

Julien s'envole, il se laisse pousser par un vent mauvais plus loin de nous, plus loin de moi. Je ne suis pas vraiment surpris, triste, un peu plus triste encore si c'est possible. On dira qu'il est sorti chercher des allumettes, ça lui ressemble bien. Se perdra-t-il en route ? Julien est un joueur mais il est trop émotif, il n'aura donc pas résisté aux médiocres et aux jaloux. Je viens de l'inviter à s'éloigner subrepticement comme il est arrivé, pour revenir peut-être quand il aura trouvé du feu.

Je n'irai pas à Saint-Pardoux, ni aujourd'hui ni demain. Je ne suis pas présentable.

Morterolles, 16 octobre

Voilà ! Cette date bancale à un jour près, elle est inscrite sur le petit calendrier de pacotille dorée que Christiane tourne chaque matin sur mon bureau. Elle n'est plus celle de ma naissance. Combien d'années me reste-t-il à devoir l'affronter seul ?

Je pense à mes parents qui pensent à moi, à mes sœurs, à ceux qui ont déserté les parages de ma vie pour des rivages moins sombres croient-ils, à ceux qui restent.

– Je vais vous expliquer si vous voulez…

Le docteur P. est là, au même endroit, dans le même couloir où depuis cinquante jours nous le guettons, Annie J. et moi.

– Non docteur, je ne veux rien savoir, vous avez fait de votre mieux, merci.

Rien, je ne voulais plus rien entendre que lui en moi qui me demandait de me tenir droit.

On m'a beaucoup embrassé, les femmes ont réglé l'intendance et les problèmes administratifs.

Dans ce parc où l'on passe forcément pour accéder aux services de l'hôpital Saint-Antoine, sur ce banc où j'ai tant attendu que Stéphane guérisse, j'ai découvert la solitude absolue. Je n'avais plus qu'une idée, retourner vite à Morterolles me réfugier chez nous, là exactement où il avait vécu le plus heureux.

– Vous voulez savoir ce qu'il m'a dit ?

– Non Annie, non ! Quelles que soient ses dernières paroles, elles me feront plus de mal que de bien.

Je n'ai posé aucune question à ma sœur Jacqueline qui était là la première et qui s'est probablement retirée pour laisser Annie J. fermer les yeux de Stéphane et poser sur ses lèvres l'ultime baiser.

Elles étaient à leur place, à la mienne, au moment même où il le fallait, ce sont les deux femmes qu'il aurait voulues près de lui s'il avait imaginé cela possible : mourir.

J'avais tellement nié l'instant fatal que je ne pouvais pas être là, c'est le seul rendez-vous que j'aie manqué avec lui. Je ne le regrette pas. Peut-être même Stéphane a-t-il préféré que l'histoire se termine ainsi : sans moi ce jour-là, pour ne pas me voir pleurer.

A-t-il murmuré mon nom ? Le savoir ne me consolerait pas. Je n'ai pas crié, je n'en veux à personne, j'ai tremblé et je tremble encore.

Je suis né en tremblant de peur à l'idée que Stéphane ne me verrait pas mourir.

Morterolles, 17 octobre

Ma mère ne m'a pas téléphoné hier, elle n'aime pas les anniversaires, « je les oublie », dit-elle ; l'a-t-elle vraiment oublié celui-là ?

J'ai dû me fâcher un peu pour que Lulu renonce à aller au cimetière avec les femmes. Je ne veux pas qu'on l'embarque dans la procession. Je lui ai expliqué que le culte des morts n'était pas une occupation convenable pour un jeune homme de vingt ans, que sa place était dans les prés et que Stéphane préfère de beaucoup qu'il s'en aille donner du pain à ses chevaux.

Il a compris et puis il m'a emmené en promenade, à mon rythme, lentement.

Nous sommes allés dîner au Moulin, chez Françoise, elle avait trouvé quelques brins de mimosa, ma fleur préférée, et allumé des bougies partout pour que nous soyons bien autour de sa table et de sa cheminée.

Martine portait à son cou le foulard de soie blanc et bleu que Stéphane lui a offert il y a deux ans pour son anniversaire ; Jean-Claude avait mis le chapeau de feutre vert qui appartenait à Maurice Chevalier ; Prudy, dans un ensemble de soie du dernier chic, m'a épluché des crevettes roses et Lulu a bu du vin blanc pour faire « comme Papa ».

– Et pourtant je croyais que je n'aimais pas le vin blanc !

Nous n'avons pas chanté, nous n'avons pas pleuré, nous n'avons rien dit de triste, nous n'avons pas commis l'imprudence de nous rappeler d'autres 16 octobre si frémissants d'amour, même si nous n'avons pas cessé d'y penser.

Puisque tout commence et tout finit à cette date désormais, nous avons pris d'autres habitudes. Très naturellement, sans mélodrame. Il le détestait autant que moi.

Françoise nous a raconté qu'elle était partie sans payer d'un poste à essence il y a quinze ans, par distraction. Ça a fait rire Lulu à qui il n'en faut pas beaucoup pour rire, ni pour pleurer.

Paris, 20 octobre

Tenir ! Faire face aux caméras qui m'attendent et vont m'encercler dans quelques heures. Chanter ! Comme si c'était normal de chanter dans l'état où je suis...

Assumer aussi la confusion des sentiments que j'inspire à ceux qui m'aiment trop ou pas assez. Résister contre eux, contre moi.

– Il n'aimerait pas te voir comme ça...

Dans l'ascenseur de France-Télévision où je tombe sur lui par hasard, Roger Hanin me serre entre ses bras de géant à m'étouffer, il sait pourquoi je ne me montre plus depuis un an. Il a reçu ma lettre ce matin même. Nous sommes sortis ensemble pour rejoindre nos voitures, et juste avant que je ne m'échappe il a posé ses deux mains sur mes épaules :

– Ecoute-moi...

Il m'a dit des choses simples sur la vie, l'amour, la mort, rien que je ne sache déjà, mais avec tant de conviction qu'il m'a emporté.

– Tu es pâlot, il n'aimerait pas te voir comme ça...

Paris, 23 octobre

Maurice Papon est en prison. On ne va pas pleurer bien sûr, mais quel cirque ! Un homme à terre quel qu'il soit ce n'est pas un spectacle, en tout cas pas pour moi.

Je n'ai pas de sympathie pour le haut fonctionnaire de Vichy, mais entendre les gaullistes d'après-guerre applaudir à l'arrestation « tardive » du préfet de police du général de Gaulle, du ministre de Giscard d'Estaing, a quelque chose d'indécent, que n'y ont-ils pensé plus tôt ! Trop c'est trop. Si l'on comprend le soulagement des familles des victimes d'une administration complice d'exactions, on aurait voulu que les autres se taisent. Emmanuel Berl, qui m'a tant parlé de cette période de notre histoire, n'aurait pas aboyé avec la meute.

Paris, 24 octobre

J'ai trouvé ma mère un peu défaite hier au soir, les traits tirés par trop de nuits sans dormir vraiment. Elle ne s'assoupit jamais qu'entre deux cauchemars. Elle s'épuise autour de mon père qui ne veut plus bouger de son fauteuil, « mais qui mange comme un ogre et dort comme un bébé ». Elle ira pour lui jusqu'à la limite de ses forces pour le tenir près d'elle aussi longtemps que possible. Il sait tout cela, alors il s'abandonne à sa tendresse et se laisse engueuler en redoutant le soir où elle ne l'engueulera pas.

Tandis qu'elle s'en va à la cuisine nous préparer du riz à l'espagnole, il me demande si j'écris toujours autant. Ça le sidère, mon père, que je puisse aligner des milliers de mots, lui qui n'a jamais écrit une lettre de sa vie.

– Mais comment fais-tu pour ne pas perdre le fil de ton histoire avec tout ce que tu as dans la tête ? Et tu racontes quoi dans ce livre ?

– Ma vie d'amour avec Stéphane, toutes ces années si belles et si tristes, je suis à l'heure de la vérité, Papa.

Il le savait mais il voulait me l'entendre le lui répéter. Ma détermination l'effraie un peu, pourtant je vois qu'il est content que je lui parle, rassuré d'être dans la confidence. Un instant songeur, il se reprend aussitôt :

– Mais dis-moi, ton livre il ne sera pas tellement commercial !

C'est tout mon père ça, ému et fier de me voir si fragile et si fort, et qui se demande aussitôt si je vais avoir du succès et des sous. Ça l'intéresse beaucoup que je sois encore plus célèbre, encore plus riche, il pense que la gloire protège les cœurs blessés, il est sûr que tant qu'on m'applaudit il ne peut rien m'arriver de grave.

Ma mère est plus réservée.

– Enfin Jacques, tu sais bien que l'argent c'est une chose mais bon, ça ne remplace pas l'amour.

– Oui oui je le sais ma chérie, mais moi ça me tranquillise.

Je l'ai vu toute mon enfance compter et recompter les pièces de monnaie que les clients de son taxi lui avaient laissées en pourboire. Pas pour lui, pour nous, mon père n'a jamais dépensé un franc pour lui, son seul plaisir était de les compter, et surtout de n'en devoir à personne. Pour qu'il consente à s'acheter un pantalon ou une paire de chaussures, ma mère devait le menacer de divorcer ou, pis encore, de ne plus faire la cuisine.

– On ne va pas me changer maintenant, j'ai besoin de savoir que mes enfants sont à l'abri du besoin...

Et là je ris, et ça lui plaît que je rie, cent fois il m'a fait le coup de la Caisse d'épargne et du CAC 40.

– Stéphane adorait ta rengaine, papa. Tu t'en souviens ?

– Ah oui alors, qu'est-ce qu'il se marrait !

Et le visage de mon père s'éclaire et Stéphane est là dans son sourire, intact.

– Quand tu le fais passer à la télévision, fais-lui chanter des trucs musette, titi parisien, ça lui va bien, c'est son genre à Stéphane, la fantaisie...

Il parle au présent, cela me frappe.

Ma mère est tendue, au bord des larmes, elle n'accepte pas mon désarroi, elle refuse de me voir vaciller :

– Redresse-toi, mon garçon – j'entends Stéphane, j'entends Roger Hanin –, il n'aimerait pas te voir comme ça.

Je me tiens bien pourtant, je détourne la conversation juste avant le mélodrame.

– Moi, c'est vite réglé, dit ma mère, Stéphane je ne le regarde pas, je vais faire un tour dans le jardin.

Je la reconnais bien là, c'est bien de son ventre que je sors, gueulard mais émotif au-delà du raisonnable.

– Et la tombe à Saint-Pardoux, qui s'en occupe ?

– Mes femmes papa, mes femmes... Il y a des fleurs plus qu'il n'en faut... des bouquets anonymes par dizaines.

– Ah bon ! Ça alors !

Mon père n'en revient pas, lui qui est aussi misanthrope que moi, tant d'amour le touche pour Stéphane, il devine aussi la part qui me revient dans le culte discret qui entoure son souvenir.

– Je n'y vais pas plus d'une fois par mois. A quoi bon puisqu'il ne me quitte pas ?

– Tu as bien raison, ajoute ma mère. Moi non plus je n'ai jamais aimé les cimetières...

– A part ça ?

Mon père est bavard ce soir, en attendant les crêpes il veut d'autres potins. Je lui annonce (sûr de mon effet) que le président du groupe communiste à l'Assemblée nationale regarde mon émission tous les matins à cinq heures trente et qu'il vient de m'inviter à dîner. Alors là, le roi n'est pas son cousin, il est enchanté de mes bonnes relations avec les hommes politiques, surtout quand ils sont communistes, ça le bluffe qu'on m'apprécie « en haut lieu ».

« Ils t'apprécient ! » C'est son mot.

Ce n'est pas compliqué d'épater mon père, il suffit que je lui dise que j'ai des sous à la Caisse d'épargne et que je dîne avec le président de la République ou, à défaut, un député communiste. Ma mère est plus sceptique, elle doute de tout ce soir, même de ses crêpes.

Paris, 25 octobre

J'avais prévu de partir pour New York jeudi prochain, je ne sais ni pourquoi ni avec qui. Vais-je annuler ? J'hésite encore ce matin, il faut pourtant que je me décide. Bouger pour bouger ne rime à rien. Avec qui ? Lulu ne parle pas l'anglais, Julien a la tête ailleurs, moi aussi.

Je ne me supporte pas indécis, dans l'attente d'un signe.

– Il faut maintenant qu'il m'arrive quelque chose de gentil.

Je disais cela hier après-midi à Didier, mon bateleur de foire, entre deux trilles d'accordéon dans un hangar près de Soissons où il menait la parade avant que je ne chante.

– Oui, tu le mérites. Il faut qu'il t'arrive quelque chose de gentil…

Lui qui aime tant rire et faire le fou pour amuser les copains, il trépigne de ne pouvoir seul exaucer mon vœu.

Il se démène pour m'inventer des réjouissances imprévues, catholique excentrique, peut-être même qu'il prie en cachette pour qu'il m'arrive quelque chose de gentil.

Paris, 26 octobre

Dîner chez Goldenberg hier au soir avec François F., mon Québécois de passage à Paris, et Didier. Et nous avons parlé de Julien naturellement, à cette même table où il aimait tant boire des bières avec moi. François, qui l'a vu la veille, a proposé que nous l'appelions pour l'inviter à nous rejoindre, sûr qu'il le ferait. Je n'ai pas voulu, nous avons passé l'âge des gamineries lui et nous. Ma vie n'est pas une cour de récréation où l'on dissipe sa jeunesse impunément. Julien me connaît trop bien pour en douter.

– Tout cela va s'arranger, m'a dit François, tu es une bonne personne et lui aussi.

Mon Québécois, qui vient de payer pour savoir que les gens ne vous pardonnent jamais le bien que vous leur faites, ne se départ pas de sa charmante simplicité. Et pourtant, la chanteuse pour laquelle il aurait vendu son âme vient de le quitter, sans un au revoir, sans un merci, en lui reprochant par lettre recommandée d'être trop affectif… trop émotif… trop gentil… C'est pour ces mêmes raisons qu'elle m'expliquait, l'hiver dernier, combien la présence de ce François à ses côtés était précieuse pour sa vie et sa carrière.

Les chanteuses sont des femmes très compliquées, je crois bien qu'elles préfèrent les salauds.

Lynda Lemay est une artiste exceptionnelle pour qui je vendrais mon âme, elle ne m'aimera donc pas longtemps. Aujourd'hui encore ma photo est en bonne place sur son piano, Julien me l'a dit, il en était touché pour moi, mais demain sera un autre jour.

Julien ne supportait pas la moindre ingratitude à mon égard, je devais le consoler chaque matin.

A-t-il déjà déchiré nos photos ensemble au Soleil de Minuit et celles si joyeuses sur les ponts d'Amsterdam ?

New York, 29 octobre

Il ne faut pas revenir à New York, une fois suffit. J'aurais dû rester sur mes souvenirs d'il y a vingt ans, pleins de neige dans les cheveux de Dalida et d'interminables limousines, corbillards obligés des stars et des présidents de passage.

Je m'étais égaré dans Harlem où quelques basketteurs imprévisibles dansaient la biguine au milieu des rues, et j'avais marché, marché le nez en l'air.

C'était parfait, j'avais trente ans et des poussières, et l'idée folle qu'il ne pouvait rien m'arriver de plus chic que de compter les banques sur la Cinquième Avenue.

Mais il n'y a rien à voir ici, que des nains qui cavalent entre des monceaux de sacs-poubelles noirs et des taxis jaunes conduits par des Noirs, de la vapeur qui sort des égouts et des escaliers rouillés accrochés çà et là à des fenêtres fermées.

On peut se contenter de regarder la télévision française pour savoir que c'est comme ça New York : sombre et bruyant. Des sirènes jour et nuit qui n'en finissent pas d'annoncer la fin du monde et des hélicoptères en rafales pour que l'illusion soit totale.

Ils ont du génie les Américains pour nous faire croire, bêtas que nous sommes, que tout commence et tout finit ici, dans cette ville qui n'attend rien ni personne et domine les rêves des enfants.

New York n'est pas hostile elle est indifférente.

Que ne suis-je resté tranquille comme je le recommande à tous ceux qui veulent partir pour partir ? C'est pour les surprendre que je n'ai pas renoncé à ce voyage inutile, pour m'étonner moi-même.

Ils ne savent pas qui m'accompagne. Moi non plus. On dira qu'il s'appelle Antoine mon guide, embarqué la veille de mon départ pour vérifier dans l'urgence que les jeunes gens de France ne résistent pas à l'Amérique du rock and roll et du cinéma.

J'aurais dû emmener Jean-Christophe mon neveu, mais il ne parle pas l'anglais, nous aurions eu l'air malins tous les deux perdus avec nos mines d'écoliers en vadrouille.

Il est midi, Antoine arpente depuis neuf heures ce matin Central Park que je surplombe du trente-neuvième étage de l'hôtel. Vu de si haut, la cime des arbres rouges, marron, verts, forme un immense parterre de chrysanthèmes cerné de tombes verticales qui ne donnent pas envie de vivre ici, ni de mourir, mais de fuir.

J'étais mieux au bord de la Meuse le mois dernier, mais c'est en parlant de New York qu'on épate ses voisins, pas de Namur. Plus atroce encore, personne n'a jamais envie d'aller à Namur sauf moi, l'exotisme belge n'a pas bonne réputation. Chacun son western, mes cow-boys sont les plus beaux.

Maintenant que je suis là, il va falloir que je sorte un peu, je ne vais pas rester cinq jours dans ce palace à me plaindre que la mariée est trop belle ou pas assez.

Le Portoricain qui gratte derrière ma porte pour me faire comprendre qu'il doit ranger ma chambre se demande sûrement ce que je trafique au lieu de me jeter dans les bras de la ville qui gronde. Antoine va remonter et je finirai bien par le suivre où il le voudra, je suis sans désir, sans impatience. J'attends.

J'ai ouvert les vasistas, étonné que cela soit possible. On peut se pencher, on peut même se jeter dans le ciel et s'écraser sans étonner personne. Tout est interdit à New York sauf de se tuer, mais rien ne prouve qu'on se jette plus par les fenêtres ici qu'à Namur.

– Tu verras, tu vas adorer New York, il fait bon vivre ici…

J'ai retrouvé Danièle R. qui m'attendait hier à l'aé oport, aussi blonde qu'à seize ans quand elle chantait sur des podiums à Montreuil et à Ivry pour les fêtes du parti communiste, aussi péremptoire et volubile. J'étais fou d'elle, je m'appelais encore Jean-Claude et je courais lui faire signer mon prénom sur sa photo. Elle vit ici depuis sept ans avec Laura, une petite Française devenue créatrice d'une ligne de cosmétiques mondialement connue et qui maquille Madonna pour se distraire.

Danièle a toujours su choisir ses fiancées. Quand elle partageait l'affiche de Bobino avec Distel ou Brel, elle avait déjà ce caractère d'insoumise qui emportait chacun et surtout chacune à ses basques. Une tornade, Danièle, irrésistible et chaleureuse.

– Laura est en Californie, dommage, elle aurait tant voulu te connaître, mais tu reviendras vite, naturellement.

Je suis à peine arrivé qu'elle m'embarque dans d'improbables festivités qu'elle se propose d'organiser sur-le-champ.

– Pour ce soir, me dit-elle, tous les restaurants sont complets, j'ai réussi par miracle à trouver une table à l'Indochine, le vietnamien le plus branché, c'est ça ou MacDo !…

L'endroit était sombre, bruyant au-delà du supportable, mais les serveuses jolies et le canard aussi cher qu'à Paris. J'avais posé près de moi le petit briquet en métal avec New York gravé dessus que Stéphane tenait dans sa main le jour où nous avions projeté ce voyage ensemble. D'où lui venait-il ? Il l'avait laissé sur son bureau en partant pour l'hôpital. Un briquet de deux sous que je fais rouler au creux de ma main comme un galet doux. Danièle l'a trouvé très joli, alors je lui ai dit que c'était le dernier briquet de Stéphane qu'elle a connu jeune et fou dans mes bras.

New York, 30 octobre

Irrespirable ! Je ne tombe pas de la lune, j'étais prévenu, mais j'espérais qu'il ferait frais, que le vent aurait dissipé la brume grise et moite qui nous colle à la peau.

On aurait pu au moins ralentir la circulation pour moi. Mais non, j'avais rêvé, New York n'est pas un sanatorium : arrogante et pressée, il faut la prendre en marche et suivre le troupeau.

Dans Broadway, hier après-midi, c'est un masque à gaz qu'il m'aurait fallu. J'avais honte d'être là, pauvre imbécile dans un défilé d'imbéciles sales et mal coiffés. Apparemment ces gens-là ont le nez et les oreilles bouchés, ils foncent dans le brouillard, insensibles aux vapeurs d'essence et de friture qui écœureraient même des cochons. L'habitude sans doute. Comme je le craignais, les chauffeurs de taxi sont aussi déglingués que leurs voitures. J'ai donc fermé les yeux, de toute façon il n'y a rien à voir. Rien, des marchands de saucisses et de jeux vidéo hébétés, comme moi.

New York ne pue pas le fric, mais le graillon. Antoine m'a entraîné en bas de la ville dans des quartiers moins pires, en effet.

Sur Christophe Street, il avait repéré un bar plus accueillant, plus intime, comme on en trouve à Amsterdam par exemple, fréquenté par des garçons sérieux qui lisent le *New York Herald Tribune* en buvant du thé au gingembre. Cela ne justifie quand même pas huit heures d'avion. On peut boire du thé gravement n'importe où ailleurs, sans prendre le risque insensé de mourir asphyxié sur un trottoir de Time Square.

– Mais mon chéri, c'est encore pire à Mexico ou à Athènes...

Danièle est vaguement scandalisée que j'étouffe ici, elle me trouve bien fragile, bien difficile à contenter. Quoi, je suis dans « la capitale du monde » et je me plains ! Je ne veux pas la décevoir, elle aimerait tant que je sois heureux.

Seul Stéphane aurait pu sauver ce voyage, l'air n'aurait pas été moins pollué, mais mon cœur plus léger, plus disponible au bonheur.

J'ai cru devoir rassurer Antoine pour qu'il ne se croie pas responsable de mon désenchantement. Il doit malgré tout se poser des questions sur ce décalage entre l'homme public et l'homme privé, qui surprend toujours ceux qui passent dans ma vie.

Il a l'âge que j'avais quand j'applaudissais Dalida à Carnegie Hall. Moi je ne chante pas à New York, je meurs d'ennui. Et lui ? Il est sorti acheter des cartes postales et des journaux français et faire changer nos billets d'avion. Si nous pouvions abréger ce séjour de quarante-huit heures, ce serait mieux.

Le mieux d'ailleurs aurait été que je reste à Mortérolles pour la Toussaint. Avec un peu de chance il y fait froid, c'est beau la Toussaint en France dans la lenteur du souvenir autour des monuments aux morts.

Assez ! Je vais être obligé de fermer les vasistas, la nappe de brume tiède qui envahit ma chambre me coupe le souffle. Tout est prévu dans un palace à mille dollars la nuit, il y a un climatiseur bien sûr, mais il fait plus de bruit qu'une machine à laver à l'essorage. Tout cela peut faire sourire naturellement, ce sont quand même des amusements hors de prix.

New York, 31 octobre

Les allées du bois de Vincennes sont mieux fréquentées et il y a des canards sur le lac et des enfants déguisés que l'on traîne le dimanche pour passer le temps. Nous nous sommes traînés aussi, Antoine et moi, dans Central Park, envahi de poussettes et de vieux barbus en shorts, essoufflés de courir après leurs ventres ; on a vu des femmes d'âge mûr maquillées comme des clowns en toupies sur des patins à roulettes et des citrouilles en plastique sur la tête des bébés.

– Dégénérés ! Ils sont dégénérés ou c'est moi qui suis fou ?

Antoine s'amuse de mes étonnements répétés, mais il n'en revient pas lui non plus de tant de laideur satisfaite. Les Américains ont inventé le ridicule, et le plus beau c'est qu'ils parviennent à l'imposer au monde entier comme le comble de la modernité.

Ils courent, ils courent comme des damnés dans tous les sens à perdre haleine, un casque à musique sur les oreilles, une bouteille de Coca-Cola dans une main, un téléphone portable dans l'autre. Les enfants, les femmes enceintes, ils courent sans se voir, parade affolée en débandade. On ne me croira pas, on dira que j'exagère, que je ne suis qu'un Français râleur, soit. J'ai quand même vu des bébés avec des têtes de citrouilles, et l'on me dit que cette spécialité s'exporte très bien, que même en France les maîtresses d'école coiffent les enfants de ce légume immonde.

C'est donc moi qui suis fou.

Je suis surtout fâché d'avoir pris tant de risques en venant me perdre si loin de Stéphane dans une ville déréglée et fière de l'être.

Genève, pourquoi n'ai-je pas pensé à Genève si convenable, si propre ? L'eau du lac est claire et les gens qui se promènent autour sont calmes, je veux dire normaux. Evian aussi a bon genre. Que suis-je venu faire ici où je dois me fondre dans une foule de débraillés qui bouffent à longueur de journée des sandwichs mous et du chewing-gum sans sucre ?

Mais enfin à qui Chanel et Dior vendent-ils leurs robes et leurs costumes ?

Il y a un avion qui s'envole pour Paris ce soir à vingt-trois heures.

Nous le prendrons sans regret.

Paris, 2 novembre

Personne ne sait que je suis là, je m'accorde un jour de silence. J'avale le décalage horaire sans problème. Je n'avais même pas retardé ma montre à l'heure américaine. Suis-je vraiment parti ? Oui, puisque j'ai ramené une casquette de rappeur pour Lulu. J'aurais pu la lui acheter dans le magasin qui vend les mêmes à Paris mais bon, je ne serai pas allé à New York pour rien.

Une lettre m'intrigue parmi la pile de courrier qu'Aïda a déposée sur mon bureau, pas d'adresse, juste mon prénom sur l'enveloppe, l'expéditeur l'aura donc déposée. Qui ? Un intime probablement. Ce genre de missive m'inquiète toujours un peu, il y a de l'urgence dans l'air, de la colère, du désarroi, de l'amour parfois. Stéphane, lui, les glissait sous ma porte. C'est Sébastien. Je ne l'ai pas beaucoup vu ces derniers mois.

« Un jour, d'autres pleureront notre disparition et connaîtront les souffrances qui nous brisent aujourd'hui. Au fond, tout cela n'est qu'un éternel recommencement, la même pièce avec d'autres acteurs, la même musique avec d'autres voix. Sommes-nous seulement les interprètes d'une vie ? Imagine l'annonce : vie disponible recherche interprète !

Ça fait beaucoup de questions et peu de réponses.

Mes pensées t'accompagnent.

Je t'embrasse tendrement. »

Sébastien est tourmenté. Il aime la moto, le cinéma et les filles. Cela fait trop de motifs de contrariété à la fois pour un jeune homme qui finira bien par avoir trente ans. Je ne désespère pas de le ramener dans le droit chemin.

Paris, 3 novembre

Comme je le prévoyais ça les a beaucoup agacés de ne pas savoir avec qui j'étais parti pour New York. Alors ils ont parlé, chuchoté, téléphoné. Enfantillages pathétiques, à l'âge qu'ils ont.

Leurs vies sont-elles si médiocres, si ennuyeuses, pour que la mienne les occupe tant ? Les mauvaises intentions des uns, mêlées à la simple curiosité des autres, cela fait beaucoup de bavardages pour rien.

Qu'ils bavardent, qu'ils m'inventent quelques turpitudes, qu'ils fassent de ma vie un roman si cela doit les rendre intéressants. Je suis quand même un peu surpris de leur être tellement indispensable. Je pourrais les confondre, leur faire honte de m'embrasser, mais ce serait trop facile.

La méchanceté me désole, c'est toujours l'amour qui m'inspire. Qu'on touche un cheveu du plus faible et aussitôt je prends son parti, c'est terrible pour moi de devoir sans cesse veiller à ces misérables querelles de personnes. Je ne sais pas diviser pour régner sur les cœurs, je tente au contraire de réunir. Mais comme c'est difficile !

Dîner avec Denis, je l'ai connu à vingt ans, débarquant de sa banlieue pieds nus dans des baskets fatiguées. Il fut mon chauffeur et le meilleur copain de Stéphane, il reste mon ami.

Il a pris du ventre et de l'assurance, le voir en costume trois-pièces impeccablement cravaté m'épate toujours.

Je suis fier de lui. Il ne vole plus de voitures, il en vend des très chères à des fils de famille et à des femmes du monde qu'il embobine comme il veut. Il possède le charme gentil des fils du peuple déguisés en bourgeois. Denis me parle comme à un père, il m'a beaucoup écouté avant de prendre son envol de la dalle d'Argenteuil aux beaux quartiers de Boulogne. Il est grand maintenant, sage aussi… Qui l'aurait parié ?

Il a connu sa femme en la giflant pour les besoins d'un rôle que je lui fis tenir dans une émission de télévision. Stéphane était là, dans son dos, pour l'obliger à entrer dans le champ des caméras, il tremblait de peur, lui qui n'avait peur de rien dans sa cité.

Quand il se souvient de Stéphane, Denis rit pour ne pas pleurer.

– Les plus belles années de ma vie, me dit-il.

C'est sa jeunesse et celle de Stéphane qu'il voulait retrouver en dînant seul avec moi.

– Je n'aime pas trop quand il y a plein de monde autour de toi.

Si j'ai besoin de lui Denis sera là, c'est Stéphane qui nous lie, indéfectiblement.

Paris, 4 novembre

Le ministre des Finances vient de démissionner avant même que la justice ne lui demande des comptes. Désormais, nous devrons donc nous soumettre à la présomption de culpabilité. On n'arrête pas le progrès ! Bien joué quand même puisque la presse mondiale salue son courage et sa compétence. DSK a une tête et une réputation d'innocent, les juges persuadés qu'il ne l'est pas devront le prouver. Ce ne sera pas facile.

Je reconnais sa belle écriture ronde sur l'enveloppe. Julien m'adresse une lettre brumeuse et nonchalante. Presque rien, quelques jolies allusions bien dans sa manière. Il aura honte un jour de ses étranges pudeurs.

Paris, 9 novembre

Les journaux, la radio, la télévision célèbrent à n'en plus finir le dixième anniversaire de la chute du Mur de Berlin. Normal. Mais je me demande pourquoi personne ne rappelle que ce même jour, à la même heure, je descendais en chantant le grand escalier du

Casino de Paris, sous les regards attendris de ma mère et ceux, amoureux, de Stéphane ?

Bien sûr, bien sûr, il y a le violon de Rostropovitch, mais c'est le bon visage de Gorbatchev qui m'émeut. Que les Russes lui aient préféré un mafioso alcoolique en dit long sur l'âme de ce peuple dévoyé qui a finalement le destin qu'il mérite.

Morterolles, 10 novembre

Je n'en peux plus des gens qui parlent, qui parlent pour ne rien dire ou pour médire. Je ne les écoute pas. Je les fuis le plus souvent, certains me poursuivent de leurs assiduités et je cède parfois à leur sincérité provisoire. Je pourrais les mener en bateau, mais ce jeu serait minable.

Suis-je naïf ? Non, pas encore. Alors je me démène pour ne pas céder au découragement. Je m'en veux quand je me trompe.

Les traîtres n'ont pas forcément des têtes de traîtres, voilà le problème, avec les traîtresses en revanche c'est plus simple, elles ont à la commissure des lèvres un pli qui les dénonce (même à vingt ans) et dans le regard une fourberie que leur sourire ne dément pas. Stéphane en avait repéré une parmi d'autres autour de moi que je n'avais pas démasquée, nous nous sommes beaucoup disputés à son sujet, je la croyais irréprochable.

C'est lui, je le crains, qui avait raison. J'aurai la preuve bientôt qu'elle s'occupe de ce qui ne la regarde pas. Les hommes aussi bavardent, mais ils ne savent pas mentir longtemps.

Je ne suis pas misogyne car il faut le talent de Guitry pour que ce mauvais penchant soit acceptable. Mais c'est vrai, je suis sans indulgence pour celles que leur comportement rend impardonnables. Les misogynes reprochent aux femmes d'être des femmes, moi c'est le contraire qui me scandalise, quand elles renoncent à leur différence.

Morterolles, 11 novembre

J'ai remis mes sabots d'hiver, ceux que la femme du duc m'avait offerts l'an passé. Je marche mieux ainsi, ils donnent à mes pas une cadence plus grave. J'aime les entendre résonner sur les pavés devant l'église où nous passons chaque soir après dîner, Prudy et moi, pour prendre l'air. J'ai tout perdu en perdant Stéphane sauf mes habitudes, des rites rassurants : l'heure du thé, de la lecture, du dîner, les heures auxquelles on peut me téléphoner, celles où l'on ne peut pas, l'heure de l'amour aussi, tout cela est si naturel pour moi que je n'ai pas besoin de consulter ma montre, je sais ce qu'il me faut et quand.

L'imprévu m'épouvante et surtout que l'on ne me promette pas de surprises, je suis sûr qu'elles seront mauvaises.

Autour de l'église de Morterolles vers vingt-deux heures pas de surprise possible, le bonheur ou presque, aucun risque d'extravagance, quel repos pour mon âme malmenée, le curé dort, les bonnes gens aussi, et moi-même je ne vais pas tarder.

On pourra bien me trouver étrange, j'attendrai la fin

du siècle ici en silence. Pour Noël, nous aurons un peu d'avance, la messe de minuit sonne à neuf heures à Morterolles, cela me désole mais Aïda est ravie. Elle trouve que minuit c'est trop tard pour sortir dans le froid.

Morterolles, 12 novembre

Les deux cent soixante premières pages de ce livre déjà imprimées sont là devant moi, elles me perturbent, il va bien falloir pourtant que je les relise avant que la machine ne s'emballe, que je ne puisse plus rien rattraper, un mot de trop, une virgule indécise, un jugement péremptoire.

Laisser échapper ces mots d'amour et mes larmes mêlés me noue le ventre et le cœur.

Des corbeaux tournent déjà autour de ce journal que la rumeur annonce à voix basse, ils seront déçus, j'écris pour que la vie l'emporte sur la mort, sans illusions, mais sans me décourager.

La parade est dérisoire, mais tout est dérisoire. Si Stéphane bondit ne serait-ce qu'une fois entre ces lignes, alors je n'aurai rien à regretter.

Morterolles, 13 novembre

J'aime Brigitte Bardot mais il y a quand même trop de chats et de chiens autour d'elle. Elle vit dans une ménagerie en délire et elle s'étonne après que les beaux garçons qui voudraient dormir avec elle s'enfuient les uns après les autres, la laissant seule avec ses serpillières et ses boîtes de Canigou.

Dans le deuxième tome de ses Mémoires, elle ne prend pas de gants pour envoyer se « faire foutre » ses « vieilles copines » et ses « vieux amants », elle se traite également d'imbécile, de conne, en buvant ses larmes dans une coupe de champagne devant un réfrigérateur vide. « Star mondiale mon cul ! Une bonniche oui, voilà mon rôle, voilà ma vie. »

On pardonne tout à Brigitte Bardot pour cette façon délicieuse qu'elle a de dire les choses comme elles sont.

Son cul justement, on n'en a pas vu de plus beau depuis qu'elle nous l'a montré à l'âge où les gamines tiraient plutôt la langue pour affoler les vieux messieurs.

Toutes les femmes sont libres aujourd'hui, sauf Brigitte Bardot battue, humiliée et finalement abandonnée face à la meute des photographes hier encore et des chiens maintenant.

Elle aura provoqué les cons toute sa vie avec son cul, avec sa langue, avec son cœur, il faut l'aimer beaucoup pour cela.

Pour cela je l'aime beaucoup. J'irais bien le lui dire en face, mais j'ai peur des chats.

Morterolles, 14 novembre

« J'ai eu vingt ans comme tout le monde, mais ça n'a pas duré longtemps. Je ne suis pas doué pour le bonheur. »

Ainsi parlait le héros de mon premier roman. C'était moi, évidemment. S'il y a du vrai dans ce constat désolé de mon incapacité au bonheur, je sais aussi, mieux que beaucoup d'autres qui m'entourent, faire mes délices de ces « charmantes minutes » dont Jacques Chardonne était si friand. Au fond, je suis le type le moins compliqué qui soit, mes exigences ne sont pas des caprices, je veux que rien ne change jamais, et je ne m'ennuie jamais que de Stéphane.

Demain nous viderons les étangs, c'est la saison, quand je dis nous cela signifie que je vais regarder faire mes jardiniers et des jeunes gens des environs spécialistes de ce genre de manœuvres. Nous verrons sauter des carpes scintillantes, Lulu, s'il arrive à temps, pourra prendre des photos, et s'il pleut comme on nous l'annonce ce sera parfait, il mettra son ciré jaune et moi celui de Stéphane, orange fluorescent. De charmantes minutes en perspective.

Dans une heure nous irons faire un tour, Prudy et moi, vers le monument aux morts, très bien fleuri cette année, et nous apercevrons la femme du duc à sa fenêtre qui nous racontera sa folle soirée où malgré une bronchite elle est allée, dit-on, danser le flamenco à la salle des fêtes et manger une paella. Nous aurons tous les détails en temps utile. Quand j'ai l'humeur légère je m'intéresse énormément aux soirées dansantes de Morterolles, à ses enterrements, aux changements de facteurs, et pourquoi donc la poste n'ouvre-t-elle pas avant quinze heures ? Pourquoi les voisins ne ferment-ils jamais la grille de leur jardin ?

Voilà à quoi je pense en passant.

Il y a des vaches tristes dans les grands prés du village d'à côté, des écuries abandonnées, quelques roses encore qui vont geler la nuit prochaine. Suis-je le seul à voir cela qui n'a pas d'importance ? Guetteur infatigable de ces riens qui font ma vie, je passe lentement. Il faudrait que j'aille plus souvent donner du pain aux ânes et aux chevaux.

Charmantes minutes aussi, hier au dîner du Moulin chez Françoise, il y avait l'amiral, son mari, et un écolier de quatorze ans très sage. Prudy, qui ne va plus à l'école depuis longtemps, lui a révélé que Léon Blum avait été poignardé dans une boulangerie. Ça l'a un peu étonné, le garçon. Il croyait lui que c'était plutôt Jean Jaurès qui était mort assassiné rue du Croissant, mais il n'a pas osé la décevoir. Je m'en suis chargé.

Morterolles, 16 novembre

Dire le temps qu'il fait et l'état de nos bronches est bien notre première tentation. Chaque matin à la fenêtre, on se désole ou l'on se réjouit et, devant la glace de la salle de bains, on tombe d'abord sur le bout de notre nez. Celui qui écrit n'échappe pas à d'aussi misérables préoccupations, alors faut-il noter en prenant le risque certain de n'intéresser personne : « J'ai de nouveau un peu mal à l'épaule droite » ?

Non évidemment. Il n'y a que nos mères pour souffrir avec nous vraiment, on ne peut pas demander à nos voisins, à nos collègues de bureau ni même à la boulangère de souffrir pour nous, c'est bien regrettable mais c'est ainsi, ces gens-là ont eux-mêmes des problèmes de prostate et de ménopause qui ne nous empêchent ni de dormir ni de bander.

Les médecins nous soignent parfois, c'est même leur vocation, mais ils ne souffrent pas avec nous. Il n'y a là rien de scandaleux, c'est ainsi, alors quoi ? Se taire.

Lorsque j'avais mal, hier encore, au ventre, à la tête, aux pieds ou aux fesses, seul Stéphane était capable de me rassurer. A lui (comme à ma mère dans l'enfance) je pouvais dire : j'ai mal, j'ai peur... j'ai froid. Son diagnostic était sans appel : « Tu n'as rien, embrasse-moi ! » Il suffisait qu'il me dise : « Tu n'as rien » pour qu'aussitôt je me sente mieux, en effet. Ce genre de miracle relève de l'amour, chacun sait cela, je n'ai pas attendu de l'avoir perdu pour m'en convaincre.

L'amitié nous disperse, une bronchite peut lui être fatale. Nos amis nous veulent triomphants, prêts à les suivre pour aller danser, mais là encore comment leur reprocher d'être joyeux quand nous sommes tristes ?

Il faut se préparer seul au malheur.

A qui puis-je dire aujourd'hui avec la certitude d'être entendu : « J'ai mal, j'ai peur, j'ai froid... » ?

A quelques femmes, probablement. A celles qui font la ronde autour de moi et qui me gardent et me regardent, à mes sœurs quand je serai très vieux, il ne faut pas compter sur les hommes pour se pencher sur nous, trop lâches, trop faibles ils n'écoutent qu'eux.

Stéphane était un garçon qui ne s'écoutait pas.

« Tu n'as rien, embrasse-moi ! »

Cela voulait dire aimons-nous maintenant, rien d'autre ne presse, et nous nous aimions.

Aux jeux de l'amour il mettait de l'ardeur et de l'imagination, mais quoi qu'il fît de sa bouche et de ses mains, de son corps qu'il abandonnait à mes désirs, il resplendissait d'innocence. De nos ébats improvisés ici ou là dans l'urgence de nos sens, en voiture pour le plaisir de la performance, dans les coulisses d'un music-hall pour le danger ou plus simplement chez nous le dimanche soir comme tout le monde, je garde le souvenir d'une grâce irrésistible qui nous jetait l'un contre l'autre avec juste ce qu'il fallait de violence pour que la fête eût du goût. Oui, l'innocence de Stéphane dans ces moments-là était sa plus charmante perversion.

J'aurais voulu rendre mon dernier souffle sur sa bouche et l'entendre me dire : « Tu n'as rien, embrasse-moi ! »

Morterolles, 17 novembre

« Dans les années qui viennent tous les prêtres qui le voudront seront mariés, l'Eglise espère ainsi enrayer la crise de la vocation. Oui, l'Eglise du troisième millénaire sera moderne et ouverte sur la vie. » Pour une bonne nouvelle c'est une bonne nouvelle, et moderne, forcément moderne.

Si j'ai bien compris la dame sociologue qui s'exclamait de joie à la radio ce matin, les curés s'occuperont de leurs épouses et de leurs enfants d'abord, ce qui semble naturel, quant à Dieu il voudra bien attendre les heures ouvrables.

Et nos âmes désolées ? Qu'allons-nous en faire quand le mari de madame sera retenu au foyer par des obligations ménagères ?

Qui servira la messe le jour où il apprendra que madame a un amant ?

Ce genre de contrariétés arrivent à des gens très bien, ils n'y échapperont pas, nos séminaristes, nos évêques, nos archiprêtres amoureux et jaloux. Quel charivari au confessionnal, quelle pagaille dans les sacristies !

Ne voit-on pas ce qu'il y a de ridicule à vouloir moderniser « une petite affaire » qui, depuis deux mille ans, au fond ne se porte pas si mal ? Croire ou faire croire que la vocation de servir Dieu va trouver un nouvel élan si le célibat n'est plus obligatoire est une injure faite à Dieu.

Assez de bêtises ! Assez d'hypocrisie ! Depuis toujours les curés s'amusent avec les enfants de chœur. Et alors ? D'autres préfèrent confesser et fesser quelques paroissiennes énamourées, et alors ?

Ça gêne qui exactement ce qui se passe dans les presbytères ?

Surtout qu'on ne change rien, déjà que « sans le latin la messe nous emmerde ».

Quand les serviteurs de Dieu auront droit aux allocations familiales, on peut parier qu'ils demanderont aussitôt le droit de grève.

Et après tout, ils auront raison.

Morterolles, 18 novembre

Et maintenant les chats de Léautaud !

A défaut des Jouhandeau ou des Chardonne introuvables que j'espère encore, je suis tombé (on peut dire tombé) sur le journal de Léautaud en 39. Ça pue la pisse ! On me dit qu'il y a des gens à qui ça plaît ce genre de littérature où un vieux grigou nous informe que son sexe est moins rabougri que son chapeau et s'émerveille à chaque page de la durée de ses érections. On est content pour lui.

A part cela, ce bon monsieur Léautaud écrit des goujateries sur la dame « laide » qui le met dans tous ses états et en « profite en écartant les cuisses » sur le grabat qui lui sert de lit ou sur le carrelage de la cuisine pour ne pas déranger les chats. Tout cela est d'une rare élégance, mais bon il y a des femmes qui adorent les vieillards lubriques et les chats. Je n'y vois aucun inconvénient.

Deux de mes jardiniers se sont désignés pour aller à Saint-Pardoux une matinée par semaine « arranger » la tombe de Stéphane. Il y a de la combine dans leur démarche, mais de l'affection aussi. Ils l'aimaient bien, le respectaient. Stéphane ne comptait pas pour rien, chacun le savait. Il a passé seul ici l'automne et l'hiver 94, les dames du village l'emmenaient à la Foire aux Airelles, on le voyait au volant de sa jeep blanche faire le tour du propriétaire, il dînait chez mes parents parfois, mais il rentrait toujours dormir à la maison.

Lui n'avait besoin de personne pour le garder, il guettait mon retour en plantant des tulipes pour le prochain printemps.

– Je crois bien que je vais rester vivre ici…

Nulle part ailleurs il n'aura été heureux comme à Morterolles.

Morterolles, 19 novembre

On peut très bien partager un amant ou une maîtresse, on ne peut pas partager un ami. Les corps se prêtent, s'échangent joyeusement parfois, c'est un jeu sans importance, nos âmes, elles, sont trop fragiles pour se donner au premier venu.

On annonce pour demain « la journée mondiale des droits de l'enfant ». Il faut les protéger en effet, parfois même contre leurs parents, mais leurs devoirs, qui dira aux enfants qu'ils ont aussi et d'abord des devoirs ? Leurs maîtresses d'école ?

Non, elles ont bien trop peur de prendre un coup de poing dans la figure.

Morterolles, 20 novembre

Je viens de relire, de survoler plutôt, ces pages qui m'obsèdent maintenant.

Du passé déjà. Que de changements depuis ce 1er janvier où sans me poser la moindre question j'ai commencé d'écrire ma vie sans lui, sans savoir ce que j'en ferais. Je ne suis pas plus avancé, je ne suis sûr de rien, sauf d'une chose, Stéphane est là, ceux qui l'ont connu le reconnaîtront, les autres l'aimeront sûrement.

Morterolles, 21 novembre

Aïda n'a pas peur des chevaux, elle les surveille depuis son jardin qui jouxte le grand pré où ils passeront l'hiver. Elle leur parle, car elle voit bien que je ne suis pas en état de les approcher, moins encore de leur parler. Rien ne me fait plus mal que cette promenade à laquelle pourtant je m'oblige chaque jour et qui me ramène vers eux, vers lui autour des box, près du tennis où il passait des heures à les regarder courir, puis à les brosser, à nettoyer leurs sabots, à leur donner du foin, à être heureux au-delà de tout. Traverser ce domaine immense, qui fut d'abord le sien et où ses chevaux semblent perdus, me plonge dans une tristesse irrépressible. L'absence de Stéphane y est vraiment trop visible – je sais bien qu'on ne peut pas écrire cela mais je l'écris quand même –, obsédante si l'on préfère, mais on aura compris.

Aïda a compris, c'est un don qu'elle a de tout comprendre plus vite et mieux que d'autres qui sont allés à l'école pourtant. Elle glisse un morceau de sucre entre ses dents et le présente à Tarzan qui, du bout des lèvres, l'attrape délicatement. Voilà des mois qu'elle voulait réussir cela, en souvenir de Stéphane naturellement dont c'était l'exercice préféré. Que Tarzan vienne poser son museau sur son nez était son titre de gloire. Il y a une très jolie photo de cet instant de grâce sur mon bureau à Paris. Comment lui échapper ?

Faut-il que je range l'une après l'autre dans une boîte à chaussures ces images trop violemment émouvantes pour moi ?

Je pense aux dames de nos campagnes, des cousines, des tantes de mon père, des veuves si dignes, si pâles qui m'offraient des gâteaux secs dans ma petite enfance et qui n'avaient rien, plus rien qu'une blouse noire et la photo de leurs maris avant la guerre dans un cadre sur la cheminée.

Morterolles, 22 novembre

Si je le voulais la maison serait pleine d'amis de passage, de curieux, de voisins, il y aurait un remue-ménage permanent. Je ferais visiter les chambres et mon bureau, on me demanderait où j'ai acheté le tapis bleu et gris du salon, les jeunes gens qui s'ennuient à la campagne voudraient écouter de la musique techno, les femmes proposeraient sûrement à Christiane de l'aider à préparer la cuisine, et je serais bien obligé d'offrir l'apéritif, de faire la conversation et peut-être même de parler de moi. L'horreur ! Trop de bruits, trop de va-et-vient serait pire que la solitude. Je plains ceux qui la redoutent et se laissent pour cela étourdir par du vent.

Ceux qui viennent me rejoindre à Morterolles doivent savoir que je ne les prendrai pas en charge, qu'ils devront occuper leurs journées sans me poser cette question fatale qui me fait fuir :

– Que fait-on aujourd'hui ?

Plutôt vivre seul que de répondre au désœuvrement de ceux qui s'ennuient dès qu'ils sortent de table. Stéphane n'aimait pas plus que moi les relations encombrantes, il était content de voir arriver ceux qui reviennent aujourd'hui sans que j'aie besoin pour cela de les inviter, ils le sont définitivement. Les autres, je les croise dans ma vie publique et c'est bien assez. Ils m'ont assez vu. On ne passe pas dans ma vie privée, on s'y installe, c'est tout ou rien. Je n'ai pas besoin d'ajouter des numéros de téléphone sur mon carnet d'adresses, de toute façon ils ne me serviront à rien, ils ne sont jamais libres ceux qui se proposent « au cas où vous auriez besoin d'eux ».

Mieux vaut n'avoir besoin de personne, il me suffit de pouvoir compter sur quelques-uns, à défaut d'un seul. Il n'y a aucune amertume dans ce constat, la vie m'a beaucoup donné. Je sais me contenter de peu désormais.

Paris, 25 novembre

Agnès L. chantait des twists à la radio au début des années soixante. Elle a des yeux verts introuvables. J'étais très amoureux d'elle. Elle vit en Italie depuis vingt ans où elle enseigne le français.

Je viens de lui écrire pour la décourager de nous rejoindre à Morterolles en fin d'année, mais elle viendra je le crains. Pour quoi faire ? Il ne se passera rien, je l'aurai prévenue. C'était prévu depuis longtemps avec Stéphane : « Nous ne ferons rien de particulier cette nuit-là. Nous resterons tranquilles autour du sapin. »

Il aimait beaucoup les fêtes, Noël surtout et ses parfums d'enfance. Il se ruinait en guirlandes et en boules d'or et d'argent qu'il disposait lui-même avec une patience infinie.

Les cadeaux c'est lui qui se chargeait de les choisir et de faire de jolis paquets de toutes les couleurs. J'en suis incapable. Quand il rentrait de Limoges ces jours-là, sa voiture pleine comme une hotte, Stéphane, c'était évidemment le Père Noël.

Son dernier sapin, celui de décembre 97, grandit dans le jardin Mireille, où nous l'avons planté ensemble, là où nous passions, là où je vais passer la suite de ma vie.

Combien m'en reste-t-il de sapins qui clignotent à allumer sans lui ? Martine et Jean-Claude seront là, Lulu peut-être, Prudy sûrement, nous écouterons la musique de Chet Baker si belle et si triste, nous serons bien ensemble. Nous baisserons la lumière du salon pour n'être plus que des ombres, et les flammes de la cheminée mettront le feu à nos joues.

Paris, 26 novembre

Il faut maintenant que je rende ces pages aux machines qui vont les avaler pour en faire un livre parmi des milliers d'autres livres.

Rien, des mots dans le vent qui m'emportent avec eux. Mon père voudra les lire, il me l'a dit hier au soir, ma mère hésitera.

Dans quelques jours maintenant commencera le siècle où nous mourrons tous, et la planète entière se prépare aux réjouissances. Les hommes sont incorrigibles. Je le suis moi-même pour écrire et chanter encore un peu. Mais la fête non ! C'est trop me demander. Qu'ils s'égosillent sans moi. Je n'ai plus d'impatience, je ne bougerai pas pour si peu, l'an 2000 ne me fait pas peur et ne m'a jamais fait rêver.

Le siècle prochain, il ne se passera rien. Je veux dire que je n'attends aucun miracle, que je n'espère aucune catastrophe. Rien, il ne se passera rien.

J'irai voir les filles avec Michel, ça je le lui ai promis ; et je prendrai un arrangement avec le bon Dieu pour qu'il m'arrive quand même quelque chose de gentil.

Cet ouvrage est imprimé sur du papier sans bois et sans acide.

CET OUVRAGE A ÉTÉ ACHEVÉ D'IMPRIMER SUR ROTO-PAGE
PAR L'IMPRIMERIE FLOCH À MAYENNE POUR LE COMPTE
DE FRANCE LOISIRS EN FÉVRIER 2001

N° d'édition : 34790. N° d'impression : 50786.
Dépôt légal : octobre 2000.
(Imprimé en France)